리더십 에피소드

Leadership episode

» 저자약력

곽병선

1955년 1월 15일 서울 출생
동북고등학교 졸업
건국대학교 경제학과 졸업
Lehigh University, MBA
동서증권
MassMutual Life Insurance
Eagle National Bank
뉴로테크 대표이사
엠티티 대표이사
코스트 회장
현 콤시아 엠앤아이 회장
현 사단법인 한국소액주주연구회 비상장기업 전담회장
현 한남대학교 객원교수

리더십 에피소드

Leadership episode

곽병선 지음

머리말

리더의 역할은 시대에 따라 변해 왔다. 1950년대까지는 리더란 타고나는 것이지 만들어지는 것이 아니라는 이른바 특성이론이 힘을 얻었다. 신체적 조건, 지능, 책임의식, 외모와 성격 등 모든 면에서 타고난 사람만이 성공적인 리더가 될 수 있다는 것이다. 그러나 1970년대에 들어서면서 조직 구성원의 특성, 조직 문화, 상황에 따라 적합한 리더십을 발휘해야 한다는 상황이론이 등장했다. 1990년대에 들어서는 대내외적으로 경영 환경 변화가 극심해짐에 따라 조직은 끊임없이 변화해야 하며, 리더는 구성원이 조직의 목표를 달성할 수 있도록 능력을 갖춰야 한다는 변혁적 이론이 대두되었다. 최근 들어서는 다른 사람의 가치와 자신의 가치에 차이가 있다는 걸 인정하고 수용해야 한다는 서번트 리더십, 감성 리더십, 그리고 윤리적 리더십 등 다양한 리더십 이론이 등장하고 있다. 많은 사람들에게 리더가 갖추어야 할 조건을 물으면 신뢰, 커뮤니케이션, 비전, 그리고 업무능력 등을 꼽는다. 미국의 경영대학원에서 학생들에게 물어도 비슷한 답을 듣게 된다. 차이가 있다면 미국인들은 유머를 추가한다. 동양적인 사고에서 리더는 완고한 면이 있지만, 서양적인 사고에서는 친근감이 중요시되는 것 같다.

월트 디즈니사가 추구하는 인재상은 이매지니어(Imagineer)이다. 이 말은 1930년부터 사용했으며 '상상하다(imagine)'과 '엔지니어(Engineer)'의 합성어로 단순히 기술만 갖고 있는 엔지니어가 아니라 상상력을 지닌 직업인 되어야 한다는 의미를 담고 있다. 리더는 가능성의 세계를 열어 주는 이매지니어다. 즉, 리더는 팀원들에게 영감을 주어 행동의 변화를 이끌어내는 사람이다. 대부분의 리더는 조직이 지향하는 방향을 논리적으로 설명하려고 노력한다. 아리스토텔레스의 수사학에 의하면 설득의 60%는 인품이나 인격을 뜻하는 에토스에 의해 결정되고, 30%는 감성을 뜻하는 파토스, 그리고 10%는 이성을 뜻하는 로고스에 의해 결정된다고 한다. 팀원들의 마음을 움직이려면 리더의 인품으로부터 나오는 신뢰감이 가장 중요하며, 그 다음으로는 감성적으로 설득해서 호소하는 파토스인 것이다. 오랜 사회생활을 하는 동안 나름 많은 경험을 했던 것 같다.

머리말

기쁜 때도 있었지만, 기대에 미치지 못한 결과에 나 자신을 질책하던 때도 있었다. 그 때를 돌아보면 실패의 원인은 같이 일하는 구성원들의 마음을 얻지 못했다는 데 있지 않았나 싶다. 신뢰감을 주지 못했고 감성적인 소통에도 실패했다. 그들에게 내가 할 수 있는 최선을 다했다고 생각했지만, 실상 그들이 원하는 것과는 상당한 괴리가 있다는 것을 나중에야 깨달았다. 또한 조직의 문화와 특성에 융합할 수 있는지를 파악하는 것이 필수적임에도 이를 무시한 것 역시 커다란 착오였다. 그들로부터 내가 바랐던 것과 그들이 실제로 할 수 있는 것에는 큰 차이가 있었다. 그런 경험을 바탕으로 벤처기업을 설립하여 꿈을 키우는 젊은 세대에게 전해 주기 위해 리더십과 관련된 자료를 모으던 차에 열린뉴스통신의 김태식 대표님으로부터 칼럼을 써달라는 부탁을 받게 되었다. 그런 연유로 리더십 관련 칼럼을 쓰기 시작한 것이 지난 1월이었고, 그간 연재된 칼럼을 초고로 하여 이 책을 펴내게 되었다.

이 책이 나오도록 산파 역할을 하신 김태식 대표님께 감사드린다. 그리고 책으로 내자고 용기를 준 아우인 코스트 곽병근 대표와 경영과 책임에 대해서 고찰할 수 있는 영감을 주었던 지엔티파마 곽병주 대표, 첫 직장에서부터 이어지는 사회생활에서 늘 도움과 질책을 아끼지 않으셨던 전 하나금융그룹 이정우 부회장님, 그리고 힘든 순간이 오면 피하지 말고 즐기라는 영감을 준 김대춘 영화감독님, 이 책을 일목요연하고 깔끔하게 편집해주신 예림출판사 석종환 대표님 등 모든 분께 거듭 감사드린다.

끝으로 구순이 지나도 여전히 자식 걱정을 하시는 어머니, 함께 사는 동안 온갖 마음고생을 한 아내, 바쁘다는 이유로 아버지의 역할을 다 하지 못했는데도 훌륭한 사회인으로 성장한 마음 여린 딸 소영이와 최고의 사위 임서방, 든든하고 곧은 아들 의영이와 예쁜 맏며느리 승현이, 그리고 아직은 개구쟁이들인 유나, 유리, 유미, 난아 네 손녀들 모두에게 고맙다는 말 꼭 전하고 싶다.

2022년 3월

곽 병 선

Leadership Episode

목 차 «

리더십 에피소드

Leadership episode

목 차 «

Leadership episode

도전하지 않는 기업은 미래가 없다

남극에 무리지어 사는 펭귄은 날지 못하기 때문에 먹이를 구하기 위해서는 바다에 뛰어들 수밖에 없다. 그러나 바다 속에는 바다표범과 같이 펭귄을 노리는 천적들이 있어 펭귄 무리 중 어느 한 마리도 선뜻 뛰어들지 못하고 주저하게 된다. 어떻게 해야 할지 망설이는 시간이 흐르는데 이때 한 마리의 펭귄이 용감하게 바다로 뛰어들면, 뒤 이어 다른 펭귄들도 뛰어들게 된다. 남들보다 먼저 바다에 뛰어든 첫 번째 펭귄, 즉 First Penguin은 누구도 선뜻 나서지 않는 위험한 상황에서 맨 먼저 행동을 취함으로서 다른 펭귄들에게 선택할 방향을 제시하는 선도자이다.

First Penguin의 행동은 세 가지 측면에서 살펴볼 필요가 있다.

첫째, 자신의 결정에 대한 자신감이다. 먹이를 구하기 위해서는 바다에 뛰어 들어야 하지만 천적들에게 잡혀 먹힐 수 있다는 위험 때문에 모두들 주저하는 상황에서 First Penguin이 먼저 뛰어드는 것은 자신을 희생하고자 함이 아니다. 그가 과감히 뛰어 드는 이유는 먹이를 구하려면 바다에 뛰어드는 길 밖에 없다는 자신감 때문이다.

21세기 들어와 비약적인 발전을 하고 있는 산업 중의 하나가 물류산업이다. 효율적인 물류 시스템 구축은 기업의 경쟁력을 제고하기 위한 필수적인 요건으로 자리 잡고 있다. 물류 산업에 있어서 혁신을 불러온 기업인으로 프레드릭 스미스(Fredrick Smith)를 꼽을 수 있다. 그가 설립한 페더럴 익스프레스(Federal Express)의 광고문구(catchphrase)인 'overnight delivery service;익일배송서비스'에 대해 당시 미국인들은 그것이 과연 가능할지 반신반의 했다. 그는 예일대학(Yale University) 경제학과 학생이던 시절 'overnight delivery service'를 골자로 한 과제물을 제출했는데 담당교수는 현실성이 결여된다는 이유로 C를 주었던 것처럼 시장의 반응은 여전히 회의적이었던 것이다. 프레드릭 스미스는 졸업하고 나서 해병대에 입대, 전투기 조종사로 3년 근무한 후 Silver Star 훈장을 받고 명예 제대했다. 자신의 아이디어를 확신했던 그는 자신의 재산 4백만 불과 벤처캐피털로부터 91백만 불을 출자 받아 1971년 페더럴 익스프레스(Federal Express)를 설립했다. 그리고 1973년 14대의 Falcon 20 제트기를 구입하여 25개의 도시를 중심으로 소포와 서류 배달을 우선적으로 시작했다. 그가 내세운 'overnight delivery service'를 가능하게 하기 위한 전략은 육상과 항공 운송을 통한 물류 체계 구축이었다. 더불어 은행의 본점과 지점간의 정산시스템에서 착안하여 허브 앤 스포크(hub and spoke)시스템을 도입했다. 모든 수하물을 테네시에 있는 슈퍼허브(super hub)로 집결하여 지역별로 구분하여 배달하는 시스템으로 그가 주장한 'overnight delivery service'를 가능하게 만든 것이었다. 비록 초창기에는 많은 사람들이 우려한 바처럼 항공운수 비용을 감당하지 못하고 커다란 재정위기에도 봉착하였지만, 약간의 행운도 뒤따라 난관을 극복하고 오늘날 세계적인 물류기업으로 성장하였다. 만일 그가 자신의 생각에 확신이 없었다면 페더럴 익스프레스(Federal Express)는 존재하지 않았을 것이다.

둘째, 생각에서만 머무르지 않고 행동으로 옮기는 과감한 결단력이다.

고민이란 어떠한 일을 시작했기 때문에 생긴다기보다는 할까 말까 망설이는 데서 더 많이 생기는 것이다. 이것도 아니고 저것도 아니라고 하여 너무 오래 생각하는 것은 문제의 해결에 전혀 도움이 되지 않는다. 어떻게든 해보겠다고 결심하는 것이 필요하다. 미리 실패를 두려워할 것은 없다. 망설이는 것보다는 불완전한 상태로 시작하는 것이 한 걸음 앞서는 것이 된다. First Penguin은 주저하지 않는다.

한국은 세계적으로 기술력을 갖춘 조선강국으로 인정받고 있다. 50년 전만 해도 변변한 배 한 척을 건조하지 못했던 한국이 성장하게 된 배경으로 정주영 회장 도전정신을 손꼽지 않을 수 없다. 정주영 회장은 1971년 조선소 부지를 울산으로 확정짓고 막대한 외자를 확보하기 위해 영국으로 가서 버클레이은행(Barclay Bank)에 4,300만 달러의 차관 도입을 요청했다. 당시 국내 경제 여건이 취약하여 조선소 건립을 위한 차관 도입이 필수적이었지만 은행 측은 현대의 소선 능력과 기술 수준이 부족하다고 판단하고 이를 거부했다. 정주영 회장은 버클레이은행에 영향력을 행사할 수 있는 인물로 선박 컨설턴트 회사인 A&P 애플도어(A&P Appledore)의 찰스 B. 롱바톰(Charles B.

Longbottom) 회장을 찾아 협조를 요청했지만 그도 역시 부정적이었다. 정주영 회장은 거북선 그림이 있는 500원짜리 지폐에 그려져 있는 거북선을 가리키며 한국은 이미 16세기에 철갑선을 만들었다는 사실과 현대의 잠재력을 설명하며 집요하게 그를 설득했다. 정 회장의 설명과 끈질긴 설득에 롱바툼 회장은 현대건설 등을 직접 둘러본 후 현대가 대형 조선소를 지어 독자적으로 경쟁력 있는 큰 배를 건조할 수 있다는 추천서를 써 버클레이은행에 건넸다.

현대는 버클레이은행으로부터 차관을 제공받기로 했지만 영국 수출신용보증국(ECGD)의 승인이라는 큰 산을 넘어야 했다. ECGD는 차관을 가져간 나라가 원리금을 상환하지 못하면 영국 정부가 책임지고 보상해 주는 제도였다. 이 때문에 ECGD의 기준은 매우 까다로웠다. ECGD는 현대에 선박을 발주할 곳이 있다는 증빙을 요구했다. 현대가 선주에게 보여줄 수 있는 것이라곤 울산 미포만의 백사장 사진 한 장과 유조선 도면 한 장뿐이었다. 있지도 않은 조선소에서, 한 척도 만들어 본 적이 없는 기업에 대해 선주들의 반응은 차가울 수밖에 없었다. 그러던 중 정주영 회장은 롱바툼 회장으로부터 소개받은 선박 브로커를 통하여 그리스에 소재한 썬 엔터프라이즈(Sun Enterprise)의 조지 리바노스 회장이 값싼 배를 구하고 있다는 정보를 얻게 된다. 정주영 회장은 리바노스 회장이 머무르고 있던 스위스 몽블랑의 한 별장으로 찾아갔다. 리바노스 회장은 정주영 회장과의 오랜 시간의 협상에서 정주영 회장의 과감한 도전정신에 감탄, 대형 유조선 2척을 발주했다. 선박 수주에 성공함으로써 현대중공업은 ECGD로부터 승인을 받을 수 있었고 조선소 건설은 본격적인 단계로 접어들었다. 현대중공업은 특유의 도전정신으로 두 차례의 오일쇼크 위기를 슬기롭게 극복하고 1983년 첫 세계 1위에 올라선 이후 현재까지 정상의 자리를 굳건히 지켜 오고 있다.

셋째, 생존을 위한 절박감이다. 바다에 뛰어들지 않으면 위험을 피할 수는 있지만, 먹이를 구하지 못하면 어차피 생존할 수 없다. 먹이를 구하려면 바다에 뛰어 들어야만 한다는 현실과 먹이를 구하기 위해서는 어떠한 위험도 감수할 수밖에 없다는 사실을 깨닫고, 결국 바다에 뛰어드는 외에는 다른 방도가 없다는 결론에 이른다.

첫 번째 팽귄은 이를 현실적으로 받아 들여 행동으로 옮길 뿐이다.

도전하지 않고 성공을 바라는 것은 카지노에 가서 잭팟을 기대하는 것과 같다. 4차 산업혁명으로 일컫는 변혁기에서 중견기업 조차 현실에 안주해서는 지속성장이 어렵고 더 나아가 존립 위기마저 겪을 수 있다. 미국 포춘(Fortune)이라는 비즈니스 잡지는 500기업의 평균 수명이 1930년대에는 90년이었으나 1950년대에는 45년으로 낮아지고 2015년에는 15년으로 다시 낮아졌다는 사실은 기업의 생존 여건이 더욱 어려워지고 있다는 것을 반증한다.

조지 이스트먼(George Eastman)이 1880년 설립한 코닥(Kodak)은 아날로그 카메라 필름 시장을 이끌며 1970년대까지는 카메라 필름 시장을 완전히 장악했었다. 하지만 아날로그 카메라 필름 시장의 성공에만 취해 디지털 시대로의 변환기에 대비하지 못한 결과, 매출과 수익이 급락해 결국 2012년 파산신청을 하기에 이른다. 코닥은 1975년 세계 최초로 디지털 카메라를 개발하고도 기존 아날로그 필름 시장을 지키기 위해 상용화하지 않았다. 기술의 패러다임이 급변하는 시대에 과거의 성공에만 안주하여 새로운 기술로의 도전을 멈추는 기업은 생존할 수 없다는 점을 코닥 경영진은 간과한 것이다. 성공을 위해서는 도전이 필요함에도 행동에 옮기는 것이 쉽지 않다. 도전을 주서하게 하는 것은 실패에 대한 두려움과 변화에 대한 인식 부족이다. 특히 근래에 들어서 국내 기업들은 기술의 발전으로 경쟁 기업들의 생태계가 급변하고 있고, 모방 제품을 통한 패스트 팔로워(Fast follower) 전략으로 수요기업에서 경쟁기업으로 탈바꿈하고 있는 중국 기업들과 유럽과 미국 등의 핵심 시장에서 마주치고 있는 상황이다.

우리 기업들이 혁신과 도전에 안이한 모습을 보인다면 현 수준을 유지하는 것이 아니라 도태될 수밖에 없는 상황에 빠질지도 모른다. 도전정신을 높이기 위해서는 리스크를 수용할 수 있는 토양을 만들어야 한다. 리스크를 감수하지 않는 현실안위적인 사고방식이 만연한 조직에서는 새로운 발상으로의 도전이 가능하지 않다. 리스크를 두려워하지 않는 조직에서만 새로운 변화에 대한 도전이 가능할 수 있다. 바다로 뛰어든 펭귄 중 일부는 바다표범의 먹이가 되겠지만 펭귄은 그러한 과정을 거치면서 생존하게 되는 것이다. 마찬가지로 도전이 반드시 성공을 보장하지는 않지만, 도전하는 기업만이 생존할 수 있다. 위험을 감수하지 않고 단기적인 실적이나 현상 유지에만 급급하여 도전에 부정적이고 수동적인 조직원보다는 단기적인 실적은 미흡하더라도 새로운 가치를 창조할 수 있는 시도를 많이 한 조직원을 제대로 평가할 수 있는 경영자의 인식이 필요하다.

경쟁과 변화는 기업이 피할 수 없는 숙명과 같은 변수다.

기업의 목표는 지속적인 성장과 존속이므로 경쟁과 변화에 적극적으로 대응하지 않는 기업은 도태될 수밖에 없다. 도전은 경쟁과 변화에 적극적으로 대처하는 최상의 방안이다. '배는 항구에 머물러 있을 때 가장 안전하지만, 그것이 배의 존재의 이유는 아니다.' 김범수 다음카카오 이사회 의장이 2007년 네이버를 떠나며 한 말이다. 기업이 도전보다 안정을 추구하는 것은 안전한 항구에 계속 머무르려는 것과 같다. 기업은 이익을 극대화하기 위해 바다로 나아가야 한다. 그곳에서 성공하기 위해서는 신기술개발, 신제품 개발, 신공정 개발, 신시장 개척을 선도하는 첫 번째 펭귄이어야 하며, 리스크를 두려워해서는 안 된다.

기업의 사회적 책임은 더 이상 선택이 아니다

기업들이 최우선으로 여기는 가치는 그 시대에 따라 변천해 왔다. 역대급 시가총액 1위 기업은 8조 달러에 달하는 네덜란드의 동인도 회사로 애플의 시가총액 10배를 넘는다. 200년 넘게 인도를 수탈하는 등 해외 무역을 통해 막대한 이익을 창출하여 주주들의 요구를 충족시켰다.

록펠러, JP모건 등이 엄청난 재산을 축재한 배경은 미국 남북전쟁 당시 미국 연방정부에 자본, 물자, 철도, 석유 등을 대면서 엄청난 이윤을 남겼기 때문이다. 1960년대를 거치면서 한국의 재벌이 성장할 수 있었던 배경도 정부의 전폭적인 지원책과 특혜 등이 큰 역할을 했다는 것은 익히 알려진 사실이다. 그러나 독과점, 불법담합, 노동력 착취 및 정부의 특혜 등을 통해 성장하고 부를 축적할 수 있었던 과거와는 달리 오늘날 기업들이 성공의 척도는 과거와 완전히 다르게 정의되고 있으며, 자본주의의 패러다임이 바뀜에 따라 기업의 사회적 역할도 변모해야 한다는 사실이 점차 피할 수 없는 현실이 되고 있다. 18세기 후반부터 시작된 자본주의는 수차례의 발전과정을 거쳐 진화해 왔다. 존스타운(Johnstown) 댐 붕괴 사건과 용역 깡패를 동원해 노동자들을 강제 진압하는 과정에서 10여명의 노동자가 사망하게 되는 홈스테드(homestead) 학살사건을 기점으로 철강왕 카네기는 변신하게 된다.

■ 자본주의 발전단계

자본주의 1.0	아담 스미스(Adam Smith)이래 많은 경제학자들은 기업의 유일한 사회적 목적은 주주를 위한 이익을 창출하는 것뿐이라고 주장했다. 그들이 지적한 것처럼 이제까지 자본주의는 기업들에게 시장을 개방하고 경쟁을 통한 이윤 추구를 허용함으로서 세계 경제를 견인해 왔다. 그러나 이러한 자유방임적 자본주의가 사회 전반적으로 긍정적 역할을 한 것은 아니었다.
자본주의 2.0	이제까지 기업은 주주 이익을 극대화하는데 주력했으나 지금부터는 기업과 다양한 관계를 맺고 있는 이해관계자들을 고려해야 한다는 주장이 등장했다. 기업의 경영활동을 주주 중심주의 관점으로만 파악하던 논리에서 벗어나, 도덕 · 사회적 관점으로 전환하여 기업의 새로운 역할과 목적을 제시한 것이다. 정부의 주도적 역할을 강조한 수정자본주의라고 일컬어진다.
자본주의 3.0	신자유주의의 시장만능과 전통적 사회민주주의의 복지만능에 대한 비판이 제기되었다. 복지사회모델이 노동의욕의 저하를 가져오면서 한계를 노출하자 '평등'과 '효율'을 동시에 충족할 수 있는 새로운 모델로 유럽 좌파가 추신한 것이다.
자본주의 4.0	2008년 세계 금융위기 이후에는 기업의 사회적 책임에 대해 기업 내부적으로는 물론 외적으로도 기업의 사회적 책임에 대한 높은 수준의 안전장치가 필요하다는 인식의 소리가 높아지게 되었다. 이에 따라 기업들은 얼마나 이익을 창출했는지 보다는 어떻게 이익을 창출했는지에 대해 대내외적 관심과 압박을 많이 받고 있다.

사실 별로 말도 없는 사람이었지만 돈 버는 일에는 냉혈한 경영자였던 카네기는 1881년 헨리 클레이 프릭(Henry Clay Frick)을 카네기 스틸의 회장으로 임명한다. 돈을 위해서라면 물불 가리지 않는 사람이었던 프릭은 직접적으로 존스타운 댐의 붕괴를 야기하는 원인 제공자였고 홈스테드 학살사건의 배후로 사회적 지탄을 받았다. 카네기는 결국 프릭을 축출하는 한편 축적한 자산을 사회에 환원하는 일에 착수하게 된다. 카네기는 JP모건에 철강회사를 매각한 대금으로 재단을 설립했고, 본격적으로 사회사업을 시작했다. 카네기의 도서관 건립 계획을 통해 미국 전역에 2,500여개의 공공 도서관을 건립하여 모두 사회에 헌납했다. 이러한 노력의 결과 같은 시대의 악덕 재벌이었던 록펠러나 밴더빌트, 모건과 달리 사회적 책임을 다한 기업가로 후세에 카네기라는 이름을 남기게 된다. 기업의 지속가능경영에 대한 관심이 높아지고, 이윤만을 추구하는 이전의 경영전략으로는 다양화된 기업 이해관계자들의 니즈와 급변하는 대내외 경영 환경에 대응할 수 없다는 것을 기업들이 점차 인지하고 있다.

오늘날 많은 기업들이 점차적으로 목표를 과거와는 다르게 정의하고 있듯이 자본주의의 패러다임이 변화함에 따라 기업의 사회적 역할도 변모해야 한다는 점은 점차 피할 수 없는 현실이 되고 있다. 최근 들어 국내 대기업을 중심으로 ESG의 중요성이 강조되고 있다. ESG 경영으로 기업의 지속성장을 이루겠다는 최고경영자의 발표가 이어지고 있는 추세이다. **ESG는 기업의 비재무적 요소인 환경(Environment), 사회책임(Social), 지배구조(Governance)를** 의미한다. ESG 개념이 처음으로 공론화된 것은 2004년 코피 아난 유엔 사무총장이 세계 각국의 금융회사에 지속 가능한 투자를 위한 가이드라인 개발에 동참해줄 것을 요청하면서 부터이다. 이후 주요금융회사들이 참여한 공동연구를 통해

ESG를 기업 평가에 도입할 수 있다는 의견이 제시되어 2006년 '유엔 책임투자 원칙'에 반영되기에 이른다.

환경 분야에서의 주요 관심사는 기후변화, 온실가스 배출, 물 등 자원 고갈, 폐기물과 오염, 삼림파괴 등과 관련된 부분이다. 사회분야에서는 노동조건, 인권존중, 건강과 안전, 직원 관계 및 다양성, 제조물의 안전과 품질요건 강화 등이 요구된다. 지배구조는 경영진 보상, 뇌물 및 부정부패, 정치로비 및 기부, 이사회의 다양성 및 구조, 준법경영 등 기업의 투명성을 따진다. 유럽연합(EU)은 새로운 국제회계기준(IFRS)에서 ESG를 기업경영실적 보고서인 재무제표에 반영하는 방안을 검토하고 있어 ESG를 지키지 않는 기업은 유럽에서 활동하기 어려워질 전망이며, 아마존 등은 ESG를 준수하는 곳과 거래를 늘리겠다고 선언했다. 국제적 책임투자 규범인 UN사회책임투자원칙에서 기업의 비재무적 요소인 ESG 데이터를 투자 심의 시 중요한 판단 요소로 고려할 것을 권고하고 있다. 앞으로 사회 전반적으로 기업에 요구하는 역할과 책임이 다양화 짐에 따라 앞으로 기업은 투자자의 요구, 기업신용도 제고, 고객의 요구 충족, 각종 정부 규제 등 다양한 니즈에 부합하기 위하여 ESG를 경영의 핵심전략으로 채택하지 않을 수밖에 없는 상황이다. 하지만 ESG 지표는 단순히 수치일 뿐이고, 그 이면에는 더욱 본질적인 가치 체계가 숨어 있다는 점을 간과해서는 안 된다. 영국의 언론인이자 변호사인 도미니크 셀우드(Dominic Selwood)와 아라베스크 자산관리(Arabesque Asset Management)의 파트너인 가브리엘 카라게오르규(Gabriel Karageorgiou)가 처음 언급한 '기업 필로티미(corporate philotimy)'는 ESG의 기본정신다. 정직, 존엄성, 품위, 이타심, 그리고 고결한 삶이라는 공공선의 가치가 있다.

기업이 ESG의 기본정신을 공감하지 못하고 단순히 정부 혹은 투자기관 등이 요구하는 의무준수 사항으로 ESG를 경영에 도입하고 있다면 그 파급효과가 제한적일 수밖에 없다. 국내기업들이 ESG를 핵심 경영전략으로 발표하고 있으며, 기업의 대외 이미지 개선 및 기업가치 제고에 긍정적인 효과 있을 것으로 기대하고 있다. 그러나 기업 필로티미에 대한 이해가 부족한 기업은 다양화 시대에 사회가 기업에 요구하는 니즈를 충분히 파악하고 이에 적절히 대응할 수 없다. 사회에 대한 책임은 물론 이해관계자들이 요구하고 관심을 두는 것이 무엇인지 먼저 파악하고 이에 대응하는 능동적 대처가 필요하다. 기업 필로티미를 이해하고 실천하는 기업은 단순한 립서비스로 이해관계자들에게 사회적 책임을 다하고 있다고 말하지 않는다. 이들 기업들은 경영철학에 ESG가 체질화되어 기업의 사회에 대한 책임을 적극적으로 수용한다. 그들은 대외 홍보용으로 환경 보호와 관련된 과시형 행동을 위장하여 보여주지 않는다. 직원의 인권과 안전 그리고 권리를 존중하는 회사라고 대외적으로 홍보하지만 직원들은 피부로 실감하지 못하는 기업과는 달리 지속적으로 노력한다. 기업 필로티미를 실천하는 기업에 있어서 공유가치 창출은 경영의 우선적 고려사항이기 때문이다.

[네슬레의 2012 지속가능성 보고서]

스위스의 글로벌 식품기업인 네슬레는 2000년대 후반부터 공유가치창출을 기업의 궁극적인 경영이념으로 도입했다. 네슬레가 지향하는 방향은 네슬레의 '2012 지속가능성 보고서'에 잘 드러나 있다.

페터 브라베크 레트마테(Peter Brabeck-Letmathe) 네슬레 회장은 발간사를 통해 "우리는 각 국가와 지역에서 당면한 이슈, 즉 영양과 물, 지역발전 등의 문제를 해결함으로써 주주와 사회에 기여할 수 있는 가치를 생산할 수 있다고 믿습니다. 바로 공유가치창출인 것입니다. 우리는 자발적으로 우리의 핵심사업 활동과 사회문제를 연결시킴으로써 새로운 기회가 생긴다는 것을 증명해 왔습니다"고 밝혔다. 네슬레는 요오드 결핍으로 야기되는 질병들을 예방하기 위해 요오드를 강화한 식품 출시하였고, 나이지리아에서 아동과 임신 여성들의 빈혈이 증가하자 시리얼에 비타민

A와 철분을 첨가하는 등 사회적 문제를 해결하기 위한 제품의 경쟁력을 높였다.

인도네시아에서 저가로 팔리는 마일로 초코볼은 아이들의 열량부족을 해결해 주고 있고, 미국과 영국 등에서 팔리는 저염·저당 식품들은 비만 예방에 일익을 담당하고 있다. 또한 커피농가 및 농장근로자들의 생계, 농업 공동체의 번영, 자연환경관리 및 보호, 농가를 위한 금융지원 등 다양한 지역별 특색에 맞는 프로젝트를 실행하고 있다. 이러한 네슬레의 노력은 회사의 사회적 책임을 실행하는 기업으로 평가받을 뿐만 아니라 매출도 증가함에 따라 일석이조의 효과를 거두고 있다. 사회가 기업을 바라보는 생각과 시각이 새롭게 변해가고 있다.

공유가치에 역점을 두어 기업과 사회가치를 동시에 구현해 나가야 하는 "자본주의 5.0"에서는 더더욱 그러하다. 네슬레와 같이 기업 필로티미를 바탕으로 공유가치 창조에 일찍부터 매진한 기업은 이미 ESG를 통한 기업가치 제고라는 목표달성은 물론 새로운 기업 환경에 능동적으로 적응하여 경쟁력을 키우고 있다.

자본주의 5.0의 새로운 패러다임의 등장으로 기업가나 경영자는 시장과 정부를 균형 잡힌 시각으로 보는 것은 물론 기업과 사회 간의 조화로운 협력관계를 이끌어가야 한다. 경영자는 미래를 지향해 가면서 기업의 가치와 사회적 가치를 동시에 구현하는 이른바 공유가치의 창출을 위해 최선을 다해야 한다. 이를 위해서는 사회적 요구에 대한 공감, 기업 스스로에 대한 엄격한 도덕적 잣대, 이해관계자 및 소속된 사회에 대한 존중 등에 근간을 둔 기업문화가 정착되어야 한다. 이런 기업은 당연히 직원들이 자신이 속한 기업을 최고의 직장이라는 자긍심을 갖게 되고, 그들의 헌신을 바탕으로 기업의 효율성과 창의성이 제고되며, 이에 따라 궁극적으로 기업가치가 제고되는 것이다.

다윗과 골리앗의 싸움

다윗과 골리앗의 싸움에서 다윗이 이긴 이유는 골리앗이 싸움 상대인 다윗에 대한 정보가 전혀 없었다는 점과 자신의 큰 덩치를 너무 믿고, 상대를 무시하는 오만함 때문이었다. 다윗은 칼과 갑옷 등 동일한 조건으로 싸우지 않고 자신이 선택한 무기인 돌덩이 다섯 개 만으로 싸움에 임하여 골리앗의 이마에 정확하게 돌을 던져 기적과 같은 승리를 한다. 전쟁은 물론 기업 간의 경쟁에서 동일한 조건이라면 다윗이 골리앗을 이길 확률은 거의 제로에 가깝다. 지피지기는 물론이려니와 자신의 장점을 극대화시키는 전략과 자신감이 없었다면 다윗의 승리는 가능하지 않았을 것이다.

2009년 포르쉐의 벤델린 비데킹(Wendelin Wiedeking) 회장의 퇴임식에서 볼프강 포르쉐(Wolfgang Porsche) 의장은 눈물을 흘렸다. 16년간 재임하면서 포르쉐 의장과 호흡을 맞춰 온 비데킹 회장을 보내는 아쉬움과 포르쉐의 폭스바겐 인수를 거의 성공하는 듯 했으나 역풍에 휩쓸려 오히려 폭스바겐에 역으로 인수 당한 통한의 눈물이었다.

경영자의 능력과 판단이 기업의 운명을 바꿀 수 있는데 포르쉐의 벤델린 비데킹(Wendelin Wiedeking) 전 회장이 대표적인 예다.

포르쉐의 판매량에서 가장 비중이 높은 소형 2인승 스포츠카 '박스터(Boxster)'와 스포츠 유틸리티 차량(SUV) '카이엔(Cayenne)'은 비데킹의 작품이다. 두 모델의 성공에 힘입어 포르쉐는 급성장하면서 판매량과 수익률 기록을 매년 갈아치웠다. 그는 1983년 엔지니어로 입사해 1992년 회장에 취임, 2009년 7월 23일 포르쉐 경영에서 손을 떼기 전까지 16년 동안 재임했다. 특히 2005년부터 본격적으로 포르쉐를 넘어 폭스바겐까지 손을 뻗치면서 역사상 가장 치열한 인수 전쟁을 벌이게 된다. 폭스바겐을 향한 비데킹의 야망은 이미 오래전부터 조금씩 감지되고 있었다. 2002년 그는 골리앗을 제압한 다윗의 이야기를 주제로 자신의 경영 철학을 역설한 『다윗의 법칙』이란 책을 출간했다. 그는 이 책에서 "크기가 모든 것의 결정적인 기준이었다면 공룡은 오늘날까지 살아있었을 것"이라고 주장했다. 그러나 결과적으로 그는 다윗의 법칙을 극복하지 못하고 자리에서 물러났다.

독일의 자동차 회사인 폭스바겐과 포르쉐를 설립한 사람은 체코스로바키아 출신의 자동차공학자인 페르디난트 포르쉐(Ferdinand Porsche)이다. 카레이싱매니아 이기도 한 그는 1931년 독일 바덴뷔르템베르크주 슈투트가르트에 자신의 이름을 따서 스포츠카와 경주용 자동차를 제작하는 회사인 포르쉐 엔지니어링 오피스를 설립했다. 당시 독일에서는 경제가 어려워 진 상황에서 1933년 아돌프 히틀러(Adolf Hitler)가 수상으로 집권하게 된다. 그는 경제를 살리기 위해서 도로 등 국가적 기반시설을 확충하는 한편 자동차산업을 육성해야 한다고 믿고 페르디난트 포르쉐를 만나 연료 효율과 가격 그리고 안전성 등을 고려하여 국민 자동차를 만들 것을 요청한다. 히틀러는 식섭 딱성벌레의 자동차 도안을 그려 주기도 하였다. 약 3년간의 개발기간을 거쳐 1937년 마침내 페르디난트 포르쉐는 '비틀(Beatle)'이라고 알려진 국민차를 개발했다. 비틀은 전 세계에서 누적 2,000만 대 이상의 판매량을 기록하여 역사상 가장 많이 팔린 자동차가 되었다. 페르디난트 포르쉐의 아들인 페리 포르쉐(Ferry Porsche) 역시 뛰어난 자동차 설계자로 성장하였는데 고집불통이었던 아버지와는 다르게 페리 포르쉐는 사업적인 수완이 뛰어났다. 1945년 페리 포르쉐는 경주차를 설계해주고 받은 돈으로 2차 세계대전 전범으로 수용생활을 하던 아버지의 보석금을 마련하는 한편, 스포츠카 356의 설계도 마쳤다. 356번의 설계 끝에 탄생한 이 자동차는 오늘날 많은 사람들이 그토록 열광하는 포르쉐 스포츠카의 원형이라고 할 수 있다. 페리 포르쉐의 356은 발전을 거듭한 끝에 1951년 본격적인 양산에 들어갔다. 같은 해 페르디난트 포르쉐가 뇌졸중으로 세상을 떠나게 되며, 딸인 루이제 포르쉐(Louise Porsche)와 사위인 안톤 피에히(Anton Piech)가 폭스바겐 회사를 이끌고, 아들인 페리 포르쉐가 포르쉐 회사를 이끌어 각자의 길을 걸으며, 세계 굴지의 자동차 회사로 발전하게 된다. 폭스바겐은 대중적인 자동차 분야에서, 포르쉐는 고성능 스포츠카 분야에서 세계적인 기업으로 성장하여 왔다. 그러나 1990년대 중반 이후부터 폭스바겐의 판매대수와 매출액은 정체되고 영업이익은 2001년 54억 유로에서 2004년 16억 유로로 크게 감소했다. 폭스바겐의 경영이 악화되어온 이유는 세계 시장의 침체, 중남미 구조조정 비용 증가, 모델 노후화로 인한 판매부진 그리고 유로화 강세 때문이었다. 이러한 와중에 미국 투기자본과 헤지펀드로부터 적대적 M&A에 엮이게 되자, 2005년 포르쉐가 폭스바겐의 지분을 인수하여 경영권 위기로부터 구해 준다. 기업의 자산규모는 폭스바겐이 포르쉐보다 10배 이상 컸지만 포르쉐는 대당 수익성이 높아 현금 유동성이 비교적 풍부한 상황이었다. 이후 두 회사는 자동차 생산라인을 공유하는 등 전처럼 가깝게 지냈으나 포르쉐가 폭스바겐지분을 30% 이상 취득하여 경영권에 대한 야욕을 드러내면서 양사의 관계는 비틀어지기 시작한다. 포르쉐가 폭스바겐의 지분 35.14%를 보유하

■ **폭크스바겐과 포르쉐 인수 전쟁의 승자와 패자**

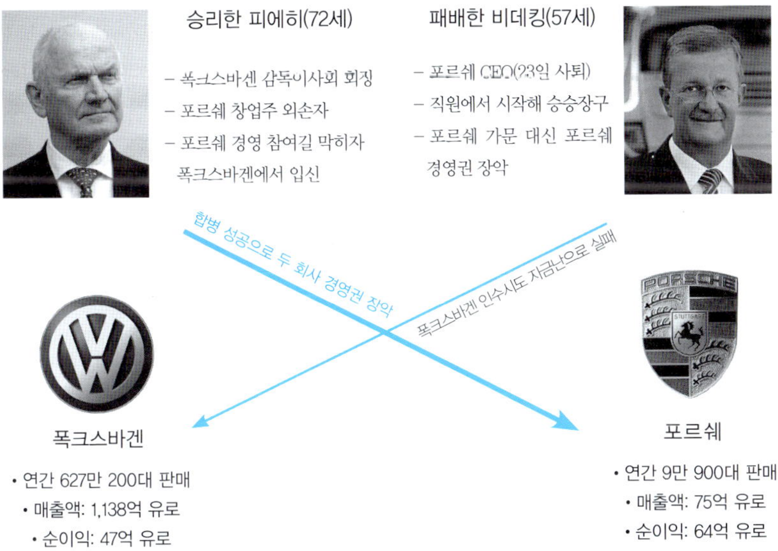

게 되어 최대주주로 나서는 한편 포르쉐의 CEO인 빈델린 비데킹은 향후 폭스바겐의 지분을 50% 이상 늘린다는 계획을 발표하여 양사는 돌이킬 수 없는 분쟁에 돌입하게 되었다. 포르쉐가 폭스바겐의 인수에 뛰어든 것은 스포츠카 브랜드만으로는 시장을 지배하는데 한계가 있기 때문에 자동차 모델을 다각화하기 위한 전략의 일환이었다. 포르쉐 입장에서는 수익성을 떨어뜨리지 않으면서 스포츠카의 이미지를 유지할 수 있을 뿐만 아니라 토요다에 이어 세계 2위의 자동차 기업으로 부상할 수 있는 유일한 기회였다. 포르쉐가 위기를 감수하면서 달려든 이유였다. 그러나 포르쉐가 예상하지 못한 변수가 등장한다.

첫째는 1960년에 제정된 폭스바겐법이었다. 국영기업이던 폭스바겐을 민영화하면서도 폭스바겐의 공공성을 유지시키기 위해 지분 20% 이상은 의결권을 행사하지 못하고, 인수/합병과 같은 주요의사 결정에서는 주주의 80% 이상의 동의를 얻도록 규정한 것이다. 이 법으로 인해 포르쉐의 경영권 장악에 제동이 걸리게 되었다.

둘째는 2008년부터 불어 닥친 글로벌 금융위기였다. 포르쉐는 폭스바겐 지분인수 후부터 지속적으로 폭스바겐 주가가 상승해 2005~2009년 동안 옵션을 통해 약 82억 유로를 벌었다. 포르쉐는 폭스바겐에 130억 유로가 예치 중이었기 때문에 인수 자금으로 들어간 돈을 인수 후 이용하려는 계획도 갖고 있었다. 하지만 결국 인수 과정에서 약 90억 유로의 부채가 증가했고 2008년 9월 터진 미국발 글로벌금융위기로 포르쉐의 판매가 27%나 감소하자 현금 유동성이 급격히 악화됐다. 미국은 당시 포르쉐의 가장 큰 시장이었다. 폭스바겐 주가가 하락하자 파생 상품에 대한 손실도 눈덩이처럼 커졌다. 무리한 폭스바겐 인수 시도가 포르쉐를 부도 위기까지 몰아넣은 것이다. 100억 유로에 달하는 채무를 감당할 수 없게 된 포르쉐는 독일 정부에 긴급 융자를 요청했지만 실패했다. 카타르 등에 투자를 요청했지만 진전이 없자 포르쉐가 손을 벌린 곳은 폭스바겐이었다. 결국 폭스바겐에 역인수를 초래한 포르쉐의 CEO인 비데킹은 포르쉐 매각에 책임을 지고 사임했다.

말콤 글래드웰(Malcolm Gladwell)은 자신이 저술한 책『다윗과 골리앗』에서 다윗의 승리를 전략의 승리로 단정하며, 우연한 승리가 아님을 강조한다. 거대하고 힘이 장사인 골리앗이 가진 강점은 1대1로 칼과 칼을 가지고 붙어서 싸울 때는 유리하지만, 떨어져 있을 때는 전혀 힘을 발휘하지 못한다는 것이다. 기동성과 민첩성을 토대로 다윗과 골리앗의 싸움을 다시 재구성하면 약자인 다윗이 강자의 위치에 서게 된다.

포르쉐는 강점이었던 재무구조 건전성이 지분인수를 확대하기 위해 차입한 부채 증가로 재무구조 악화라는 약점으로 바뀌게 됨에 따라 패배했지만, 주변을 돌아보면 약자가 강자를 물리친 경우도 많다.

조조의 수십만 대군을 화공으로 제압한 삼국지의 적벽대전, 수적 열세를 딛고 일본과의 해전을 승리로 장식한 이순신 장군 등 모두 약자가 강자를 이긴 사례다. 세계 전쟁사를 통해서도 이러한 사례는 어렵지 않게 찾아 볼 수 있다. 베트남전에서 미군이 그 막대한 인원과 물자를 투입하고도 물러난 것은 미군과의 전면전을 피하고 상대의 약점을 찾아 공략하는 베트콩의 국지전적인 게릴라전법 때문이었다.

2000년 고등학교 동창인 두 젊은이가 창립한 친환경 세제회사 '메소드(Method)'는 창립 10년 만에 '패스트 컴퍼니(Fast Company)'와 '타임(Time)'이 선정한 세계에서 가장 혁신적인 기업으로 꼽히고, '주식회사(Incorporated)' 500대 기업 중 7등에 선정되었다. 그리고, P&G, 유니레버 등 세제시장을 점령해온 다국적 기업들을 제치고 미국 1위의 친환경 세제회사로 성장했다. 카림 라시드와의 협업으로 차별화된 산업 디자인을 도입한 제품은 소비자에게 청소에 대한 색다른 경험을 제공했고, 만족한 소비자는 메소드의 절대 고객이 되어 메소드 홍보에 기여했으며, 다국적 기업보다 빠른 의사결정으로 시장을 선점했다. 1860년대 프랑스에서는 살롱을 통해 화가들의 작품이 전시되었는데, 심사가 까다롭고, 전시되어도 이름난 화가들의 작품들과 경쟁해야 했다. 하지만 인상파 화가들은 살롱이 아닌 개별 행사를 통해 대중 앞에 다가서는 전략을 선택하여 결국 성공하게 된다. 중소기업이 대기업과 경쟁하기 위해서는 자신이 상대적으로 강점을 보이고 있는 부분에 집중하여 경쟁에 임해야 한다. 역으로 상대의 취약점을 파악하여 이를 집중적으로 공략하는 것이 경쟁에서 승자가 되기 위한 전략인 것이다. 특히 신속한 상황판단 및 의사결정, 그리고 민첩한 행동은 중소기업의 장점이다. 조직이 방만한 대기업보다 앞선 순발력을 발휘하여 자신의 강점을 극대화할 수 있는 경쟁의 틀에서 대기업과 경쟁할 수 있도록, 상식과 다른 게임의 방식을 통해 경쟁력을 갖추어야만 한다.

실패할 용기가 있는 사람만이 성공할 수 있다

성공하는 사람은 한 번 저지른 실수를 되풀이하지 않지만 실패하는 사람은 같은 실수를 거푸 일으킨다. 하지만 완벽을 추구하는 시대인지라 많은 사람들이 자신의 실수를 쉽사리 인정하려 하지 않는다. 자신의 잘못을 인정하거나 책임지려 하지 않고 오히려 자신의 잘못을 의도적으로 감추기도 한다. 완벽의 이미지를 보여주려고 필사적인 노력을 하는 사람들에게서 종종 볼 수 있는 모습이다. 실수를 인정하고 책임지지 않는 것은 실수를 인정하는 것이 자신의 나약함을 보여준다는 생각 때문이다. 특히 치열한 경쟁사회에서는 약점을 보이는 것은 패배를 인정하는 것이라 생각한다.

오하이오 주립 대학교(Ohio Stste University)의 로이 레위키(Roy Lewick) 교수와 레아 폴린(Leah Polin)교수는 사례조사를 통한 연구 결과 "내가 실수했어"라고 말하는 것보다는 "화나게 해서 미안해"라고 말하기가 더 쉽다고 발표했다. 자신의 잘못을 인정하고 그에 대해 책임을 지는 것이 아니라 상대방을 정서적으로 자극하지 않으려는 의도인 것이다. 우리는 실수를 두려워하는 사회적 구조 속에서 살고 있다. 실수를 하지 않아야 한다고 배우며, 안정적이고 인정받는 위치에 서기 위해서 남보다 완벽해야 한다고 생각한다. 그러나 실수를 하지 않는다는 믿음이 잘못된 것임을 깨달아야 한다. 사람은 실수를 통해 성장하고 발전하기 때문이다. 만약 새로운 것에 도전하면서 성장하기를 원한다면, 당연히 실수를 많이 하게 될 것이다. 그러나 실수(失手, mistake)와 실패(失敗, failure)의 차이는 구분되어야 한다. 실수는 잘못을 저지름을 뜻하는 말이고, 실패는 뜻한 바를 그르치고 이루지 못함을 의미한다. 실수란 일을 추진하는 과정에서 발생하므로 이를 바로 잡을 기회가 있을 수 있는 반면, 실패란 일의 추진 결과이므로 되돌릴 수 없다. 과실, 잘못된 지시, 작업관행이나 작업절차무시, 규정위반 및 최고경영자 및 관리자의 안전 불감증으로 야기되는 실수는 인재라고 할 수 있다. 매뉴얼이나 규정에 의한 관리시스템이 작동한다면 위와 같은 실수는 사전에 예방하거나 재발되는 것을 막을 수 있다. 그러기 위해서는 실수가 발생할 경우 이를 신속하게 인지하고 대응책을 마련해야 한다. 실수를 감출 경우 실패로 귀착될 가능성이 높아지거나 이로 인한 손실이 발생하게 되어 어떤 방법으로도 폐해가 발생할 수 있다. 세계적인 물류기업인 페덱스(Fedex)는 1:10:100의 법칙을 현장에 적용하면서 직원들에게 주지시키고 있는데, 그 주요내용은 하자가 발생할 경우, 즉시 시정하면 1의 비용이 들지만, 이를 은폐하고 숨기면서 회사 밖으로 유출하게 되면 10의 비용이 발생하며, 고객 손으로 들어가 클레임 걸리게 되면 100의 비용이 든다는 것이다. 사소한 실수라도 초기에 대응하는 것이 가장 비용을 절감할 수 있다는 것이다.

1920년대에 미국의 트래블러스 인슈렌스(Traveler's Insurance)사에 근무하고 있던 하인리히(Herbert W. Heinrich)는 업무 성격상 많은 사고 통계를 접하고 있었다. 그는 실제 발생한 5,000건의 사고를 정밀 분석하여 1931년에 『산업재해 예방(Industrial Accident Prevention, A Scientific Approach)』이라는 책을 발간했는데 하인리히는 이 책에서 인간의 과실로 인한 산업재해가 300-29-1의 비율로

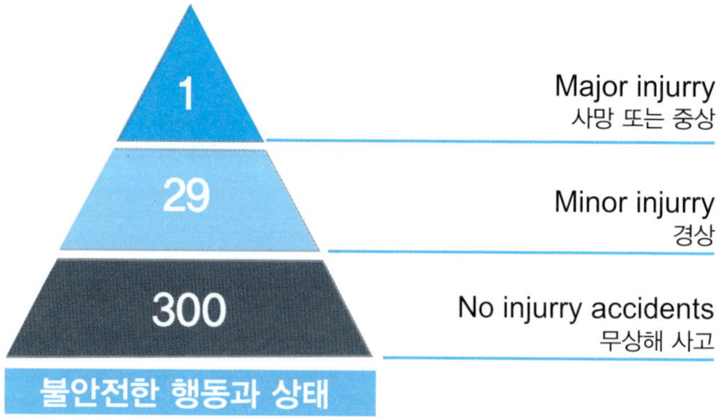

발생한다고 밝혔다. 동일한 원인으로 발생한 재해들을 분석한 결과 인명 피해가 없는 300건의 사소한 사고를 간과하면 경미한 인명 피해를 수반하는 29건의 사고가 발생하고 이어서 비교적 인명 피해가 큰 사고 1건이 발생한다는 것이다. 하인리히의 분석에 의하면 산업재해란 어떤 우연한 사건에 의해 발생하는 것이 아니라 발생할 가능성이 있었던 미미한 사고가 반복되는 과정 속에서 발생한다는 것이다. 과학적 통계에 근거하여 도출된 하인리히 법칙은 어떤 상황이든 간에 큰 재해는 항상 사소한 것들을 방치할 때 발생한다는 것을 실증적으로 보여준다.

삼풍백화점 붕괴 사고는 우리나라 역사상 가장 대표적인 인재로 기억되고 있다. 사고 이후 조사과정에서 이 건물은 지어질 당시부터 문제가 많은 것으로 밝혀졌다. 설계하중 초과와 마땅히 들어가야 할 철근이 무더기로 빠져 있는 등 수 많은 부실시공이 지적되었고, 더불어 허술한 관리로 인하여 천장에 금이 가는 등 숱한 작은 징후들이 포착되었다. 그 결과 붕괴 사고가 있기 전부터 벽의 곳곳에 균열이 크게 늘어 붕괴 위험이 있다는 내부직원 신고와 전문가 진단을 숱하게 받았지만 별다른 대책을 취하지 않았다. 잠재적 요소에 대한 무시는 결국 1,000여 명의 사상자를 낸 대형사고로 이어졌다. 기업이 성장과 수익창출에만 집중하는 동안 다른 한편에서는 자만심과 사소한 것에 소홀해지는 나태함이 악성 종양처럼 커져 일어난 참사였던 것이다. 통상 기업의 평균수명은 30년을 넘지 않는다고 한다. 이는 외부의 경쟁압력 때문이기도 하지만 보다 큰 요인은 기업 내부의 경직적이고 폐쇄적인 조직문화와 위기관리능력의 부재에서 비롯되는 것임을 실패한 기업들의 사례를 통해 알 수 있다. 마크 트웨인은 "우리가 위험에 처하게 되는 이유는 어떤 일이 발생하리라는 사실을 인지하지 못하기 때문이 아니라 그런 일이 발생하지 않을 것이라는 막연한 믿음 때문이다"고 말했다. 대다수의 인간은 자신이 보고 싶지 않은 것은 보려고 하지 않는 속성이 있다. 또한 원하지 않는 불편한 현실을 외면하려 하고, 결과가 좋지 않으면 남의 탓으로 돌린다. 잠재적 위험 요소에 대한 무시는 막연한 믿음과 안이함으로부터 파생되어 누적되면서 큰 사고로 이어지는 것이다.

실수로 인한 피해를 입지 않아 안도하거나 실수에 무감해진 기업들은 현실에 안주하지 말고실수란 언제든지 생길 수 있다는 점을 염두에 두어야 한다. 위기관리에 취약하고 단기 실적주의 풍토와 조직원들의 이기적 성향들이 만연할 경우 예기치 못한 실수나 위기가 발생했을 때 신속하게 대응하기란 쉽지 않다. 위기관리능력은 오랜 기간 동안의 학습과 경험으로 배양되는 것이기 때문이다. 최고경영자를 비롯해 모든 조직구성원들이 고객중심으로 배려하고 가치사슬 망에 속해 있는 모든 기업들이 상생하는 협력문화가 구축될 때 위기 대처능력이 생기는 것이다. 실수는 반복되는 경향이 있다. 누구나 같은 실수를 반복하려고 하진 않지만 이는 말처럼 쉽지 않다. 같은 상황이 닥치면 습관처럼 같은 실수가 반복되기도 한다. 같은 실수를 반복하는 마음의 본질이 바뀌지 못했기 때문이다. 후회를 하고 실수를 돌아보는 반성을 해서 다시는 그런 실수를 범하지 않겠다고 결심해도 마음이 근본적으로 바뀌지 않으면 실수는 반복된다. 이를 벗어나기 위해서는 자신이 잘못한 근본 원인과 숨겨진 의도, 욕심 등을 진솔하게 파헤쳐봐야 한다. 마음을 겹겹이 싸고 있던 모든 분심과 비정상적인 감정 등을 다 벗겨내어야만 마음을 바꾸는 변화가 시작된다. 그런 과정을 거치면서 실수를 통해 배운 것을 다른 사람과 공유하게 되면 신뢰와 결속력이 구축된다. 사람을 움직이는 것은 자신의 실수를 솔직히 인정하고, 그런 실수가 조직 내에서 반복되지 않도록 다른 조직원들에게 알려 학습할 수 있는 기회를 줌으로서 조직원을 배려하는 솔직한 모습이다. 실수로 인한 인재 등에 대해서는 응당 책임을 물어야 하지만, 혁신의 과정에서 발생하는 '창조적 실수'에 대해선 사회적 배려가 필요하다. 베른트 크릭스만(Bernd Kriegsmann) 실무중심대학(University of Applied Science) 교수는 '창조적 실수(creative errors)'의 중요성을 강조했다.

혁신을 목적으로 기존 관행을 벗어나 과감한 시도를 했지만 원하는 결과를 얻지 못한 경우 이를 창조적 실수라고 한다. 실수를 허용하는 문화가 진정으로 혁신 역량을 이끌어내기 위해선 실수에 대한 정확한 검증이 필요하다. 크릭스만 교수의 지적처럼 실수를 허용해야 한다는 병적 집착(error euphoria)에 사로잡혀 무턱대고 실수를 용인해선 더 큰 문제를 불러올 수 있기 때문이다. 인간은 누구나 실수를 할 수 있다. 그리고, 실수가 사실 실패가 아니라 학습의 과정이라는 것을 이해하고 있다면 실수를 할 수 있는 여유가 생긴다. 실수를 한 다는 것은 뭔가 새로운 것을 시도한다는 반증이기도 하다. 그런 시도 없이는 창의성이 있는 결과물이 나올 수 없다. 창의성 있는 결과물은 새로운 시도에 따른 실수를 거칠 수밖에 없다. 때문에 그런 새로운 시도나 새로운 아이디어를 실수에 대한 두려움 없이 실행할 수 있도록 권장하는 것이 창의성이 강조되는 문화에서는 필요하다. 그런 새로운 시도를 할 수 있게 뒷받침하는 조직의 문화는 신뢰와 소통을 기반으로 한다. 조직원이 실수를 하더라도 그것을 통해 빠르게 학습하고 그로 인한 문제를 해결할 것이라는 믿음과 실수를 피드백하면서 잘못된 점과 개선할 점을 조직 내에서 소통할 수 있어야 한다. 어느 조직이든 창조적 실수의 가치를 인정해야 한다. 창조적인 사람들은 자신의 실수를 무시하지도, 숨기지도, 부끄러워하지도 않는다. 창조적 실수를 통해 예상치 못한 결과를 얻어내는 경우를 볼 수 있다. 구글사는 직원들에게 업무시간의 20%는 자기 업무와 관계없는 다른 일에 자율적으로 쓰도록 독려하고 그 결과가 실패하더라도 전혀 책임을 묻지 않는다고 한다. 애플사의 경우 혁신적인 제품과 서비스를 주기적으로 시장에 쏟아내지만 이중 많은 시도는 실패로 귀결되곤 하지만 실패한 시도들에 대해 종종 공식적으로 인정하고 방향을 대대적이면서도 공격적으로 수정하여 시장을 따라 잡는다. 실패를 용납하지 않는 조직에서 새로운 시도를 할 사람은 없다. 이런 환경에서는 조직원 누구나 기존의 루틴을 벗어나는 시도를 하지 않을 것이며, 오로지 실수하지 않으려는 보신주의로 조직의 발전이 정체될 수밖에 없다. 우리 사회는, 그리고 우리의 기업들은 실패 없이 혁신도 없고, 실수 없이는 성공도 없다는 지극히 상식적인 의미를 숙고해야 한다. 그리고 새롭고 과감한 시도 속에서 혁신과 기회를 찾아야 한다.

'내일은 더 나은 실수를 하자(Let's make better mistakes tomorrow)' 트위터 본사 사무실에 들어서면 벽면에 이 같은 내용이 적힌 액자가 거꾸로 걸려 있다. 남들과 다른 생각, 남들과 다른 '실수'로 태어나 성장한 회사인 만큼 그 정신을 잊지 말자는 취지라고 한다. 벤처기업이든 중견기업이든 시행착오 없이 성공에 이르기는 힘들다. 그렇기 때문에 실수를 부정적인 시각으로만 바라보기보다는 이로부터 배우려는 자세와 이를 바탕으로 경영전략을 차별화하는 노력이 그 어느 때보다 절실한 시대이다.

다양화 시대의 리더십

경제협력개발기구(OECD)가 2005년 발표한 "핵심역량의 정의와 선택(The definition and selection of key competencies)"에 따르면 인간이 사회에 잘 적응하면서 성공하기 위해서는 지적 능력, 사회적 상호작용 능력과 자율적 행동능력이 필요하다고 한다. 이는 우리 정부가 제시한 4차 산업혁명 시대가 요구하는 미래의 인재상과 상당 부분 일치하고 있다. 그러나 국가별 조사 결과에 의하면 한국 청소년들은 지적 능력에서는 세계 최고 수준이나 자율적 행동 능력은 중간 수준이며 사회적 상호작용 능력은 최하위 수준인 것으로 나타났다. 단순한 지식과 기술적인 면에서는 매우 우수하지만 소통과 융합을 통해 새로운 가치를 창조하는 소양이나, 다른 사람을 배려하는 공동체 구성원으로서 더불어 협업하는 부분에서 평균 이하라는 사실은 우리 사회가 앞으로 반드시 풀어야 할 난제로 부각되고 있다. 뛰어난 기술과 지식을 갖고 있다고 해서 반드시 일을 잘하는 것은 아니며, 다른 사람들과 소통하면서 호흡을 잘 맞추는 것이 기술이나 지식 못지않게 중요하기 때문이다.

최근 들어 가치관과 사고의 변화로 개인 간 성향과 행동양식의 다양성이 두드러짐에 따라 새로운 패러다임의 HR(Human Resource)이 필요하게 되는 전환기에 있다. 과거에는 조직원들이 하나의 목표를 향해 획일적으로 움직여야 했다. 특히 조직원들을 관리하는 것이 HR의 주된 관심사였기 때문에 최대한 효율적이고 획일적이며 체계적인 시스템을 구축하여 조직을 운영해야만 했다. 조직원들을 하나의 집단으로 보고 그들을 모두 모아 놓고 고정적이고 획일적 교육을 시키거나, 프로젝트나 조직원 각자의 특성에 대한 고려 없이 리더들을 하나의 리더십 모델에 맞춰 모두 동일한 기준으로 평가했다. 1970년대 후반부터 2010년까지의 사람들의 가치관 변화에 대한 연구에 따르면, 과거에 비해 오늘날의 사람들은 개인주의와 탈권위주의가 강해졌고 풍요로운 삶을 지향하는 것으로 드러나고 있다. 특히 현 2030세대의 젊은 인재들이 갖는 주요 가치관의 특징을 살펴보면 기성세대들과 확연히 다른 모습을 볼 수 있다. 더하여 앞으로는 외부 인재들과의 협업과 스마트워크(Smart Work) 시스템이 확대되는 새로운 환경에서 근무하는 방식에 적응하여야 한다. 언제 어디서나 접속되어 있는 시대가 도래 하면서 사무실에서 일하지 않는 구성원들이 생기는 등 구성원들의 자율성이 더욱 증가할 것이다. 그렇게 된다면 조직 운영 방식은 더더욱 다양화되고 복잡해질 수밖에 없다. 이러한 추세에 보조를 맞추어 각 기업들은 조직 운영 방식에 변화를 주어야 한다. 점차 개인화되고 다양화되는 시대적 변화에 능동적으로 대처하기 위하여 조직 내의 자율성이 강조되어야 하고, 조직원들의 니즈를 유연하게 수용하여야 한다. 그리고 리더들에게 동일한 내용의 교육 대신 자신의 성향, 자신이 맡은 사업이 처한 상황, 그리고 개인적 성향에 맞춰 조직을 관리하는 리더십 코칭을 제공하여야 한다. 다양성이 혁신을 촉진해 시장점유율을 높인다는 것은 다양한 연구에서 사실로 밝혀졌다. 실비아 앤 휼렛(Sylvia Ann Hewlett) 인재혁신센터(CTI) 소장이 전문가 1,800명을 대상으로 한 서베이와 40건의 사례연구, 수많은 이해집단 그룹 리서치 등을 근거로 분석한 결과, 성, 인종, 경험적 다양성을 갖춘 리더들이 이끄는 기업은 그렇지 않은 기업보다 전년 대비 시장점유율이 높아졌다고 보고할 확률이 45%나 높았다는 것이다. 이같은 성과는 다양성이 혁신을 촉진한 결과로 분석된다. 리더십의 다양성이 확보된 회사에서는 모든 조직원이 자신의 아이디어를 자유로이 리더에게 밝히고 훨씬 쉽게 지원을 얻어내는 것으로 밝혀졌다. 그 결과 새로운 혁신이 더욱 쉽게 일어난 것이다. 다양한 사람들로 구성된 그룹은 문제 해결을 위해 다양한 도구를 활용할 수 있기 때문에 최고의 개인들로 구성된 동질적 조직보다 문제를 더 잘 해결할 수 있다. 이는 일부의 조직원들이 지식이나 기술적인 면에서 뒤져도 다양한 사람들로 조직을 구성하는 것이 올바른 방향이라고 직시한다. 제2차 세계대전이 한창이던 1941년 영국은 독일 잠수함 U보트 앞에서 속수무책이었다. 전함 수백 척이 U보트가 쏜 어뢰에 침몰했다. 대서양 보급로는 완전히 끊겼다. 그러나 전세는 역전됐다. 영국이 비밀리에 세운 블레츨리 파크(Bletchley Park)가 독일군 암호를 해독하는 데 성공했기 때문이었다. 블레츨리 파크는 세계최초의 연산 컴퓨터인 콜로서스를 개발해 독일군의 교신 메시지를 1분당 2개의 속도로 풀어냈다. 덕분에 연합군은 독일군의 교신 내용을 대부분 손쉽게 확인했다. 암호 해독을 위해 블레츨리에 모인 사람들은 1,000여 명으로 이들의 직업과 학문적 배경은 놀랄 정도로 다양했다. 과학자, 기술자 외에도 체스 챔피언, 낱말 맞추기 전문가, 기업체 간부 등이 참여했다. 전공도 수학, 이집트학, 고전, 역사, 현대 언어학 등으로 제각각이었다.

해군에서 차출된 여군 수백 명도 힘을 보탰다. 그리고 시간이 흘러 현대에 와서도 영국은 또 다시 이런 능력을 발휘하고 있다. 온라인 공간에서의 범죄가 심각하고, 온라인에서의 일반 시민들의 권리를 보호하기 위한 캠페인을 정부 차원에서 벌이고 있다. 2차 대전 당시 영국 정부가 블레츨리 파크 입학자를 뽑기 위해 퍼즐 시험을 실시했다면 현대 영국 정부는 사이버 보안 챌린지(Cyber Security Challenge UK)라는

[제2차 세계대전 당시 블레츨리 파크 근로자들]

대회를 열어 우승자를 채용하고 있다. 현대판 블레츨리 파크에 해당하는 사이버 보안 학교를 열었으니, 바로 국립 사이버보안 대학(National College of Cybersecurity)이다. 재미있는 건 이 대학교가 블레츨리 파크에 위치하고 있다는 것이다. 국립 사이버보안 대학은 16~19세 사이의 학생들만 선발한다. 학과목 성적은 보지 않고 적성 검사와 IT 기술 성숙도만 평가한다. 선발된 학생들 대부분은 기존 가치 평가제도 아래서 범죄자 취급을 받을 만한 기술을 가진 사람들이 대부분이겠지만 이들은 이 학교를 통해 사회가 원하는 인물이 된다. 이 국립 시설의 사람 선발 기준이 기존의 틀을 탈피하고 있는 것이다. 그러나 다양한 배경의 사람을 선발하는 것만으로는 조직이 추구하는 혁신을 완성하지 못한다. 다양한 사람이 다양한 목소리를 낼 수 있는 소통과 융합이 조화를 이루는 문화를 구축해야 한다. 이를 위해서는 다소 본질을 벗어날 수도 있는 아이디어도 거리낌 없이 낼 수 있는 분위기를 만들어야 한다.

더불어 조직원들에게 의사결정 권한도 위임해야 할 필요가 있다. 의견 일치와 통일성을 강조하는 기존 의사결정의 문화도 바꿔야 한다. 앞으로 기업 문화는 통일성과 조화보다 의견 불일치와 조직원들의 다양한 의견 등에 더욱 높은 가치를 부여해야 한다. 다양성을 촉발하는 문화의 가치는 엄청나다. 실비아 앤 휼렛 소장은 하버드 비즈니스 리뷰(Harvard Business Review) 기고에서 "직원들이 자유롭게 의견을 말하는 문화(speak-up culture)에서는 각자의 혁신 역량이 온전히 발현될 가능성이 3.5배에 이른다"고 밝혔다. 또한 동기부여를 위한 인센티브 시스템 보다는 조직원의 마음을 움직여 스스로 행동하게끔 하는 내적 동기부여에 초점을 맞춰야 한다. 최근 들어 시스템보다 각 조직원의 특성을 이해하고 그들의 마음이나 감정을 다루는 것이 필요하다는 주장들이 증가하고 있다. 칙센트 미하이(Mihaly Csikszentmihalyi) 교수는 인간은 여가 시간보다 업무 중에 몰입을 경험하는 경향이 많고, 업무를 즐길 수 있는 무아지경의 상태가 되었을 때 더 높은 성과를 창출할 수 있다고 말했다. 특히 단순 반복적 업무는 줄어들고 매번 새롭게 고민해야 하는 창의적 업무가 증가하고 있기 때문에 통제하기보다는 자율성을 부여하는 것이 훨씬 효율적일 수 있다. 한편으로 자율성 부여는 피할 수 없는 현실이 되고 있다. 최근 새로운 경영방식으로 '애자일(Agile)' 조직문화에 대한 관심이 높아지고 있다는데, 이는 사무환경에서 팀 간의 경계를 허물고 팀원에게 의사 설정 권한을 부여해 신속하게 업무를 진행하는 방식이다. 이러한 Agile 경영방식이 화두로 떠오르는 이유는 언제 어떻게 변화할지 모르는 업계 트렌드나 경제흐름, 정치적 이슈 등 불확실한 미래에 발 빠르게 대응 할 수 있는 전략이 필요하기 때문이다. 과거에는 남을 이끄는 사람이 리더였다면 이제는 사람들이 모이는 사람이 리더이며, 사람들이 모여서 협업하고 서로의 생각을 발전시키고 진심으로 서로를 위하는 마음을 갖도록 하는 것이 바로 미래의 리더의 역할이다.

닐스 플레깅(Niels Pflaging)은 이를 언 리더십(Un-leadership)이라고 표현하고 있다. '과거의 리더십을 발휘하지 않는 리더십'이 앞으로 필요한 리더십이라는 뜻이다. 물론 리더십은 상황이나 개인의 스타일에 따라 다르지만, 분명한 것은 다른 사람과 소통하지 않고, 나 중심적으로 사람들에게 영향력을 발휘하려고 한다면 앞으로는 과거와 달리 효과적인 리더십 발휘가 더욱 어려워질 것이다.

실비아 앤 휼렛 소장은 중세시대 스승이 제자를 실습시켰던 도제식 방식과 현대에 이르러 각광을 받았던 멘토가 멘티를 양육했던 멘토링의 한계를 지적하며 앞으로 다가올 시대는 스폰서십의 관계를 맺어야 한다고 강조한다. 스폰서는 피 후원자가 될 프로테제(protege)의 가능성을 발견하여 그의 성장을 지속적으로 돕고 프로테제의 능력을 발판삼아 자신의 성장도 꾀하는 사람을 말한다. 프로테제란 스폰서의 각광을 통해 성장하되 스폰서의 능력이 발휘되도록 지속적으로 끊임없이 노력하는 사람이다. 스폰서와 프로테제는 상호 이익 관계이며 중단 없는 서로간의 커뮤니케이션을 통해 상호간의 발전을 모색한다. 서로가 윈윈하는 전략이기도 하다.

조직의 리더로서 스폰서는 프로테제를 볼 안목이 있어야 하며 키워낼 역량을 가지고 있어야 한다. 스폰서가 기회의 문을 열어주고 인맥과 교육을 제공하면, 프로테제는 스폰서의 성공을 위해 필요한 일들을 도맡는다. 일이 성공적으로 전개되면 스폰서십은 지속적으로 성장하며 상호 이익이 극대화 된다. 스폰서는 자신의 업무 역량을 확장시키기 위해 프로테제를 투자한다. 스폰서십의 효과는 둘 모두에게 이익을 가져다준다. 때로는 프로테제는 스폰서에게 불편한 진실을 말할 용기를 지녀야 한다. 그래서 훌륭한 스폰서들은 자신의 성향과는 정반대의 프로테제를 선발한다. 우리 사회도 점점 다양화 사회로 진입되고 있어 조직의 리더라면 스폰서와 프로테제의 상호 이익을 위한 스폰서십을 적용해야 할 것이다. 스폰서 자신과는 정반대의 성향을 지니고 다양한 조직원들의 상호간의 의견을 수렴할 수 있는 프로테제를 양성하는 것이 HR 패러다임의 변화에 대응하는 리더의 필수적인 자질이다.

부(富), 무엇이 문제인가?

2018년 2월 미국 퍼듀 대학(Purdue University) 심리학과 연구진들은 "얼마나 많은 돈을 벌어야 사람들이 행복할까?(How much money makes individuals around the world happy?)"라는 주제로 갤럽 월드 폴(Gallup World Poll)에 의뢰, 세계 164개국의 170만 명을 표본 추출하여 설문조사를 실시하였다. 그 결과 소득이 어느 일정한 수준에 달하면 소득이 증가하여도 행복은 늘어나지 않는다는 사실을 발견했다. 또한 평균적으로 1인 기준 연 소득이 9만 5,000달러일 때 행복 지수가 최고점에 달하고 소득이 9만 5,000달러를 초과할 경우 오히려 삶에 대한 행복지수가 떨어지는 것으로 나타났다. 연구팀의 루이 테이(Louis Tay) 교수는 일정 소득을 초과하면 오히려 행복지수가 떨어지는 이유로 물질적 욕구 증가와 사회적 비교 때문이라고 주장했다. 욕구의 최고점에 도달한 사람은 더 많은 물질을 얻으려는 욕망에 사로잡혀 다른 사람과의 비교에 집착, 스스로 불만족을 느끼고 행복지수가 낮아지게 된다는 것이다. 자신을 가장 행복하게 하는 소득수준에 달할 때까지는 성취감을 느낄 수 있으나 초과하는 경우에는 오히려 상대적 부족감을 겪게 됨을 알려 준다.

필자가 미국에 있을 때 읽은 펜실베니아대학(University of Pennsylvania) 교내신문에 난 기사를 지금도 가끔씩 생각하곤 한다.

"세상에서 가장 행복한 남자(The happiest men in the world)"라는 제목의 기사는 교내신문 기자가 학교 근처에 있는 슈퍼 앞에서 잡담을 하며 앉아 있는 흑인 4명을 접하면서 쓴 현장에서 취재한 글이었다. 평소늘 웃는 모습인 그들을 눈여겨 본 기자는 과연 거지나 다름없는 저들이 웃는 이유는 뭘까 하는 호기심으로 취재를 시작한 것이다. 그들은 배고프거나, 맥주 마시려 돈이 필요하게 되면 각자 흩어져서 1달러를 구하러 나서는데, 슈퍼에서 쇼핑백을 들고 나오는 노인들에게 가서 도와주며 25센트 동전 하나를 받는 일이 대부분이었다. 그렇게 해서 각자의 몫을 채우고 슈퍼 근처로 다시 돌아오면 모은 돈으로 샌드위치나 맥주를 사와서는 함께 나눈다. 그들에게 필요한 것은 오직 1달러뿐이었다. 필요한 것은 1달러이고, 1달러를 구하기에는 큰 어려움이 없기 때문에 스트레스나 다툼이 있을 수 없었다. 기사는 그들이야말로 세상에서 가장 행복한 사람들이라고 하며 끝을 맺는다.

국정농단 사건에 연루돼 재판에 넘겨진 이재용 삼성전자 부회장은 지난 1월 18일 파기환송심에서 뇌물공여 등의 혐의와 관련해 징역 2년 6개월을 선고받고 법정 구속됐다. 진보 매체는 재벌개혁을 소리 높여 요구했던 '촛불 시민들'이 이뤄낸 성과라며 이 부회장의 실형 선고는 총수일가의 불법 · 비리로 기업이 타격을 받는 이른바 '오너 리스크'를 해소하는 전환점이 되고, 경영권승계 등 한국재벌의 고질적 폐해를 혁신하는 계기가 돼야 한다고 주장한다. 반면 보수 매체에서는 뇌물죄가 되려면 뇌물을 준 사람이 있어야 하는데 강요당한 사람이 뇌물 공여 범죄자가 돼 버렸다며 기업이 현재 정권의 요구를 거절하면 당대에서 보복을 걱정해야 하고, 거절하지 않으면 다음 정권에서 대가를 치르게 되는 것이 대한민국 기업의 숙명이라고 주장한다. 이렇듯 상반된 보수와 진보 양 진영의 시각과는 별개로 그는 이러한 상황을 어떻게 받아들이고 있을까? 사건의 본질이야 어떻든 깊은 실망과 좌절 그리고 분노로 자신이 물질적으로 가지고 이룬 것만큼 행복하다고 느끼고 있을 것 같지는 않다. 자율적 시장 기능을 중시하는 자본주의 체제에서는 누구나 소득을 창출하기 위해서 생산적 활동을 해야만 한다. 그러한 과정에서 계층 간의 소득격차는 필연적으로 발생하게 된다. 문제는 소득격차에 대한 불만이 매우 높다는 점이다. 2019년 6월 한국보건사회연구원(보사연)의 '사회통합 실태 진단 및 대응 방안 연구(V)' 보고서에 따르면 '한국의 소득격차는 너무 크다'는 의견에 '매우 동의' 39.7%, '약간 동의' 45.7% 등 격차가 크다는 의견이 85.4%에 달했다. 뿐만 아니라 공정성에 대한 인식도 문제로 대두되었다. '인생에서 성공하는 데 부유한 집안이 중요하다'는 말에 동의한 비율은 80.8%('매우 중요' 31.7%, '대체로 중요' 49.2%)로, 중요하지 않거나 보통이라고 생각한 비율(19.2%)보다 훨씬 높았다. '한국에서 높은 지위에 오르려면 부패할 수밖에 없다'에 대한 동의 비율도 66.2%(매우 동의 14.3%, 약간 동의 47.9%)로 절반을 넘었다. 불공정과 불평등에 대한 인식이 낮아지지 않는 한 사회 전반적인 불안정성이 해소되지 않기 때문에 공정한 계층 이동이 보장되는 사회를 구축하기 위한 다양한 노력이 필요하다. 교육정책이나 노동시장 개혁 등 다양한 정책들이 제시되고 시행되고 있지만 그것이 과연 해결책으로 작동할 것인지는 확실치 않다. 근원적으로 계층 간의 상호 존중의 틀이 이루어지기 위해서는 공정한 기회가 보장되는 사회 시스템 구축이 절실하다. 이기기 위해 온 힘을 쏟아 경기에 임하지만 승패가 결정되면 서로에게 축하와 위로를 보내는 스포츠정신이 사회 전 분야에서 정착되어야 한다. 존 롤스(John Rawls)는 정의론(A Theory of Justice)에서 사회적 · 경제적 불평등이 사회 구성원에게 불평등을 보상할 이득을 가져온다면 정당한 것이라고 했다. 소수자의 강자가 이익을 취한다 해도 그로 인해 다수의 약자들의 처지가 더 향상된다면 부정의한 것은 아니라고 주장한다. 또한 우대 받을 수 있는 지위는 기회 균등의 원칙에 따라 모든 사람에게 공개되어야 하며, 교육을 받을 기회가 평등하게 주어진다면 재능의 차이에 따른 불평등은 인정되어야 했다. 누구나 높은 지위에 오를 수 있는 기회가 공정하게 주어진다면 개인의 능력과 노력에 따른 차등적인 직위를 누린다 하더라도 부정의는 아니라는 것이다. 실제 그의 이론은 오늘날 한국 사회에서 보듯 진보와 보수 양 진영의 중도적 타협안으로 보여 진다. 그러나 평등을 강조한 사회주의 체제의 붕괴는 기본적으로 기업이나 개인이 체제 내에서 역동적으로 활동할 기업가 정신, 도전 정신, 창의성 등의 상실에 기인하는 바가 크다. 국가가 분배적 정의를 내세워 고소득층 및 기업가들에게 높은 과세를 부과하고, 지나치게 간섭과 규제를 늘린다면 이는 결국 기업의 경영자들의 의욕 저하로 이어져 생산성 저하라는 악순환의 길로 접어들게 한다.

서유럽의 사회주의 정권의 집권으로 시행된 복지시스템은 실업자를 늘려 이로 인한 경기 침체로 사회 전체적인 부의 하락을 초래했다. 기업의 도전의식 제고와 창의성 독려로 생산성이 높아지고 신규 투자가 증가하면 그로 인한 이득은 많은 사람들에게 임금 상승과 일자리 창출 등으로 이어 지는 경제의 선순환 사이클로 유도할 수 있다. 조세 정책을 통해 다수의 약자를 보호할 수 없고, 세계화 시대에는 자유경쟁을 벗어날 수 없으므로 기업의 의욕을 저하하는 정책은 결국 국부의 손실로 이어 질 수밖에 없다는 점을 직시하여 경제정책의 틀을 재구성할 필요가 있다. 세계 10대 경제권에 속하는 한국의 미래가 염려되는 것은 기업가 정신의 실종이다. 이미 우리나라는 1980년대를 거치면서 잉여노동력이 감소하고, 임금은 상승하며, 성장률은 낮아진다는 루이스 전환점(Lewisian turning point)을 지났다. 그럼에도 우리 경제는 저임금노동력에 대한 의존도가 높고, 미래성장 사업과 새로운 기술 집약형 사업으로의 산업구조 전환이 미진하여 선진국 진입 문턱에서 허덕이고 있는 실정이다. 이에 대한 책임은 우선적으로 기업에 있다. 슘페터(Joseph A. Schumpeter)는 한 기업가가 혁신을 통해 이윤을 얻게 되면 그 기업가의 창조적 파괴행위는 곧바로 다른 기업에게 모방되어 결국에는 사회 전체적으로 점차 이윤이 소멸되는데, 경기순환은 이와 같은 창조적 파괴가 주기적으로 이어져 나타나는 자본주의 경제의 고유한 현상이라고 했다.

우리나라 기업들이 혁신과 미래성장사업에 전력하겠다는 선언적인 발표는 자주 하지만 실질적으로 그에 상응하는 실행의지는 와 닿지 않고 있다. 오히려 기업의 규모가 커지면서 혁신과 기술개발 보다는 기존 사업의 안정적 관리에 치중하는 기업이 늘어나면서 기업가 정신이 많이 약해지고 있는 현상을 보게 된다. 기술혁신을 통해 창조적 파괴에 앞장서는 기업가 정신의 회복이 4차 산업혁명의 새로운 패러다임에 적응해야 하는 한국경제의 커다란 과제이다. 기업가 정신을 바탕으로 혁신을 추구해 나갈 때 비로소 다음 사회로 진보할 수 있기 때문이다.

미국의 대학생들은 창업을 가장 희망한다고 한다. 이에 따라 각 대학 별로 창업을 지원하는 프로그램이 늘어나고 있는 추세이다. 미국 기업가 정신육성재단인 유잉 매리언 카우프만재단(Ewing Marion Kauffman Foundation)에 따르면 1985년 미전역 대학에 250여개에 불과했던 창업지원교육프로그램은 2013년에는 5,000여개로 증가했다. 연간 40만 명 이상의 학생이 대학에서 창업관련 과정을 이수하고 있다. 반면 국내 대학 졸업생의 80% 이상은 대기업을 희망한다고 한다. 특히 공무원을 희망하는 수가 증가하고 있다. 젊은 대학생은 물론 우리 모두가 역경을 극복해 더 나은 미래를 개척하려는 꿈과 의지가 있는지, 혹시 꿈을 상실하고 나라와 사회 탓만 하면서 체념하고 있지는 않은지 스스로 자문해볼 필요가 있다. 우리의 진정한 '부'는 꿈과 열망이지 풍족한 생활, 부동산, 그리고 넉넉한 노후생활 그 무엇도 아니다. 70년대와 80년대를 겪은 세대는 가난을 유산으로 남기지 않으려는 분명한 꿈과 열망이 있었다. 그에 힘입어 기적에 가까운 경제성장을 이루어 냈다. 자본도 없고, 자원도 부족한 작은 나라가 온갖 역경을 극복하며 경제성장을 일구어 다음 세대에게 진보된 사회를 물려주었다. 지금의 세대는 다음 세대를 위해 무엇을 물려줄 것인가를 생각해봐야 한다. 이전의 세대와는 달리 산업 전반에서의 불확실성은 더 커지고, 그에 상응하여 리스크도 커지고 있다. 특히 앞으로 다가올 인구절벽과 소비절벽이라는 장애를 극복하야 한다. 안전한 울타리에서 자신만을 위한 편안함을 추구할 것인지, 자신과 다음 세대를 위한 도전을 선택할 것인지를 선택할 시점에 있다.

정부, 기업, 국민 모두가 변화할 때지만 가장 먼저 국민이 변해야 한다. 한 국가의 경제성장 원동력은 국민들의 경제의지(Will to economize)라고 주장한 아서 밀러(Arthur Lewis)의 말을 우리는 기억할 필요가 있다. 사회의 모든 구성원들이 현실에만 안주해서는 안 된다. 이미 세상은 변하고 있는데, 그 변화의 흐름마저 인지하지 못한다면 그 결과로 야기되는 어려움은 자칫 다음 세대의 유산이 될 수 있다. 젊은이들에게서도 구글, 마이크로소프트, 애플과 같은 성공사례가 자주 등장하고, 4차 산업혁명에 걸맞는 인재가 배출되는 사회가 되도록 국민 각자가 변화의 주체가 되어야 한다. 기업도 변해야 한다. 특히 대기업은 기술개발과 혁신에 전력하여 미래 먹거리 사업을 창출하는 선봉이 되어야 한다. 또한 중소기업과 기술창업기업이 성공적으로 랜딩할 수 있도록 협조해주어야 한다. 자체적인 기술개발과 아이디어로 새로운 사업영역을 창출하는 중소벤처기업들이 대기업에 대해 거부감을 갖는 이유가 무엇인지도 생각해봐야 한다.

솔직함에 대한 편견

유교문화와 기존의 관습으로 우리사회는 대화할 때 상대방에 대한 예의를 무척 중요시한다. 그러나 지금은 정보, 지식, 창의력이 주요 경쟁력이 되는 사회이며, 그 어느 때보다도 솔직함이 소통의 중요한 도구인 시대이다. 특히 미래를 주도해야 하는 2030세대들이 좋아하는 소통방식은 확실함과 솔직함이다. 확실하게 책임이 필요한 곳에선 책임을 지고, 잘못한 점이 있으면 솔직하게 말하는 것이다. 그들은 이전 세대와는 달리 창의성이 뛰어나고 자신의 의견을 당당하게 솔직히 표현하므로 이들과의 협업을 위해서는 일방적으로 이전 세대의 방식만을 고집할 수 없다. 또한 신속하고 과감한 결정이 요구되는 경쟁사회에서 효율적인 의사결정 프로세스를 통해 기간을 단축하고, 최적의 결정을 내리기 위해서는 솔직함이 더욱 강조되고 있다. 대한상공회의소가 2018년 직장인 4,000명을 대상으로 업무방식 실태를 조사한 결과, 직장인들은 기업의 업무방식에 대한 비효율성이 심각한 수준이라고 평가한 것으로 나타났다. 직장인들은 국내 기업의 업무방식 종합점수를 100점 만점에 45점만 주었다.

'업무 방향성(업무 목적과 분명한 전략)'은 30점, '지시 명확성(업무 지시 배경과 명확한 내용 설명)'은 39점, '추진 자율성(충분히 권한위임)'은 37점, '과정 효율성(전반적인 업무 추진과정)'은 45점에 그치는 등 모두 50점도 받지 못했다. 직장인들이 업무방식을 비효율적이라고 느끼는 이유는 설명하거나 질문하지 않는 소통문화가 원인이라고 분석했다. '이심전심'과 '상명하복'을 바라는 소통문화 역시 비합리적 업무방식 문제로 꼽혔다. 모호하게 지시해도 '척하면 척' 알아야 하고, 상사에게 질문하면 역량 부족으로 간주하는 그릇된 소통문화가 업무과정 전반의 비효율을 가중시킨다는 설명이다.

노키아의 성공원동력 중 하나는 신속한 의사결정과 실행력이었다. 42세의 젊은 나이에 CEO에 임명된 욜릴라(Jorma Ollila)는 통신사업부문을 중심으로 젊고 능력 있는 내부 인재를 발탁하여 경영진을 구성하였다. 그리고 경영진과의 활발할 의견교환 및 토론을 통해 최종 의사결정을 내렸고, 구성원들의 지지를 바탕으로 결정된 내용을 과감하고 신속하게 실행하였다. 그러나 조직이 커지고 복잡해지면서 이러한 초기의 활력과 스피드는 사라졌다.

퀄컴(Qualcomm)사의 CEO인 폴 제이콥스(Paul Jacobs)는 노키아가 시장 환경변화에 대응하기 위한 전략수립에 신속하게 대응하지 못했으며, 그마저 결정할 무렵이면 이미 기회는 지나고 있었다고 말하며 노키아의 폐쇄적인 의사결정 프로세스를 지적했다. 기업규모가 방대해지면서 관료주의적으로 변하면서 결국 노키아는 하드웨어 기기 회사에서 소프트웨어 플랫폼 회사로의 과감하고 신속한 변신을 시도할 기회를 잃었고, 결국 애플과 구글에게 시장의 문을 열어주고 말았다. 조직원의 생각이나 제안을 자유롭게 개방하고 권장하며, 설사 자신과 다른 생각을 하거나 동의를 하지 않아도 불쾌해 하지 않는 리더들이 많은 조직이라면 그런 조직은 당연히 좋은 성과를 내게 된다. 그런데 성과가 좋지 않은 조직은 그 반대의 현상을 보인다. 단기적 성과를 올리고 싶은 상사들은 팀원들을 지시와 명령으로 다루게 되고 팀원들은 점점 솔직한 생각을 감추게 된다. 그 결과로 조직은 활력을 잃게 되어 성과는 더욱 나빠진다. 솔직한 소통은 조직 내의 도덕적 혹은 불법적 행위를 사전에 예방하는 역할을 하는데 솔직한 소통이 줄어들면 조직은 조직 내의 일탈 행위에 대한 제어기능을 상실하게 된다. 따라서 리더의 역할은 아래 사람들을 질타하거나 쥐어짜는 것이 아니라 아래 사람들의 솔직한 생각을 장려하고 수용하여 조직이 나가야 하는 전략과 목표를 팀원들과 더불어 논의하고 결정하는 리더십을 보이는 것이다.

애플의 최고디자인책임자인 조나단 아이브(Jonathan P. Ive)가 스티브 잡스(Steve Jobs)에게 "부하 직원에게 의견을 전달하는 방식이 다소 가혹하니 팀을 배려하는 측면에서 다소 온화하게 표현하는 것이 어떨까요?"하고 건의했다. 그러자 스티브잡스는 왜 그래야 하는지 모르겠다고 고개를 저으며, "당신은 부하 직원들이 당신을 좋아하기를 바라는 겁니다. 그럼에도 단순히 그들에게 어떻게 보일지가 아니라 팀의 사기를 위해서 내게 그런 부탁을 한다고 하니 이해하기 어렵군요"라고 말한다.

그는 그 순간 무척 화가 났으나 잡스의 말이 틀리지 않았음을 인정할 수밖에 없었다고 한다. 있는 그대로의 사실을 전제로 한 솔직함은 당위성을 갖는다. 그런 솔직함에 반기를 든다는 것은 그 당위성을 부정하는 모양이 되므로 누구도 함부로 대응하기 힘들다. 많은 사람들이 기분 상하면서도 그 앞에서 아무런 대꾸도 할 수 없는 이유이기도 하다. 점차로 우리 사회는 상명하복식의 수직적인 소통문화에서 아랫사람의 능력을 냉철하게 판단하고 지적해주는 리더와 윗사람의 지시에 대해 과감히 자신의 의견을 개진하는 구성원들의 직설적인 소통문화로 변하고 있다. 그러나 자신은 솔직하게 표현한 것이지만, 상대의 입장에서는 자신에게 그렇게 말하는 것에 대해 무례함을 느낄 수 있다. 솔직함에 대한 편견은 무례함이다. 무례한 솔직함으로 남을 아프게 하는 사람은 그런 비난과 죄책감을 솔직하다는 말로 비껴가는 것일 수도 있다.

솔직하고 직설적인 소통이 때론 상처를 주고 오히려 역효과를 내는 경우를 흔히 겪게 되는데 대부분의 경우 구성원 상호간의 신뢰와 진정성이 결여되어 있기 때문이다. 리더십의 핵심은 각 구성원과 조직의 신뢰수준을 향상시키는 것이다. 서로 신뢰하고 있다면 솔직한 피드백을 충언이나 조언으로 받아들이지만 신뢰가 없다면 비난이나 공격으로 받아들이게 된다. 솔직한 피드백이 구성원의 성장과 조직의 성과로 이어지려면 조직과 팀원을 위한 진정성과 상호 신뢰가 있어야 한다. 그런 조직에서는 무례하지 않은 솔직함으로 오해가 생기지 않는다.

잭 웰치(Jack Welch) 전 제너럴 일렉트릭(General Electric Company) 회장은 직원을 여러 그룹으로 구분하여 하위 10% 직원에게는 퇴직을 권고했다고 한다. 그는 직원들이 자신의 위치가 어디인지, 뭘 잘 못했고, 어떤 점에서 업무능력이 부족하며, 자신이 어느 위치에 있는지 말해주지 않는 것이야 말로 가장 잔인하다고 말한다. 물론 이러한 방식이 단기적으로 조직에 자극을 주어 효과가 나올 수 있다. 그러나 조직 내 상호간의 신뢰를 저해한다는 비판에도 불구하고 직원들에게 그들이 처한 상황을 솔직하고 직설적으로 전달해주는 것이 그들을 돕는 것이라고 주장한다. 그는 또 조직 내에서 '친절함'에 대한 정의를 이렇게 내리고 있다.

"직원이 어디에 있는지 알려주고, 어떻게 점수를 올리는지, 승진하는지 알려주는 일이다. 대부분의 회의가 솔직하게 이루어지지 않고, 음지에서 쑥덕하는 형식적인 회의가 되어지는 경우가 많은데 회의는 친목모임이 아니다. 이성적이고 냉철하며 솔직해야 발전이 있다. 자신의 위치를 모르면 표류하는 배와 같다"고 말한다. 당당함과 뻔뻔함, 솔직함과 무례함, 행하는 사람과 받아들이는 사람의 입장에서는 차이가 있을 수 있다.

조직을 활성화하는 리더는 정확히 상황을 파악하고, 주어진 일을 완수할 역량을 갖춰야 하며, 구성원들에게 자신의 의도를 전달해야 한다. 이 과정에서 의사소통 하려는 개방성, 배려와 존중이 포함되어야 한다. 정직하고 공정하게 대하고 일관성을 보여주는 행동을 보여 주어야 한다. 이는 오늘날 신뢰받고 싶지만 무엇부터 해야 할지 고민하는 리더들에게 중요한 시사점을 준다. 구성원과의 신뢰 형성을 위해서는 흔히 생각하는 '도덕성' 외에 리더들이 어떤 점을 고려해야 하는지 보여주고 있기 때문이다. 이런 리더들에게서는 구성원들이 받아들이고 존경할 수 있는 당당함과 솔직함이 베어 난다.

이와는 반대로 조직에 해가 되는 리더는 장황하고 그럴싸한 말로 주변인물을 현혹하여 자기 사람으로 만들어 자신을 위장한다. 이들에게서는 당당함으로 위장한 뻔뻔함과 솔직함으로 가장한 무례함을 볼 수 있다.

MIT 리더십센터의 데보라 안코나(Deborah Ancona) 교수는 이들의 특색을 세 가지로 분석했다. 우선 이들은 자신에 대해 과도한 집착과 존중을 보인다는 것이다. 자신의 니즈와 야망에만 집착함으로서 조직에 해악을 끼친다고 한다. 그리고 이들은 조직 내 다른 직원에게 도움이 될 수 있는 정보를 공유하지 않고 자신이 통제한다고 한다. 그로 인해 팀 간 서로 상충하게 만들고 이너서클을 구축하여 자신의 사람들만 관리하며 그를 통해 영향력을 확대하려고 한다.

마지막으로 이들은 부정적인 감정과 충돌을 적절하게 통제하지 못하고, 분노표출이 잦으며 공격적 성향을 보인다고 한다.

미국 인력개발회사 브라이언 트레이시(Brian Tracy)의 트레이시 CEO는 "경영자는 100% 솔직한 모습을 보여줘야 한다. 말 한마디가 신뢰로 이어지는 비즈니스 세계에서 명예는 사업 그 자체이기 때문이다. 당신을 믿는 사람, 당신을 위해 일하려는 사람, 돈을 빌려주려는 사람, 제품이나 서비스를 사려는 사람, 그리고 어려울 때 도와줄 수 있는 사람이 있어야 사업이 성공할 수 있다"라고 하며 솔직함을 강조했다.

구성원들이 서로 솔직해지면 소통이 시작되고, 무엇이 문제였는지를 파악하고 이를 어떻게 해결할 것인지를 찾게 된다. 신뢰를 구축하고 의사소통의 문을 자의적으로 개방함으로써 목표 달성에 다가갈 수 있게 되는 것이다. 또한 직원들은 자기 업무뿐만 아니라 함께 일하는 동료와의 근무 환경을 선호하게 된다. 직원들이 자기 업무에 자긍심을 느낄 때, 조직 전체의 성공 가능성은 더욱 커진다. 이를 위해 리더는 업무를 떠나 자신만의 진로(career path)를 고민하는 존재로 조직원 개개인을 대해야 한다. 가능한 한 조직원과 대화를 나눌 시간을 자주 마련하고, 인간적으로 서로 이해하고, 어떤 생각을 하는지 알아가는 것이다.

그리고 함께 근무하는 공간과 시간 중에 조직원이 느끼는 동기유발요인과 장애요인이 무엇인지를 공유해야 한다. 조직원에게 쓴 소리하는 것은 힘든 일이다. 그러나 리더가 자기 생각을 완전하게 드러내려고 노력하지 않는다면 조직원의 의견 또한 알 수 없고 팀의 성장은 기대할 수 없을 것이다. 서로 직접적으로 의견을 제시하는 문화가 업무성과를 높이고 관계를 튼튼히 구축하는 핵심 요인이다.

우리는 보통 솔직하게 의견을 제시하면 상대가 불쾌해할 것이라고 걱정하지만 정말로 관심을 기울이고 있다는 사실을 이해하고 나면 부정적인 감정은 말끔히 사라질 것이다.

투기일까? 투자일까?

2020년부터 본격화된 부동산 가격 상승에 이어 동학개미운동으로 일컬어지는 개인투자가들의 주식매수 열풍으로 야기된 국내 주가상승은 우리 사회의 어두운 단면을 보여주고 있다. 부동산 가격이 폭등하면서 봉급을 모아 집을 산다는 것이 어려워지자 집을 사기 위해 필요한 자본소득과 저금리 시대에서 자산을 증식하기 위해 젊은이들을 중심으로 주식을 매입하려는 절박함이 표면화된 것이 동학개미운동이다. 그러나 주식시장으로의 유동성이 확대되면서 국내증시가 과열됨에 따라 주식시장이 진정되어 조정을 받게 되면 이는 자칫 청년들에게 이중적인 고통을 줄 수 있어 심각하게 우려되는 상황이다. 자신이 감당할 수 없는 리스크를 감수하면서까지 주식에 투자한 이들에게만 책임을 지울 수는 없기 때문이다. 그런 상황에서 한국토지주택공사(LH) 직원들의 3기 신도시 지정 지역에 부동산 불법투기를 했다는 참여연대와 민변(민주사회를 위한 변호사모임)의 폭로로 청년층은 물론이고 전 국민들이 부글부글 끓고 있다. 일부 직원들의 투신자살이 이어지고 정치권에서는 책임문제를 두고 공방을 벌이며 보궐선거와 맞물린 정국을 가열시키고 있다. 정부는 실효성에 대한 회의적인 시각에도 불구하고 합동특별수사본부를 구성해 사실규명과 책임자를 발굴하여 처벌할 것을 강조하고 있다. 그러나 부동산 불법투기 의혹을 받고 있는 LH 직원들을 처벌할 근거에 대해서는 비교적 회의적인 시각들이 많다. LH 직원들도 부패방지법상 공직자에 해당되므로 업무상 비밀이용죄를 적용하면 형사적 처벌이 가능하지만, 이미 3기 신도시 지정은 언론을 통해 공표된 사실이고, 해당지역이 조만간 개발될 것이라는 것은 익히 알려져 있기 때문에 이들을 처벌할 근거에 대해서는 논쟁의 소지가 있어 보인다. 개발정보를 이용한 부동산 투기는 정부의 단호한 정책에도 불구하고 근절되지 않고 있다. 노태우 정부는 분당, 일산, 평촌 등 1기 신도시 건설 지역의 부동산 투기사범 13,000명을 적발하여 이중 1,000명이 구속됐다. 노무현 정부는 부동산 투기와의 전쟁을 선포하여 강한 억제 정책을 펼쳤다. 그러나 정부의 정책은 번번이 실패로 돌아갔고, 적절한 대책을 세우지 못하면서 부동산 투기사건이 이슈화될 때마다 일부 투기자들을 색출하여 처벌하는 응급처방식 대응으로 일관해왔다. 이런 탓으로 정치인 · 공직자 · 기업가 등 정보에 근접할 지위를 가진 사람들이 관련되어 있을 것이란 의혹이 확대되고 있어 근원적 해결이 어렵다는 회의적인 시각이 압도적이다. 투자와 투기를 구분하는 기준은 없고 모호한 부분이 많다. 특히 부동산의 경우 자신이 매입하는 행위를 투기로 보는 사람은 별로 없어 보인다. 법적으로는 불법적 사전취득, 부당한 방법으로 자금 조성, 탈세, 거래 방법 등 명백한 불법적인 행위에 대해서만 투기로 처벌하고 있다.

부동산 투자란 "① 실수요자의 행위 ② 수익성 용도의 자산 매입 ③ 이용 관리할 의사 ④ 정당한 이익 기대 ⑤ 시장가격에 따른 거래 ⑥ 장기간 소유 ⑦ 상도의 상의 관행 준수 ⑧ 안전성 · 합리성을 추구 ⑨ 대상 부동산이 자기나 타인에게 기여"하는 일체의 행위로 정의되고 있다.

반면에 투기행위는 "① 가수요자의 행위 ② 지가가 낮은 미성숙지 등을 필요량 이상으로 구입 ③ 이용 · 관리할 의사가 없음 ④ 불합리한 양도차익이 목적 ⑤ 투기가격으로 거래 ⑥ 보유기간이 단기간 ⑦ 전매로 이익을 실현 ⑧ 모험적 · 도박적 금전투입 ⑨ 대상 부동산이 소유될 뿐 자기나 타인에게 기여하지 못함"하는 일체의 행위이다.

인류역사에 투기가 없었던 적은 없다. 일확천금을 노리는 인간의 욕심으로 나타나는 자연적인 행위가 투기의 본질이다. 근대 자본주의가 시작되면서 발생한 최초의 투기로 1630년대 네덜란드에서 발생한 튤립 파동(Tulip mania)을 들 수 있다. 17세기 초 아시아대륙에서 자생하는 튤립이 유럽에 들어오자, 네덜란드인들은 고혹한 자태의 튤립에 매료되었다. 돈 많은 애호가들이 튤립을 사들였지만, 튤립의 재배에는 한계가 있었다. 씨를 뿌려 꽃을 피우는데 3년 이상이 소요되지만 뿌리로 이식하면 그해에 꽃을 피울 수 있어 뿌리가 비싼 가격으로 팔렸다. 상술이 뛰어난 네덜란드 사람들이 이 기회를 놓치지 않았다. 1634년부터 일확천금을 노리는 사람들이 튤립 뿌리 거래에 몰렸다. 그러나 뿌리는 양산하기 어렵고 개수가 한정되었기 때문에 가격은 급등할 수밖에 없었다. 특히 보라색과 흰색 줄무늬를 가진 '센페이 아우구스투스(Semper Augustus)'는 거의 집 한 채 값과 맞먹었다고 한다. 그러다가 1637년 2월 3일, 갑작스럽게 튤립가격이 폭락했다. 어음이 부도나고 3,000명의 채무자들이 지급불능 사태에 빠진 것이다. 결국 네덜란드 정부가 나서 이전의 계약을 무효화하고, 모든 선물 거래액의 3.5%만 지급하는 조건으로 채권채무를 정리하라는 극단적인 조치를 내렸다. 이후 튤립은 버블 발생 이전 수준으로 회복되었지만 다시는 급등하지 않았다. 비록 튤립 투기와 붕괴는 모든 거래가 어음과 선물거래로 이루어졌기 때문에 네덜란드의 거시경제에는 거의 영향을 미치지 않았지만, 버블 당시에 도덕적으로 해이했던 사람들이 버블이 끝난 이후 다시 독실한 칼빈주의로 회귀하였다. 투기를 불러오는 과도한 환상은 역사적으로도 결코 멈춘 적이 없다. 튤립버블 외에도 1710년대의 미시시피 버블(Mississippi Bubble),

Investments VS Speculation

1720년대의 남해 버블(South Sea Bubble), 1840년대의 철도버블(Railway Mania), 1920년대의 주식버블(Stock market bubble), 그리고 최근의 인터넷버블(dot-com bubble) 등 새로운 투자기회에 대한 확신을 버리지 못하고 투기대열에 뛰어들었다가 많은 사람들이 큰 손실을 입게 된다. 때로는 버블의 징조를 감지하고도 자신은 그 이전에 빠져 나갈 수 있다고 자신하다 결국 몰락하기도 한 사람들도 많다. 집단적 투기는 실제 가치를 과대평가하여 많은 사람들을 피해자로 전락하게 하여 심각한 후유증을 낳는다. 현재 증시에 대한 여러 시각이 있지만 과열 양상을 보이고 있다는 점에서는 이의가 없어 보인다. 코스피의 주가수익비율(PER)은 13.5로 국내 증시의 장기 평균선의 10보다 크다. 저금리 풍선효과를 감안하더라도 실물경제와의 괴리는 점점 커져가고 있다. 서강대 김영익 교수는 국내 주가는 일평균 수출금액과 상관계수가 가장 높은데 이를 토대로 분석하면 지난해 12월 기준 코스피는 32% 정도 고평가되어 있어 외생적 충격이 조금만 와도 10~20%는 떨어질 수 있으며 국내 외국인 자금이 이탈하면서 조정 받을 수 있을 것으로 전망했다. 그 시기가 2021년 2분기 이전이 될 수도 있다고 경고하고 있다. 또한 GDP 대비 시가총액 비율인 '버핏지수(Buffett

Indicator)'도 사상 처음 100%를 넘었는데 보통 100%를 넘으면 거품이 낀 장으로 평가한다. 최근 미래에셋 은퇴연구소에서 전국 25세~39세 700명을 대상으로 조사한 「2030 경제 인식 설문조사 주요 결과」에 따르면 '향후 금융투자 의향이 있는가?'라는 질문에 75%가 있다고 답했다. 청년 4명 중 3명이 향후 금융투자 의향이 있다고 한 것이다. 이를 반영하듯 증권회사에 신규로 계좌를 개설하는 20~30대가 증가했다고 한다. 더구나 이들 청년 투자가들은 주식 투기를 위해 증권회사에서 신용공여를 받는 등 빚을 지기도 한다. 최근 들어 주가가 박스권에서 횡보하는 양상을 보이자 일부는 시장에서 이탈하여 대체 투자처로 비트코인이나 아트물 등으로도 투자대상 범위를 넓히고 있다. 그러나 이미 국내 증시에 대한 정보나 자체 분석을 통한 투자 노하우를 축적하여 상황이 반전되면 하시라도 증시로의 투자를 노릴 수 있을 정도로 세력을 형성하고 있고, 특히 이들의 투자 패턴은 매우 공격적이기 때문에 투기자본으로의 사회적 혼란의 소지를 갖고 있다. 월스트리트의 전문 주식중개인이었던 프레드 슈웨드(Fred Schwed Jr.)는 1929년 주가 대폭락 당시 거액을 잃은 후 일반 투자자를 위해 월스트리트의 내부를 파헤친 『고객의 요트는 어디에 있는가?(Where Are the Customer's Yachts?)』를 저술했다. 그는 이 책에서 "투기는 적은 돈으로 큰돈을 벌기 위한 노력이고, 실패할 확률이 높은 행위를 말한다. 그러나 투자는 큰돈이 적은 돈이 되는 것을 막기 위한 노력으로, 성공할 확률이 높은 행위를 말한다"고 했다. 이는 단지 주식에 한하여 통용될 수 있는 얘기가 아니고 부동산 등 투기자본이 요동할 수 있는 곳에서도 적용될 수 있다. 주식 투기는 자칫 큰 위험성을 내포하고 있지만, IT 버블에서 보듯 국내 IT 산업의 태동에서부터 발전과 성장하기까지 이들의 투자가 많은 기여를 했으며, 그로 인해 자본이득을 본 사람들도 적지 않다. 당시의 투자가들은 기술에 대한 객관적 평가와 사업의 장기적 성장성과 안정성을 검토하지 않고 묻지마 투자형태를 보였는데, 이는 투기의 전형적인 양상이기도 하다. 개인투자자들의 주식 투자는 경제의 선순환 측면에서 긍정적이다. 그러나 투자를 결정할 때 대상회사에 대한 냉철한 분석과 정보 등을 바탕으로 투자를 결정하여야 하며, 과도한 욕심으로 레버리지를 일으키거나 자신의 자산에 비해 과도한 투자를 하는 식의 투자행태는 결국 리스크를 수반하는 투기라는 것을 염두에 두어야 한다. 반면 부동산 투기는 사회적으로 결코 용납될 수 없는 범죄행위이다. 부동산 투기를 통해 얻는 불로소득은 사회에 기여하는 바는 전혀 없는 반면 해악만 끼치고, 이를 얻을 수 있는 기회가 자금이 풍부한 자와 편법이나 불법으로 취득한 정보를 가진 자에게 훨씬 많이 주어지며, 토지를 소유하고 있지 않은 자들이 토지를 소유하고 있지 않다는 이유만으로 손실을 입게 만든다. 또한 부동산 투기는 고지가, 고임금, 고물류 비용으로 인한 저효율 구조를 야기시키는 주범이며, 사회 경제적 양극화의 근원이다.

사회적 양극화는 무엇보다 자산 양극화에 기인하는 바가 크다. 또한 자산 양극화의 근원을 거슬러 올라가보면 부동산 투기와 그로 인한 토지 소유의 편중과 토지 불로소득 귀속의 편중이 도사리고 있다. 빨리 부자가 되려고 하는 사람들, 과도한 욕심에 집착하는 사람들은 자신이 분명한 '투기꾼'임에도 불구하고 스스로를 '투자자'라고 우기고 있지는 않은지 잘 생각해 보아야한다. 인간의 무절제한 욕심으로 부동산 등에 거품이 끼는 경우가 있는데, 이 거품을 투기로 한 목 잡아보려는 욕심 때문이다. 가까운 예가 2008년의 서브 프라임 모기지(subprime mortgage crisis) 사태이다. 미국인의 무절제한 욕심으로 잔뜩 올랐던 부동산과 관련된 금융상품 가격의 거품이 꺼지면서 미국의 부동산 시장과 금융 시장이 무너졌고 이것이 연쇄적으로 세계의 경제 위기를 초래한 주된 원인이 된 것이다. 현재 우리나라의 부동산 가격 거품 및 투기열풍이 타산지석이 아닌 이유이다.

커버스토리의 저주

성공한 기업은 자만에 빠지기 쉽다. 자만에 빠진 기업은 변화에 적응하지 못한다. 성공의 단맛을 본 기업은 현실에 안주하려는 경향이 강하다. 때문에 성공한 기업일수록 변화와 혁신의 필요성에 둔감해지고 이에 대한 거부감이 더욱 강해진다. 직원들의 창의적이고 효용가치가 높은 아이디어가 리더의 반대에 부딪히고, 새로운 아이디어의 수용을 앞에서 이끌어야 할 경영진조차 혁신의 필요성을 인지하지 못하는 경우가 흔하다. '커버 스토리의 저주(cover story curse)'는 2006년 포춘(Fortune)이 세계 10대 비즈니스 분야의 대가로 선정한 런던 비즈니스 스쿨(London Business School)의 도널드 설(Donald Sull) 교수가 그의 책 『위기를 기회로 바꾸는 기업 혁신의 법칙(Revival of the Fittest)』에서 제시한 개념으로, 기업의 CEO가 비즈니스 잡지의 표지모델로 등장하게 되면 몰락할 징조라는 것이다. 한때 잘나가던 기업이 몰락하게 되는 원인을 그는 '활동적 타성(active inertia)'이라고 주장한다. 시장 상황 등 기업의 외적 환경이 급변하고 있음에도 불구하고 현재의 상황에 안주하여 시장 환경 변화에 능동적으로 대처하지 못하고 과거의 패턴에서 벗어나지 못하는 것을 의미한다. 흔히 성공의 주역으로 열정적인 CEO를 언급하곤 한다. 슈퍼 리더의 강한 조직 장악력과 통솔력 등 그가 보여준 능력이 모든 것을 해결해 줄 것이라고 기대한다.

그러나 최고 경영자의 개인 역량에 의존하는 기업은 동시에 위험에 처하기도 쉽다. 실제로 몰락하기 바로 직전까지 강력한 리더를 가진 기업이 적지 않았다. 언론과 주주들 그리고 외부 분석가들은 경영자의 초기성과에 열광적인 지지를 보내며 스스로의 견제 기능을 상실한다. 결국 CEO는 자신의 능력을 과신하게 되고 독선적으로 흐르며, 외적 환경의 변화를 수용하지 않게 된다. 바비인형으로 유명한 마텔사(Mattel Inc.)의 전 CEO 질 배러드(Jill Barad)는 포춘이 선정한 미국에서 가장 영향력 있는 여성 기업인에 여러 차례 선정되었다. 하지만 그녀는 결벽에 가까운 완벽주의 성향으로 실패한 CEO로 평가된다. 모든 실무에 직접 관여하여 일일이 챙김으로써 역할 분담이라는 체계를 허물어 효율적인 조직 관리에 실패하게 된다. 결국 마텔의 연이은 침체와 함께 배러드는 사임하게 된다.

제너럴일렉트릭(GE)에서 사장까지 지낸 로버트 나델리(Robert L. Nardelli)는 2000년 유통회사인 홈디포(Home Depo)의 최고경영자로 부임했다. GE에서 6Sigma 운동을 제시하여 새로운 기업문화를 주도했지만 소매업 경험은 전무했다. 그러나 로버트 나델리 자신이 GE에서 경영하던 방식을 그대로 유지했다. GE에서 통한 것이 홈디포에서 안될 리가 없다고 생각했던 것이다. 회사에서 일어나는 모든 상황을 수량화하고 임원들에게도 정해진 목표를 달성할 것을 촉구했다. 매장 점주를 존중하며 운영해오던 느슨한 방식에서 군대식 방식으로의 전환이었다. 그러나 결과는 반대로 나왔다. 고객과의 관계에는 무관심하고 계약 파트너만을 중시하는 그의 스타일은 소매유통업처럼 개별 소비자들 사이의 평판과 입소문이 중요한 분야에는 부적합했고 결국 그는 홈디포를 떠날 수밖에 없었다.『좋은 기업을 넘어 위대한 기업으로(Good to Great)』의 저자인 짐 콜린스(Jim Collins)는 위대한 기업을 일으킨 경영자들의 특성을 '겸손함과 나서기를 싫어하는 말수가 적은 사람'이라고 언급한 바 있다. 한 때 성공을 거둔 좋은 기업에서 위대한 기업으로 한 단계 도약하기 위해서는 사람에 의존했던 경영 활동을 규칙과 시스템을 통해 정착시켜야 한다. 최고 경영자의 지나친 관여와 카리스마는 시스템에 기반한 경영을 저해하게 된다. 과거에 특정 경영자에 의해 고성장을 달성하였다면 이후에는 시스템을 통한 안정화와 성장을 지속시키는 노력이 필요한 것이다. 성공을 경험한 경영자는 자신의 경험과 성공에 대해 무한한 자부심을 갖게 된다. 그러나 그러한 성공의 경험이 자신에게는 자산이자 동시에 족쇄이기도 하다. 그가 이룬 성공은 시야를 좁히고 변화를 감지하는 촉을 더디게 한다. 특히 어느 한 분야에서 커다란 성공을 이룬 경영자는 자신만의 틀 안에서 제한된 범위의 세계만 보는 우를 범하게 된다. 매킨토시 컴퓨터를 내놓으며 애플을 일으켰던 스티브 잡스도 그의 두 번째 벤처회사였던 넥스트(NeXT)는 처참한 실패로 끝내야 했다. 자금이나 인력 면에서는 첫 번째 벤처회사 보다 훨씬 여건이 좋았음에도 시장에서는 실험성이 큰 제품을 외면했기 때문이다.

과거의 성공에 묻혀 변화의 흐름을 읽지 못해 사라진 기업으로 에이티엔티(AT&T)사를 꼽을 수 있다. 미국 최대 장거리 전화 회사인 AT&T는 1947년 트랜지스터를 발명했다. 진공관을 이용한 장거리 전화의 불편함을 해결한 혁신적인 발명이었다. AT&T의 산하 벨연구소에서 트랜지스터를 발명한 윌리엄 쇼클리(William B. Shockley), 월터 브래튼(Wilter Brattain), 존 바딘(Hohn Bardeen)등 세 명의 과학자들은 1956년에 노벨 물리학상을 공동 수상했다. 이들이 발명한 트랜지스터는 20세기 후반 통신업계의 혁명을 불러왔고, 컴퓨터와 인공위성의 개발 등 IT 기술의 발전에도 매우 큰 공헌을 했다. 트랜지스터는 컴퓨터의 기본이 되는 중요한 부품으로 이것이 발명되지 않았다면 반도체와 컴퓨터가 없었을 것이다. 트랜지스터의 발명으로 인해 초 소형

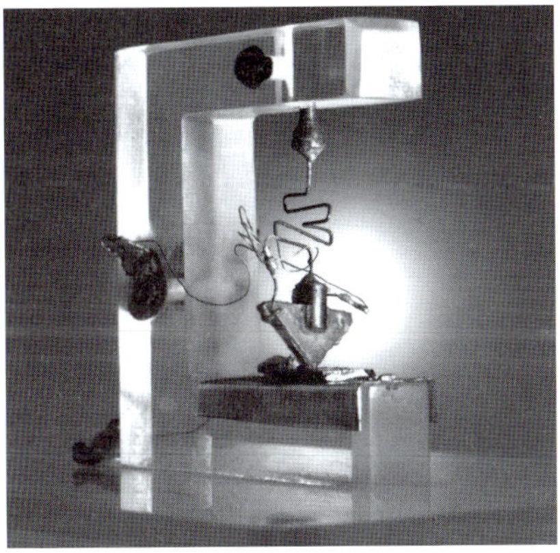

[1947년에 발명한 최초의 트랜지스터]

화된 전자기기들이 등장할 수 있게 되었다. AT&T는 트랜지스터에 힘입어 비약적인 성장을 거듭했으며, 1984년에는 직원 수가 1백만 명에 이를 정도로 큰 기업으로 발전했다. 그러나 트랜지스터의 발명으로 통신 혁명을 이끈 AT&T는 새로이 등장한 기술 혁명에 의해 쇠멸하고 말았다. 1980년대 초 무선전화가 등장하게 되는데 AT&T의 경영진은 무선전화의 성장 가능성을 과소평가해 1983년 무선 전화 사업을 지역 회사가 맡도록 하는 실책을 범하고 만다. 10년이 지난 1993년에야 무선 전화 업체를 인수한 뒤 에이티엔티 와이어리스(AT&T Wireless)로 분사했으나, 결국 2004년 싱귤러 와이어리스(Singular Wireless)에 인수당하고, 2005년 1월 말 미국 2위의 지역 통신업체인 에스비씨 커뮤니케이션(SBC Communication)에 의해 피합병 됨으로써 AT&T는 영원히 역사 속으로 사라졌다.

SBC커뮤니케이션이 AT&T를 인수 합병하고 회사 이름은 그대로 유지한다. 그 후 AT&T는 점차적으로 1982년 분사되었던 지역적 자회사들을 다시 인수합병하기 시작했고, 현재는 무선통신 사업부와 장거리 전화 사업부등이 AT&T를 이루고 있다.

시장 변화를 인지하지 못하거나 외면한 기업들은 이미 성공했다는 사실에 만족하여 기존 사업에만 전념해야 한다는 고정관념을 갖고 있다. 한 우물만 파야 한다고 강조한다. 사실 1980년대 미국 기업들이 위기에 빠져 있을 때 핵심 사업에만 주력하는 일본 기업들의 성공 사례는 미국 기업들에게 큰 자극이었다. 그러나 기업의 의지와는 상관없이 시장 환경 변화가 점점 더 급격해지는 현실적 상황에서 한 우물만 고집하는 것은 지속 기업으로의 성장을 도모해야 하는 기업의 목표와 배치될 수 있다. 한 우물 경영을 고집하는 기업으로부터 장인 정신을 느낄 수 있지만 시장이 변하더라도 자신이 잘해온 것만 계속하겠다고 하면 변화의 타이밍을 놓칠 수밖에 없다. 세계적인 가전업체인 필립스는 헬스케어와 라이프스타일기업으로의 변신을 선언했다. 경쟁력을 점차 잃어가는 가전 및 반도체 사업부문을 매각하고 의료기기 등 헬스케어와 휴대용 IT 가전 사업부문에 집중하겠다는 취지였다. 필립스는 노년층이 증가하고 에너지 효율과 웰빙에 대한 관심이 점차로 증대하고 있다는 것에 착안했다. 필립스의 기존 주력사업이었던 TV의 경우 고객 니즈를 충족할 수 있는 기술력과 가격 경쟁력이 중요한데 실상 필립스는 이미 경쟁력을 잃고 있는 상황이었다. 반면 헬스케어, 조명, 생활 가전은 다양한 고객의 잠재 니즈를 파악하고 이에 대응하는 것이 중요한 경쟁력으로 필립스는 핵심 역량인 고객 인사이트 발굴을 이용하여 차별화된 가치를 생산할 수 있다고 판단했다. 필립스의 브랜드 약속(Brand Promise)은 '필립스는 당신에게 중요한 혁신을 제공합니다(Phillips delivers Innovation that matters)'로 핵심 역량인 '당신(의사, 공간 디자이너, 일반 소비자)에 대한 깊은 이해'를 바탕으로 에픽(EPIQ) 초음파 시스템, 휴 시스템(Hue System), 에어프라이어(Air Fryer) 등의 혁신적인 제품을 지속적으로 만들어 내고 있다. 특히 2004년부터 '센스 앤 심플리시티(Sense and Simplicity)'란 경영방침을 통해 헬스케어를 핵심 분야로 정한 필립스는 어린이용 건강관리기구 회사인 '

아벤트(Phillip Avent)'를 인수하기도 했다. 그러나 핵심 사업의 변신은 상당히 어려운 도전이고 기업의 입장에서는 큰 위험이기도 하다. 크리스 주크(Chris Zook)의 '멈추지 않는 기업(Unstoppable)'에 의하면 핵심 사업의 변신을 시도했던 기업의 성공 확률은 5~10%에 불과하다고 한다. 지속적인 성장을 위해 변신하되 무모한 도전을 피하려면 변신에 성공한 기업들의 사례를 꼼꼼히 연구해볼 필요가 있다.

첫째는 핵심 사업의 변신 시기를 결정하기 위해 현 사업의 성장 잠재력에 대한 냉철한 판단이 필요하다. 현 사업이 언제까지 성장할 것인지, 시장 정체나 대체 기술의 등장으로 현 사업이 얼마나 타격을 입게 될지, 그리고 기업이 이러한 위기를 돌파하고 성장할 수 있을 지를 판단해야 한다. 객관적으로 판단하는 게 용이하지 않다는 점이 문제점으로 부각되나 가급적이면 부정적인 의견에 대한 해석을 객관적으로 평가해야 한다.

둘째는 어떤 방향으로 변신하느냐는 것이다. 많은 기업들이 차세대 신규 사업을 선택할 때 성장성, 시장규모, 기업의 역량, 현 사업과의 시너지 등을 고려한다. 그러나 가장 큰 관심을 갖게 된 것은 신규 사업의 성장성과 시장규모이다. 그에 따른 매출이나 영업이익 규모 등의 추정이 큰 부분을 차지한다. 때로는 시대적 흐름을 따르는 경우도 적지 않다. 한때 태양광 사업도 그렇고, 바이오산업 열풍도 그중 하나의 예가 된다. 자신의 역량을 객관적으로 평가하지 못하고 남들이 너도나도 뛰어드니까 나도 한다는 식의 발상은 매우 위험하다. 무작정 새로운 사업에 뛰어드는 것이 아니라 초기 사업화까지 진행하여 결과를 보고 결정하는 것이 바람직하다. 듀폰이 많은 기대를 했음에도 불구하고 의료기기와 제약사업에서 철수한 것도 그러한 검증을 통해서 이루어진 결과이다.

사람의 가치는 타인과의 관계로만 측정될 수 있다

인간은 본질적으로 사회적인 존재이기 때문에 혼자서는 살 수 없고, 다른 사람들과 관계를 맺으면서 살아가게 된다. 그리고 자의든 타의든 서로가 서로에게 영향을 미치는 상호작용을 하게 되고, 이러한 상호작용이 인간관계의 기초가 된다. 인간관계를 통하여 사람들이 얻고자 하는 것은 상호간의 신뢰와 조화를 통해 보다 나은 상태를 형성하고 유지하는 것이다. 인간관계를 통하여 사람은 삶의 질에 대한 평가를 하게 되는데, 인간관계가 보다 건전하고 원만하다면 행복하고 풍요로운 삶을 살아갈 수 있지만, 인간관계에 문제가 있을 경우에는 자기뿐만 아니라 타인에게도 악영향을 끼치게 되는 경우가 많다.

사람은 누구나 우연히 또는 의도적으로 낯선 사람을 만나게 된다. 첫 만남을 통하여 느끼는 호감도에 따라 다음 단계로의 발전 여부가 결정되는데 육체적인 특성, 사고력과 판단력을 표현하는 커뮤니케이션 능력, 그리고 신뢰성과 사회성을 나타내는 개인적인 특성 등을 통해 상대방에 대한 평가를 하게 된다. 심리학자 해리 레이스(Harry Reis)교수는 대인관계에 초점을 맞추어 유사성, 근접성, 상호성, 스트레스를 4가지 매력 원칙으로 제시했다. 자신을 닮은 사람들에게 끌리는 경향이 있다는 유사성의 원칙, 가까운 사람들과 인간관계를 형성할 가능성이 더 크다는 근접성의 원칙, 자신을 지지하는 사람들에게 더 끌리는 경향이 있다는 상호성의 원칙, 불안과 스트레스를 유발하는 상황에 있을 때 상대방에게 더 끌린다는 역설적인 스트레스의 원칙이 그가 제시한 내용이다. 인간관계는 사람들이 피할 수 없는 중요한 일상이며, 대부분의 사람들이 많은 노력을 기울임에도 불구하고 여전히 인간관계의 어려움을 호소하는 사람들이 적지 않다. 일반적인 사회생활뿐만 아니라 기업 내의 직장생활에서 가장 큰 어려움 중의 하나가 바로 인간관계다.

미국의 카네기연구소가 성공한 사람들을 조사한 결과, 성공의 가장 큰 원인이 인간관계였다고 응답한 사람이 95%였다. 또한 하버드대 출신 중에서 실패한 사람 4,000명을 조사 했는데 실패의 가장 큰 원인이 인간관계였다고 응답한 사람이 90%에 이르렀다. 전문적인 지식이나 능력부족은 10%에 지나지 않았다. 결국 인생의 성공과 실패는 능력에 의해서 좌우되는 것이 아니라 인간관계에 의해서 결정된다는 사실이다.

사람인(www.saramin.co.kr)이 직장인 379명을 대상으로 '일과 직장 내 인간관계'에 대해 조사를 실시한 결과, 직장 내 인간관계 갈등이 원인이 되어 실제로 퇴사나 이직을 한 경험자가 54.4%였다.

업무성과에 미치는 영향도 평균 66%로 집계돼 상당히 높은 편이었다. 직장 내 인간관계가 어렵다고 느끼는 비율은 62%였으며, 주로 상사와의 갈등(79.1%)이 부하직원과의 갈등보다 4배 가까이 많았다. 직장인들이 상사와 갈등을 겪는 이유 1위로는 '업무 분장 등에서 자기에게만 유리한 비합리적인 결정이 잦음'(44%, 복수응답)이 차지했다. 다음으로 '자기 경험만을 내세우는 권위적인 태도'(40.4%), '업무를 나에게 미룸'(37.6%), '사적인 일 부탁, 잔심부름 등 지위를 이용한 갑질'(28.1%), '인격모독 발언 빈번'(19.9%), '업무 성과를 가로챔'(15.9%) 등의 이유가 있었다.

갈등을 해결하는 방법으로는 '가급적 갈등이 생기지 않도록 피한다'(59.6%, 복수응답)는 답변이 가장 많았다. 계속해서 '혼자 속으로만 참는다'(42.2%), '이직이나 퇴사를 준비한다'(35.5%) 등으로 자신들 보다 높은 지위에 있기 때문에 주로 소극적인 대응이 주를 이뤘다. 상사와의 갈등은 '스트레스 증가'(80.7%, 복수응답)는 물론, '퇴사 및 이직 결심'(53.5%), '업무 동기부여 약화'(48.9%), '애사심 저하'(45%), '업무 집중력 저하'(42.2%) 등으로까지 이어져 실제 회사에도 영향을 주고 있었다. 한편, 부하직원과의 관계 갈등을 겪는 이들은 가장 큰 이유로 '업무 완성도 부족으로 일을 떠안게 됨'(45.3%, 복수응답)을 꼽았다. 이어 '시키는 업무만 하는 등 적극성 부족'(36.3%), '철저한 개인주의 성향으로 팀 내 화합이 어려움'(30.3%) 등이 있었다.

대인관계에 실패한 사람들에게서 흔히 발견되는 문제점은 자기중심적이며 비판적이고 매사에 부정적인 태도를 보인다는 것이다. 인간관계는 혼자서 맺는 것이 아니다. 종종 사람들은 인간관계에서 발생하는 여러 문제들을 자신이 아닌 타인의 탓으로 돌리거나 어쩌다 생긴 일 정도로 넘기는 경우가 많다. 그렇게 하는 것이 자신을 방어하는 한편 스스로 편해지는 방법이다. 상대방에게 그런 주장이 통한다면 큰 문제로 비화하지 않고 어느 정도 절충점에 이를 수 있다. 하지만 스쳐 지나가는 일시적인 갈등이 아니라 그런 일이 반복적으로 발생한다면, 상대방에게만 초점을 맞추던 습관에서 벗어나 자신의 관점에 초점을 맞추어 볼 필요가 있다. 주의를 기울여 자신의 시각을 바라보지 않으면 왜곡된 관점들은 일상에 숨어 버린다. 그리고 모든 일에 부정적이고 비판적인 시각으로 바라본다면 그 또한 관점을 왜곡할 수 있기 때문에 바람직하지 않다. 대부분의 사람들은 인간관계를 형성하기 위해 인맥 관리가 중요한 것은 알지만 제대로 실천하지 못하고 있는 사람들이 대다수이다. 특히 실패하는 리더들은 무례하고, 직선적이며, 냉정하고, 이기적이며, 필요한 사람을 선발하는 분별력이 결여되어 있다. 업무보다는 사람에 대한 관심이 더 많이 요구되는데 그들은 이를 효과적으로 수행하지 못했기 때문이다.

오늘날 리더는 사람을 최우선적으로 관리해야만 한다. 급변하는 외적인 여건에서 적응하고 살아남으려면 창조적이며 능동적인 인재가 절대적으로 필요하다. 더욱이 안정과 변화, 권한의 분산과 통제, 협력과 경쟁, 다양성과 통일성의 균형이 요구되는 오늘날 인재 발굴과 양성은 그 어느 때보다 중요한 가치를 갖는다. 대인관계의 출발점은 자신과의 관계이다. 자신의 대인관계가 나쁘다고 생각하는 사람은 자신과의 관계부터 정립해야 한다. 원만한 대인관계를 위해서는 자신을 긍정적으로 생각하는 자기애가 있어야 한다. 그래야만 다른 사람과 좋은 관계를 가질 수 있다. 자신을 사랑한다는 것은 자신을 존중하고 사랑한다는 점에서 반드시 필요하다. 자신을 사랑하지 않는 사람들은 매사에 자신을 탓하거나 부정적으로 생각한다. 그런 상황에서 다른 사람들과의 좋은 관계를 이어갈 수 없다. 그리고 인간관계를 잘하기 위해서 자신을 객관적으로 바라보는 안목을 키워야 한다. 자신을 냉철히 객관적인 시각으로 바라보지 못하면 상대방이 어떤 사람인지를 평가할 수 없다. 모든 일은 나로부터 시작되고, 인생에서 마주하게 되는 모든 문제에 대한 답도 내게 있다는 점을 알아야 한다. 나를 제대로 알지 못하면, 아무리 좋은 사람을 만나도 나로 인해 관계가 어려워질 수 있다. 자신을 안다는 것은 자신의 마음을 다스릴 수 있다는 것이다. 마음을 잘 다스리기 위해서는 자신의 감정이 어떤지를 읽을 수 있어야 한다. 아기들은 자기의 감정을 잘 알고 감정에 따라 행동한다. 그러나 점차로 성장하면서 자신의 감정과는 다른 행동을 하게 된다. 때로는 자신의 감정을 무시하기도 한다. 중년의 남성에게서 종종 보게 되는 감정문맹이다. 이런 사람들은 남에게 자신이 느끼고 생각하고 원하는 것이 무엇인지를 명확히 표현하지 않기 때문에 인간관계를 정립하기 위해 거쳐야 할 상호 이해와 배려의 과정을 거칠 수 없게 된다. 생긴 대로 산다는 것은 자아정체감을 표현하는 것으로, 감정뿐만 아니라 자신과 관련된 것에 대해 명확한 기준을 갖고 있다는 것이다. 원만한 대인관계를 위해서는 화를 잘 다스릴 수 있어야 한다. 화를 자주 낸다는 것은 자신이 미성숙하다는 것을 대외적으로 공개하는 것과 같다. 역으로 표현하면 화를 내는 대신 다른 방법으로 자신의 의지를 관철시키는 사람은 인간관계에서 성공할 수 있다. 2020년 한국프로야구의 꼴찌는 한화이글스였다. 18연패라는 치욕을 겪어야 했던 선수들의 모습은 제정신이 아닌 듯 했다. 겨우 그 긴 연패를 끊었을 때 눈물 흘리던 선수들의 모습에서 그들이 얼마나 큰 절망의 터널에서 힘들어 했는지 가늠할 수 있었다. 시즌이 끝나고 외국인 새 감독을 맞이했다. 작년 꼴찌팀, 그리고 베테랑 선수들을 대거 방출시키고 이제 프로 연차가 얼마 되지 않은 앳된 선수들은 어떠한 수모나 채찍을 들어도 뭐라고 할 말이 없어 보였다. 그러나 수베로 감독은 선수들에게 실수하라고 했다. 실수를 통해서 배울 수 있다면 그것은 성장통이라고 했다. 하루는 시범경기에서 주자가 나가 있는데 한 선수가 멍하니 서서 삼진을 당했다. 감독으로서는 울화통 터질 일인데 그는 박수를 친다. 마지막 들어오는 공은 코스가 좋아 배트를 흔들어 봤자 병살타 되기 십상이므로 차라리 삼진 당하는 편이 낫다는 논리였다. 그 인닝에서 한화는 득점에 성공하고 승리를 거둔다. 만일 삼진당하고 들어오는 선수를 향해 화를 냈다면 결과는 어떻게 되었을까?

상사든 부하직원이든 모두가 지녀야 할 인간관계의 원리는 서로 수용하는 일이다. 수용은 있는 그대로 받아 주는 것이다. 성격이나 환경 그리고 습관을 있는 그대로 받아 주는 것이 수용이다. 인간관계를 결정짓는 것이 바로 성격이며, 모든 성격마다 강점이 있는 반면에 약점이 있는 법이다. 이러한 점을 거부할 때 갈등까지 야기 시킨다. 어떠한 환경이든지 수용하지 않으면 원망과 불평이 뒤 따르고 이는 조직에 치명적인 결과를 야기하는 단초를 제공한다. 현실이 어떠한 것이든지 수용하는 사람은 정서적으로 안정된 건강한 사람이다. 반면 인간관계에 어려움을 겪는 사람들은 거의 대부분 현실을 수용하지 않고, 거부 등의 심리 방어 기제를 사용하며 스스로 고통을 만들어 자신을 해친다. 스티브 잡스는 대학 졸업식 연설에서 많은 점을 이으면 더 나은 미래를 만들 수 있다고 했다.

'점'은 '경험과 체험'을 말하며, '점 잇기'는 '인간관계 맺음'을 말한다.

다양한 배경의 원만한 인간관계 구축이 중요하다는 의미다. 빌 게이츠와 워렌 버핏은 성공의 척도가 돈이 아닌 인간관계라고 말했다. 이제 60대인 빌 게이츠는 더 이상 직업이나 재산으로 성공을 평가하지 않고, 대신 인간관계의 힘으로 평가의 기준을 바꿨는데, 이는 워렌 버핏으로부터 배운 방식이라고 게이츠는 말했다. 워렌 버핏은 '당신이 좋아하는 사람들도 당신을 좋아하는가'라는 질문을 성공의 척도로 삼는다고 말한 바 있다. 게이츠 역시 그것이 가장 좋은 측정 방법이라고 생각한다고 답했다. '포브스' 선정 세계 부자 2위와 3위를 각각 차지하고 있는 게이츠와 버핏이 가장 중요한 가치로 여기는 것은 '돈'이 아니라 '인간관계'였다.

빌 게이츠는 스물 다섯 살 시절의 자신이라면 이런 질문들을 우습게 생각했을 것이라면서 나이를 먹고 보니 이런 것들이 훨씬 더 소중한 의미를 갖게 됐다고 말했다.

일관성 법칙의 양면성

어떤 일에 지속적으로 몰입하다가 보면 자신도 모르게 사실이 아닌 것을 사실로 믿게 되는 경우가 있다. 만일 어느 특정한 사람에 대해 나쁜 생각을 하고 이러한 현상이 반복적으로 지속되면 그 사람은 결국 나쁜 사람으로 각인되는 것도 이와 같은 현상이라고 할 수 있다. 간혹 벤처기업 창업자들이 자신의 회사가 개발한 기술이 가장 뛰어나다고 반복적으로 생각하다 보면 자신도 모르게 세계 최고의 기술이라고 확신하게 되는 이유다. 시장에 진입할 경우 경쟁력이 있는지 객관적인 시각으로 자신이 개발한 기술을 평가해야 하지만, 스스로 이런 오류에 빠지게 되면 종국에는 큰 문제에 봉착하고 만다.

캐나다의 두 심리학자는 경마장에서의 사람들의 행동을 연구 하던 중, 매우 흥미로운 사실을 발견하였다(Knox & Inkster, 1968). 그것은 사람들이 특정 말에 돈을 건 후에는 돈을 걸기 전과 비교하여 그 말이 경마에서 우승할 확률이 더 높다고 생각한다는 것이다. 물론, 돈을 걸기 전후로 특정 말의 우승 확률에는 변함이 없었다. 그러한 심리적 변화의 원인은 자신의 결정에 대한 자기 합리화 현상 때문이다. 애리조나주립대(Arizona State University) 심리마케팅학과 로버트 시알디니(Robert Cialdini)교수가 설득의 심리학 중에서 언급한 일관성의 법칙은 사람들의 이러한 특이한 행동들을 설명하고 있다. 이 법칙은 우리가 지금까지 행동해 온 것과 일관되게 행동하려는 맹목적인 언행에 초점을 맞춘다. 우리가 어떤 선택을 하거나 입장을 취하게 되면, 그러한 선택이나 입장과 일치되게 행동해야 한다는 심리적 부담감을 느끼게 되며, 그러한 부담감은 우리로 하여금 이전에 취한 선택이나 입장을 정당화하는 방향으로 행동하게 만들고 있다는 것이다. 일관성의 법칙이 지켜지는 이유는 일관성을 벗어난 행동을 했을 경우 받아야 하는 비난을 감수하지 않으려는 것과 심사숙고해서 내린 결론을 인정하고 싶지 않은 것을 들 수 있다. 그리고 사람들은 자신이 일관성의 법칙을 지켰을 때 대부분 긍정적인 결과를 가져온다고 생각하기 때문이다. 사회심리학자들은 일관성의 원칙이 '입장정립'에서부터 시작된다고 주장하고 있다. 사람은 어떤 입장을 정하면 그 입장에서 벗어나지 않도록 행동하는 성향이 있는데, 중요한 결정을 하는 마지막 단계에서도 그 입장을 유지하려고 한다. 역사적으로 이런 일관성으로 인해 많은 사고가 일어나는 것을 우리는 자주 보아 왔다.

한국전쟁은 '잊혀진 전쟁'으로 알려질 만큼 역사적으로 무게감은 떨어지지만, 심리학자들에게는 '세뇌'를 알린 중요한 사건이었다. 중공군에게 포로가 된 미군병사 일부가 대남방송에 나와 자본주의를 비난하고 공산주의를 찬양하는 일이 벌어진 것이다. 이로 인해 중공군의 세뇌기법의 위력이 알려지게 된다. 당초 미군 측이 최면술에서 시작해 뇌수술까지 비인도적인 잔혹한 기술의 결과물이라고 생각했던 세뇌의 실상은 매우 단순했다. 중공군이 '유화정책'이라고 불렀던 이 전략의 골자는 미군 병사가 거절하기 힘든 아주 작은 요청부터 시작해서 점차 더 크고 심각한 요청을 한다는 것 뿐 이었다. 일단 공식적으로 방송에 나간 포로는 더 심한 요구에도 응한다. 그러다 보면 자신이 공산주의에 호의적이며 자본주의를 싫어하는 사람이었다고 믿게 된다. 이렇게 사소한 과정이 축적된 결과, 마침내 미국을 경악하게 만든 **'세뇌된 병사'**가 탄생한 것이었다. 사람들은 왜 이렇게도 단순한 기법에 말려드는 것일까? 로버트 시알디니교수는 일관성을 유지하려는 인간의 본능이 원인이라고 말한다. 사실 일관성은 좋은 면도 있다. 초지일관, 신뢰감을 주는 한편, 어떤 행동을 할지 예측할 수 있기 때문이다. 누군가를 믿는다는 건 그 사람이 일관적으로 행동할 것임을 믿는 것이다. 신뢰가 없으면 공동체는 유지될 수 없다는 점에서 결국 일관성의 본능은 인간 사회를 지탱하는 골조와 같다. 하지만 중공군의 포로가 되었던 미군들처럼, 가끔은 이 본능이 우리를 함정에 빠트려 아주 어리석은 선택을 하게 만든다. 소신과 아집, 일관성을 유지하려는 양날의 검이다. 소신이라고 말할 때는 과연 자신의 정체성을 드러내는 진정함이 있는지 우선 생각해봐야 한다. 그리고 그 소신의 내용이 자신의 삶에 있어서 무엇을 의미하며, 어떤 근거로 합당하다고 할 수 있는지 설명할 수 있어야 할 것이다. 아울러 상대방이 합리적인 근거를 제시하고 비판하면 그것을 수용하고 자신의 소신을 수정하는 용기가 있어야 자신의 생각과 소신이 더욱 발전할 수 있다. 반면 아집은 자기중심적 좁은 생각에 집착하여 타인의 입장이나 의견을 고려하지 않는다. 이면으로 보면 숨겨진 이해관계나 자존심을 지키기 위해 하는 행동으로 오해받을 소지도 있고 때로는 대화 기피 대상이 된다. 종종 일관성의 법칙은 기업으로 하여금 큰 대가를 치르게 한다.

기업이 어떤 프로젝트를 하기로 의사결정을 하고 대규모 투자를 감행한다고 가정하자. 프로젝트가 진행 중인데 뒤늦게 잘못된 결정이었음을 알게 되더라도 기업 입장에서는 포기하기가 용이하지 않다. 이른바 매몰비용이 발생하기 때문이다.

경영진은 처음 했던 결정을 포기하지 않고 어떻게든 최선의 결과를 낼 수 있는 방법을 찾으려고 할 것이다. 잘못된 선택으로 기회수익을 상실하면서 자금을 계속 퍼부을 수밖에 없다. 이른바 황당한 삽질로 애당초 작은 착각, 오해, 판단오류 등에서 시작하여 결국에는 막대한 손실을 감수해야만 한다. 포기하지 못한 일관성 때문이다. 이런 경우 초기에 추정했던 비용 이상으로 자금을 투여하게 되고, 수익구조가 불분명해짐에도 초기에 잘못 판단하여 엮인 결과로 인해 기업은 진퇴양난에 빠지고 만다. 일관성 법칙의 함정에서 벗어날 수 있는 방법은 소통이다. 남들과 활발히 소통을 하는 사람일수록 상식을 벗어난 주장을 하지 않는다. 자신과 같은 의견을 가진 사람들이 아니라 다른 의견을 가진 사람들의 의견도 경취하고, 때론 대다수 사람들의 견해는 어떤지 파악하는 것이 소통의 목적이다. 소통을 하는 사람들은 간혹 실수도 하지만 소통을 통하여 자신의 오해나 착각을 수정한다. 하지만 비슷한 오해를 공유하는 이들과만 소통하며 지내는 사람들에게는 작은 착각이 점차 눈덩이처럼 불어나서 거대한 삽질로 이어진다. 자신들의 의견에 대해 객관적인 검증 없이 주관적인 사고에만 사로 잡혀 자신만의 좁은 틀에 박힌 채 행동함으로서 고립되어 가는 것이다.

사회적 동물이라는 인간의 모습은 일관성의 본능과 소통의 본능이라는 두 개의 바퀴로 지탱되어야 하는데, 어느 한쪽이 빠지면 줏대 없이 휘둘리거나, 틀린 줄 알면서도 파국을 향해 달려가게 된다. 그러나 상황이 바뀌면 성격적 특성도 바뀐다는 점을 직시할 필요가 있다. 모든 사람은 'if~ then~ 만약 ~하면 ~한다' 방식을 따른다. 즉, 상황에 따라 대처하는 방법이 다른 것이다. 고압적인 상사가 만일 그 위의 상사와 소통할 때는 고분해야 한다. 남에게 지지 않으려는 동료직원도 회사의 중요한 고객과 소통할 때는 협력해야 한다. 게으른 직원도 중요한 결산이 오면 정신을 바짝 차릴 수밖에 없을 것이다.

누군가를 설득해야 할 때 만나는 첫 번째 장애물은 **교만**이다. 교만에 빠진 사람들은 자신이 모든 것을 다 알 수 없다는 사실을 모른다. 때로 이들의 무지를 지적하면 허황된 변명을 늘어놓을 수도 있는데, 이들에게는 자신의 지식이 얼마나 부족한지 깨닫게 하는 방법이 더 효과적이다. 심리학자는 예일대 학생들에게 TV나 변기 같은 일상용품이 작동하는 방식을 얼마나 아는지 스스로 평가해보라고 했다. 학생들은 그들의 지식에 자신만만했지만 TV가 어떻게 화면을 전송하고, 화장실 물이 어떻게 흘러내리는지 제대로 설명하지 못하는 자신들의 모습을 보면서 그들의 자만심은 사라졌다.

두 번째 장애물은 **고집**이다. 완고한 사람은 일관성과 확실성을 미덕으로 여긴다. 하지만 그들에게 끌을 건네면 생각이 한층 유연해진다. 이 문제에 대한 솔루션은 할리우드 시나리오 작가들을 대상으로 한 연구에서 찾을 수 있다. 처음부터 완벽하게 짜여 진 구상을 영화사 경영진에게 건넨 사람들은 아이디어를 허락받는 데 어려움을 겪었다. 반면, 성공한 시나리오 작가들은 경영진이 스토리 짜는 걸 좋아한다는 사실을 알았다. 이런 작가들은 제안을 마치 아이들 놀이처럼 다뤘다. 그들은 아이디어를 경영진에게 던졌고, 경영진은 여기에 자기 생각을 보태 다시 작가에게 던졌다.

세 번째 장애물은 **나르시시즘**이다. 자기도취에 빠진 리더는 자신이 우월하고 특별하다고 믿는다. 하지만 프레임을 적절히 짜면 결함과 오류를 인정하도록 유도할 수 있다. 핵심은 당신이 생각을 바꾸려는 사람이 지닌 다른 측면을 칭찬하는 것이다. 자기애적 리더가 나쁜 결정을 다시 생각해주길 바란다면, 의사 결정이 훌륭하다고 말해서는 안 된다. 그의 창의력을 칭찬하는 편이 더 낫다. 우리는 모두 다양한 정체성을 갖고 있다. 어떤 강점이 확고하다고 느끼면 마음의 문을 열고 다른 분야의 단점을 받아들인다. 심리학자들은 나르시시스트들이 운동선수 같다거나 재미있다는 말을 들으면 공격성과 이기심이 낮아지는 현상을 발견했다. 스티브 잡스는 강력한 신념으로 우리의 삶을 통째로 바꿔 놓았다. 잡스가 위대한 이유는 세상이 본인의 비전을 따르도록 만든 능력 때문이라고 하지만 사실 애플이 거둔 성공은 잡스가 직원들의 말을 경청하여 마음을 바꿨기 때문이다. 잡스는 절대 휴대폰 사업에 뛰어들지 않겠다고 수년간이나 고집을 부렸지만 결국에는 직원들이 잡스가 자신의 입장을 다시 생각하도록 밀어붙였기 때문에 휴대폰 사업에 참여하여 큰 성공을 거둘 수 있었다. 잡스가 자기 생각을 돌릴 줄 아는 사람들을 멀리했다면, 아마 세상을 바꾸지 못했을 것이다.

1997년 애플에 복귀한 스티브 잡스는 직원들에게 자신을 CLO(Chief Listening Officer)라 불러 달라고 당부한다. 최고경청자라는 의미다.

사람을 먼저 얻어야 한다

인간은 종종 자신의 고정관념과 생각의 틀에서 벗어나지 못하고 잘못된 선택을 한다. 그리고 많은 사람들이 자신의 잘못된 선택을 누군가의 탓으로 돌린다. 아이러니한 것은 불완전하고 때로는 이기적인 사람들이 대다수인 현대를 살아가면서 이렇듯 고집스러운 사람들의 마음을 얻지 못하면 우리가 이룰 수 있는 일은 하나도 없다는 사실이다. 더군다나 불신과 위선이 팽배한 오늘날 사람의 마음을 얻고 사람을 얻는다는 것이 얼마나 어려운 일인지 새삼 깨닫게 된다.

발타사르 그라시안 이 모랄레스(Baltasar Graciany Morales)는 17세기에 활동한 스페인 철학자이자 작가이다. 스페인의 아라곤에서 의사의 아들로 태어난 그라시안은 예수회의 신부였다. 그는 도덕주의 작가로, 프리드리히 니체와 아서 쇼펜하우어와 같은 유럽의 대철학가들조차도 그에게서 많은 영감을 얻었을 정도로 유럽정신사에 특별한 영향을 미친 지성으로 평가된다. 그는 세상에서 가장 위대한 승리는 사람의 마음을 얻는 것이라 말한다. 인간은 무리를 벗어나 혼자서는 약한 존재이며 뛰어난 두뇌도 역시 혼자서는 무용지물과 다름없다. 인류가 생존하여 문명을 이루어낸 배경은 인간관계를 통해 발현되는 의사소통, 협업, 결집력 때문이며, 그래서 인간을 사회적 동물이라고 하는 까닭이다. 기업의 최고경영자를 비롯해 조직 내에서 주변으로부터 인정받는 사람들은 그들이 무엇보다도 우선적으로 인간관계에 힘써 왔다는 공통점이 있다. 그러나 '미움 받을 용기'로 알려진 정신의학자 알프레드 아들러(Alfred Adler)가 "모든 고민은 인간관계에서 시작된다"고 말했듯이 인간관계에서는 도움이 되고 편안한 관계보다는 불편하고 피하고 싶은 관계가 더 많다. 직장상사를 욕하고 비난하는 말들은 넘치지만 그들을 존경하는 말들은 들어보기 힘들다. 우리는 누군가를 칭찬하고 존경하는 말을 하는 경우보다, 오히려 누군가를 비난하고 헐뜯는 말을 하는 게 더 흔한 일이라는 사실 조차 인지하지 못하면서 살아간다. 이렇듯 인간관계가 힘들어지는 이유는 이기심이다. 서로 상대에게 바라기만 하는 것, 자신의 이익을 위해 상대를 이용하려는 마음, 자신에게 직접적인 도움이 되면 가까이 하고 도움이 되지 않으면 멀리 하려는 이기적인 계산 때문이다. 자신의 이기적인 욕심을 위해 남을 이용하면서도 그 잘못을 자각하지 못하기 때문에 불신이 증폭되고 인간관계는 피폐해지고 만다.

일본 최고 경영 아카데미인 '세이와주쿠(盛和塾)'에서 중소기업 경영진들을 대상으로 강의했던 '이나모리 가즈오(稻盛和夫)'는 무엇보다도 사람의 마음을 얻는 리더가 되어야 한다고 강조한다. 중소기업은 돈이 없을뿐더러 기술도 없어 의지할 수 있는 것은 거기에 모여든 직원들밖에 없기 때문에 그 사람들의 마음을 사장을 중심으로 결속시켜야 한다는 것이다. 그런 직원들이 진심으로 사장을 존경하는 마음이 우러나오도록 그들의 마음을 사로잡아야 한다고 말한다. 직원의 마음을 얻지 못한다면 중소기업은 성공할 수 없다면서, 직원들 마음을 얻으려면 우선 직원을 소중하게 여길 줄 알아야 한다고 조언한다. 사람을 얻으려면 진심을 담아야 한다. 진심은 사람의 마음을 여는 열쇠이며, 사람들에게 호감을 얻는 가장 최선의 방법이다. 진심으로 남을 대하는 사람은 거짓으로 일을 꾸미거나 교묘하게 머리를 굴려 남을 대하지 않을 뿐더러, 속이고 기만하는 행위는 결코 하지 않는다. 물론 우리가 사는 세상에는 위선적이고 교활하며 나쁜 속셈으로 타인의 진실한 마음을 농락하는 사람이 어디에나 존재한다. 그러나 이런 부류의 사람들은 극소수에 불과하고, 정상적인 기능을 하는 사회라면 그들의 비열한 진면목은 반드시 사회 구성원들에게 질시와 배척을 받는다.

미국의 영향력 있는 자기개발 컨설턴트인 잭 마이릭(Jack Myrick)의 저서『눈사람 마커스』에 나오는 고대 그리스 아테네에서 배를 만드는 청년 마커스에 관한 얘기가 나온다. 그는 뛰어난 기술자로 점차 이름을 날리지만, 명성이 높아질수록 사람들은 그의 곁을 떠난다. 결국 모든 것을 잃고 외톨이가 된 마커스는 아테네 최고의 배 기술자 바나바스를 만난다. 그는 겨울 들판에 서 있는 눈사람을 비유하며 마커스에게 감동적인 가르침을 전한다. 몸은 비록 차가운 눈으로 만들어졌지만 언제나 사람들 곁을 지키며 따뜻함과 행복을 불어넣는 눈사람의 진실 된 마음을 알게 되는 것이다. 진심에 바탕하지 않는다면, 그 어떤 일도 모래위에 쌓는 것과 같아 언젠가 반드시 무너져 내리고 만다는 것을 깨닫게 된다. 상대의 마음을 읽을 줄 알아야 상대방의 마음을 얻을 수 있다. 그러기 위해서는 상대의 말을 듣고 원하는 것을 정확히 파악하는 게 우선이다. 장점을 살려주고 배려할 줄도 알아야 한다. 평소 자기중심으로 쏠려있는 불균형을 상대방 중심으로 맞춰야 한다. 듣는다는 것은 단지 귀로 듣는 것뿐 아니라 이해한다는 의미이기 때문이다. 직장생활을 하다보면 특히 상사의 경우 부하직원의 얘기를 가로막고 자기 말만 일방적으로 내뱉는 사람들이 있다. 이런 상사의 특징은 자신의 주장이 항상 옳다고 생각하며, 미리 자기 결론을 내놓고 대화를 시작하는 경향이 강하다. 부하직원의 마음을 읽기는커녕 때로는 권위를 앞세워 협박과 엄포를 놓기도 한다.

항우에게는 범증이라는 인재가 있었지만 그는 범증을 의심하여 그로 하여금 자신을 떠나게 한다. 소하의 계략으로 항우와 범증 사이를 이간질 시키자 의심을 품게 된 것이다. 귀족 출신으로 용맹하고 기개가 웅대하며 무예가 뛰어났던 항우는 자신에 대한 믿음이 지나쳐 모든 일을 자신의 생각만으로 처리했고, 패왕이란 무력에 의해 천하를 정복하는 자라고 믿었기 때문에 늘상 그런 식으로 행동했다. 결국 몇 년 후 나라를 멸망하게 만들었고 항우는 오강에서 스스로 목숨을 끊게 된다. 사람의 그릇은 인물 됨됨이가 우선이고 그 다음이 재주이다. 재승덕(才勝德)하면 안 된다. 즉 재주가 덕을 넘어서는 안 된다는 것이다. 재주가 덕을 넘어서면 재주로 인해 오히려 자신에게 화가 될 수 있기 때문이다. 반면 유방은 자신의 한계를 알고 적재적소에 인재를 등용하여 대업을 이루게 된다.

사람의 마음을 얻으려면 어떤 경우에도 적을 만들지 않아야 한다. 사람은 누구나 장단점이 있고 남들보다 뛰어난 특기가 있는 반면 문제점도 갖고 있다. 그리고 지금 당장은 자신에게 가장 비판적이고 적대적인 사람이 시간이 지난 후에는 가장 자신을 지지하는 호의적인 사람으로 바뀔 수도 있다. 인간관계가 뛰어난 사람은 지금 당장 자신에게 필요한 사람의 마음을 얻는 것이 아니라 미래에도 필요할 수 있는 사람의 마음을 얻으려고 노력한다. 자신을 자극하는 상대방으로 인해 감정을 억누르기 힘들다면 어금니를 꽉 깨물더라도 스스로의 감정과 행동을 조절하며 참아내야 한다. 상대방을 숨도 쉬지 못할 만큼 밀어붙이면 그 역시 이에 맞서 반응할 것이다. 그럴 경우 양쪽 모두 큰 손해를 볼 수밖에 없으므로 자신이 옳더라도 용서하고 양보하는 것도 인간관계의 중요한 전략이 될 수 있다.

『내 편이 아니라도 적을 만들지 마라』는 책에서 스샤오엔은 "이 세상에 절대 이해할 수 없는 사람이나 절대 이해할 수 없는 일은 없다. 만약 누군가 혹은 어떤 일이 의심스럽다면 정면으로 부딪혀 대화를 하는 것이 가장 확실한 해결 방법이다. 자신을 믿고, 타인을 믿고, 이 세상을 믿어라"라고 말한다. 적대감이나 화를 품은 마음을 숨기고 원하는 것을 얻어내는 인간관계의 기술인 것이다.

발타자르 그라시안도 그의 저서 『사람의 마음을 얻는 지혜』에서 "어떤 사람과도 관계를 아주 끊지는 마라. 그렇게 하면 좋은 평판이 한순간에 무너질 수 있다. 모든 사람이 친구가 될 수는 없지만, 누구나 적이 될 수는 있다. 이익을 주는 사람은 소수에 지나지 않지만, 누구라도 나에게 피해를 줄 수는 있다. 만일 어쩔 수 없이 누군가와 관계를 끊어야 한다면 감정이 폭발해서가 아니라 서서히 우정이 식었기 때문이라고 상대방을 이해시킬 수 있어야 한다"고 쓰고 있다.

일반적으로 사람들은 긍정적인 에너지를 발산하며 적극적인 사고와 행동을 하는 사람에게 더 매력을 느낀다. 이런 사람들의 특색은 어려움에도 불구하고, 그들은 긍정적인 태도를 유지하며, 부정적인 감정을 키우거나 피해자처럼 행동하지 않는다는 점이다. 그 대신, 그들은 갈등을 방지하고 항상 어려움을 마주할 낙관적인 답을 찾는다. 우리는 습관적으로 안 좋은 일, 힘들고 어려운 기억 등을 더 많이 떠올리는 경향이 있다. 우리의 뇌는 원시시대에 수렵 생활을 하면서 비관적인 사고에 익숙하도록, 또 그런 방식으로 생각하도록 진화해 왔다고 한다. 언제 맹수가 나타나 목숨을 잃을지 모르는 상황에서는 비관적인 사고가 우리의 생명을 지키는 데에 지대한 공을 세웠다고 한다. 하지만 오늘날은 그러한 비관적인 사고가 우리에게 썩 좋은 영향을 주지 못한다. 어떠한 상황에 마주쳐서 그것이 실제로 어떻게 돌아가는지 이성적으로 판단하기보다는 비관적인 생각으로써 상황을 왜곡하거나 확대 해석하게 되면 시간을 지체하게 되고 일이 잘 안 풀리기 마련이다. 물론 상상 속의 위협이 실재하는 거라면 누구나 한숨을 돌리면서 '역시 내 예측이 맞았어'라고 할 것이다. 하지만 대부분의 상황은 생각보다 심각하지 않다. 우리는 불필요하게 비관적인 경우가 많은 것이다. 부정적이고 비관적인 자세에서 벗어나려면 긍정적으로 생각할 필요가 있다. 칭찬에 인색해서는 사람의 마음을 얻을 수 없다. 사람들이 인간관계와 생활에서 가장 듣고 싶은 말이 칭찬이다. 특히 일을 할 때는 업무의 성취와 능력의 성장에 대해 함께하는 사람들로부터 특히 상사로부터 인정을 받고 싶어 하는 것은 인간의 기본 욕구이다. 칭찬은 우리를 기쁘게 하고 지금보다 더 나은 모습을 갖추도록 동기부여 하는 것이다. 칭찬을 한다는 것은 그만큼 관심이 있음을 보여주는 것이다.

후한 말 혼란한 정국에서 황건적의 봉기를 진압하며 입신한 유비는 숱한 역경을 겪으면서도 포기하지 않고 마침내 패권자의 자리에 올라섰다. 그가 위나라 조조, 오나라 손권과 겨루며 천하삼분의 한 축을 당당히 지탱할 수 있었던 바탕은 바로 굳건한 정신과 사람을 아끼는 마음이었다. 거듭된 실패에도 자신을 추슬러 다시 일어섰고, 인덕과 매력으로 인재를 모아 힘을 보탰으며, 위험한 지경에 처했을지라도 자신을 따르는 백성을 결코 버리지 않았던 유비의 모습은 사람의 마음을 얻으려는 우리에게 가르침을 준다. 이야말로 유비가 오늘날까지 뭇사람들에게 사랑받는 영웅으로 남아 있는 까닭일 것이다.

오너 리스크, 이제 그만

기업의 성공과 실패는 대주주의 역할과 밀접한 관계가 있다. 보편적으로 대주주는 기업의 가치 상승과 장기적 성장을 위해 주식을 보유하고, 주가 등락에 관계없이 회사와 운명을 함께 해야 하는 공동체이다. 대주주가 버스 운전사라면 소액주주는 버스를 타고 내리는 승객과 같다. 운전사의 과실은 곧 바로 승객에게 피해를 줄 수 있기 때문에 대주주는 남다른 책임의식을 가져야만 한다.

지난 1월 코스닥에 상장한 기업이 있다. 이 기업은 2020년 코로나19와 맞물려 프리미엄 마스크를 출시하여 매출액이 전년도 440억 원에서 1,481억 원으로 대폭 성장하였고 영업이익도 전년도 6천 4백만 원 적자에서 641억 원 흑자로 전환하였다. 그러나 2021년에는 포스트 코로나에 대한 우려로 매출 실적이 전년도에 비해 하향세를 보일 거라는 전망이 우세했다. 상장을 앞둔 기업은 가치를 높게 평가받기위해 실현가능성보다는 성장가능성에 무게를 두어 투자자들에게 어필하려고 하지만, 이 기업의 대주주는 상장을 앞두고 솔직하게 2021년 매출액이 전년대비 하락할 수밖에 없다는 점을 인정한다. 코로나19라는 특수경기로 인한 효과는 이미 전년도 매출에 반영되었고, 공급구조가 다양화되고 확대됨에 따라 가격 하락과 판매량 감소가 이어질 수밖에 없는 상황이라고 솔직하게 설명한다. 또한 그는 구주매출을 하지 않고 신주발행을 통한 상장을 택한다. 구주매출은 실상 대주주 보유주식을 매각함으로서 개인적 부를 늘리므로 기업의 성장에는 도움이 되지 않는다. 오히려 그는 주가에 도움을 주기 위해 개인적으로 주식을 매집했고 회사도 자사주를 매입했다. 포스트 코로나에 대한 우려에도 불구하고 이 기업이 감동을 준 것은 대주주의 솔직함과 그에 수반하는 행동이었다. 그에게서 오너 프리미엄을 느끼게 되는 이유이기도 하다.

비상장기업이 상장하는 것은 대주주와 일반 공모 소액주주와의 결혼에 비유된다. 결혼에 이르기 위해서는 상대방에 대한 세심한 평가가 필요하듯 상장을 준비하는 과정에서 대주주의 숨겨진 면모가 일반에게 드러나기 마련이다. 상장 심사기관에서 가장 눈 여겨 보는 것도 대주주의 도덕성이다. 대부분의 비상장기업은 상장에 이르기까지 많은 역경을 거친다. 기술 개발이 끝나면 사업화를 위한 자금이 필요하게 되고, 그런 과정을 거쳐 상품이 출시되면 마케팅에 전력해야 하는 과정을 지나 살아남는 기업만이 상장에 도전할 수 있게 되는 것이다. 때문에 많은 유혹이 있을 수 있고, 때론 자신이 겪은 역경에 대한 강한 보상심리도 있을 수 있지만 대주주의 이익실현 순위는 늘 마지막이어야 한다. 일반에게 비친 대주주의 모습이 회사와 소액주주에게 이익이 되는 행동을 하는지 아니면 자신에게 이익이 되는 행동을 하는지 살피려면 대주주가 언제 이익을 취하는지 살펴볼 일이다.

전임 미국 대통령 도널드 트럼프(Donald Trump_45대 미국 대통령)는 성공한 사업가인 부친으로부터 자금지원을 받아 사업을 시작했다. 그는 1975년 당시 재정이 악화되어 파산직전인 뉴욕 시에서 코모도호텔 재건축사업으로 성공을 거두게 된다. 이 프로젝트가 장기적으로 뉴욕시의 발전에 기여할 것이라고 설득하여 뉴욕 시로부터 40년간 세금감면혜택을 받는다. 이후 트럼프는 뉴욕 중심가에 트럼프타워를 세우는 일에 착수한다. 방 두 개의 아파트가 백만불을 호가하는 럭셔리 아파트로 유명인들과 세계 각국의 부호들이 주요 고객이 될 것이라는 그의 예상대로 적잖은 성공을 거두지만 당시 건설 책임자였던 바버라 레스(Barbara Res)는 아파트 내부에 자재계획서와는 다른 값싼 자재를 쓰는 등 문제가 많았다고 폭로했다.

트럼프는 부동산개발 사업에서의 성공을 바탕으로 카지노사업에 뛰어든다. 자신의 이름인 트럼프를 브랜드로 아틀란틱 시티(Atlantic City)에 첫 번째 카지노를 열어 성공을 거두자 트럼프 플라자를 옆에 지어 두 번째 카지노를 연다. 문제는 그가 이러한 사업을 벌이면서 거의 모든 자금을 은행 등으로부터 차입에 의존했다는 점이다. 트럼프가 10억불을 들여 세 번째 카지노인 타지마할을 짓는 프로젝트 역시 은행으로부터 차입을 전제로 계획되었다. 그러나 당초 예상과는 달리 은행으로부터 대출 요청이 거절되자 그는 부득이 연 14%의 높은 이자로 자금을 조달하여 타지마할을 짓는다. 이자부담이 누적되고, 영업 실적이 당초 기대치에 밑돌자 트럼프는 결국 파산신청을 하고 만다. 그로 인해 당시 타지마할 건설에 자재를 납품했던 수많은 중소업체들에게 피해를 입히고 더불어 급여마저도 지급하지 못한 채 그는 카지노 사업을 접게 된다. 주변의 선량한 다수의 사람들에게 아픔을 주었지만 트럼프는 플로리다 자택의 내부 장식을 7백만 달러나 들여 금으로 도장하는 등 사치스러운 행각과 기이한 행동으로 자신을 알리면서 사업가로서 자신의 약점을 지워간다. 어느 시점에서 그의 행동에 대한 적정한 평가가 이루어진다면 대주주인 트럼프로 인한 오너 리스크 역시 재평가되어야 한다. 그는 자신의 인지도를 의도적으로 올리고 그 인지도를 바탕으로 자금을 조달하여 사업을 벌이는 전형적인 후리 라이더(Free Rider)였다.

[트럼프가 설립한 '타지마할 카지노' 26년 만에 결국 문 닫고 만다]

그로 인한 리스크는 자신과 그 가족을 제외한 주변 관계자들의 몫이었다. 대주주는 직간접적으로 회사의 경영에 참여하게 된다. 오너가 뛰어난 결단력과 경영능력을 갖추어 기업의 성장에 기여한다면 오너 프리미엄이 된다. 그러나 독단적인 경영이나 부적절한 처신으로 회사에 피해를 입히는 오너 리스크에 빠지는 경우도 많다.

스웨덴의 명문 발렌베리 가문(Wallenberg family)처럼 150년간 5대에 걸쳐 세습 오너 경영을 이어가고 있는데도 국민들의 존경을 받고 있는 기업이 있는가 하면, 미국의 밴더빌트(Cornelius Vanderbilt) 가문처럼 한때 재계를 대표하던 기업이 흔적도 없이 멸망하는 경우도 있다. 우리나라의 경우 3대에 걸친 경영권 세습 과정에서 오너의 역할에 대한 이해성이 결여된 재벌 3세들이 그릇된 행동으로 사회적 지탄을 받는 모습을 종종 보게 된다. 이른바 갑질 파문이다. 과거에는 기업 내부에서 비밀로 붙여 파묻히는 사건들이 즐비했으나 이제는 스마트폰 등의 보편화로 생생하게 대중에게 공개된다.

대한항공 일가의 막말 파동이나 일부 재벌 3세의 마약 파동 등의 사례에서 보듯 한국 기업에서 재벌 3세는 오너 리스크와 사실상 일치

[대한항공의 오너 리스크]

한다. 책임감이 결여된 특권의식과 탈법적인 안하무인의 행각이 사회문제가 되며 기업에 곧 바로 타격을 입히는 경우가 적잖기 때문이다. 오너의 후손들이 오로지 혈연을 이유로 경영능력에 대한 검증 없이 기업 경영을 도맡는 관행도 더 이상 인정되기 어려운 시대다. 이 같은 총수 일가의 기업 사유화 악습은 기업의 브랜드 가치는 물론 주주의 이익을 훼손하고 있다.

SNS의 발달로 소비자들은 자신이 지향하는 가치와 신념을 적극적으로 보여주는 형태의 소비문화를 지향하는 추세이다. 이른바 '미닝아웃(Meaning Out)' 소비로 개인의 취향과 신념을 솔직하게 표현하고 실천하는 것을 의미한다.

전통적인 불매운동이나 구매운동과는 차별화를 가지며 한 단계 업그레이드된 방식으로 자신의 의사를 표출하는 행위도 포함된다. 때문에 대주주 일가의 잘못된 행동 특히 사회적 위화감을 일으키는 파렴치한 행동은 이들의 주요 타겟이 된다. 실제로 대한항공이나 남양유업 사건에서 보듯 대주주 일가의 잘못된 행동이 기업이미지를 훼손하는 것은 물론 직접적으로 매출과 주가에도 나쁜 영향을 미치는 것을 볼 수 있다.

한국기업지배구조원은 갑질에 따른 오너리스크가 기업 가치에 미치는 영향을 8개 기업집단 31개 상장계열회사를 최종 표본으로 포함해 분석을 실시했다. 보고서에 따르면 갑질에 따른 오너리스크가 발생한 31개 기업들의 주가는 사건 발생 이후 5일 후부터 주가하락 현상을 나타냈고, 15일 이후에는 유의한 주가하락이 관찰된 것으로 나타났다. 즉 갑질에 따른 오너리스크가 발생한 기업의 사건이 뉴스나 SNS로 알려진 이후 공통적으로 주가하락 현상을 겪었다는 것이다. 대주주와 대주주 일가가 일으킨 사회적 문제로 인한 단기 수익률과 주가의 하락은 곧 바로 그 기업에 속한 임직원은 물론 소액주주를 포함한 일반투자자에게 부정적인 영향과 피해를 주기 때문에 더 큰 공분을 일으키게 된다.

오너리스크는 다음과 같은 특성이 있다.

첫째, 오너 및 오너 일가의 예측할 수 없는 돌발 행동은 일반투자자들이 모니터링하고 통제할 수 없는 영역이라는 점이다.

측근이라도 실상을 알 수 없기 때문에 위기관리 시스템을 갖춘 기업도 오너 리스크에 대한 대처가 미흡할 수밖에 없다.

둘째, 오너 리스크를 예방하기 위해서는 오너의 반성과 재발 방지를 위한 노력이 필수적이지만 오너로 하여금 잘못을 인정하게 한다는 것은 결코 쉽지 않다는 점이다.

이렇듯 통제할 수 없고 예방할 수도 없는 상황이다 보니 오너의 돌발적인 행동은 반복적이며 습관적이어서 종국에는 엄청난 폐해를 끼치게 된다. 오너 및 오너 일가의 갑질 논란이 끊이지 않는 또 하나의 이유는 이들의 잘못된 행동에 대한 엄중한 페널티가 없기 때문이라는 점이다. 이들의 부적절한 행동에 대한 처벌이 수반되지 않는다면 지금과 같은 현상이 반복될 것은 명약관화하다. 이른바 'Meaning Out' 소비자층을 중심으로 이들 기업제품에 대한 불매운동을 전개하여 재정적 타격을 줄 수 있지만 그러한 타격은 해당기업의 소액주주의 이익과는 배치된다는 딜레마도 있다.

오너 리스크를 줄이려면 우선 기업 경영권 승계 과정에서 투명한 절차를 통해 주주들의 동의를 구하도록 해야 한다. 이를 통해 자질과 능력이 미치지 못하면 경영권 승계 자체를 못하도록 하는 것이 기업과 소액주주를 위해 필요하다. 그리고 금융당국의 공정한 규제 기준이 마련되어 시행될 필요가 있다. 대주주의 그릇된 행동으로 상장폐지에 몰릴 사유에 해당되나 선량한 소액주주들의 피해를 고려해 실질 심사 대상에서 제외하는 경우도 종종 있다. 그러나 대주주의 잘못된 행동으로 인해 발생된 손실에 대해서는 대주주 개인적으로 변상하도록 하는 것이 옳다.

오너 한 사람의 잘못이 기업가치에 큰 영향을 줄 수 있으므로 기관투자자가 적극적으로 주주권을 행사하여야 한다. 특히 국민연금을 비롯한 대형 기관투자자들이 사회적 투자 관점에서 오너의 도덕성이나 경영 투명성을 점검하고 주주의 이익에 반하는 행동에 대한 책임을 물을 수 있도록 구조화 되어야 한다. 또한 소액주주들의 단체 행동권을 제도화하여 소액주주의 권리를 보호할 수 있는 방안이 다각적으로 강구되어야 한다. 금융당국이 허가한 단체에 한하여 기업의 회계장부 열람권을 부여하는 것이 우선적으로 필요한 조치일 것이다.

경쟁과 협력

'이기적 유전자'로 유명한 리처드 도킨스(Richard Dawkins)가 "세계의 지도자들을 모두 가두어 놓고 이 책을 준 다음 다 읽을 때까지 풀어주지 말아야 한다"고 강력히 추천한 책이 있다. 정치학자 로버트 액설로드(Robert Axelrod)가 쓴 『협력의 진화』이다. 이 책은 '죄수의 딜레마'라는 일회성 게임을 다루고 있는데, 저자인 로버트 액설로드는 연속된 죄수의 딜레마 게임에서 최선의 전략이 무엇인지 확인하고자 저명한 심리학자, 경제학자, 수학자, 정치학자들을 초대하여 게임의 룰을 설명하고 참가를 요청했다. 게임 참가자의 전략은 프로그래밍 형태로 제출하며, 리그전의 방식으로 모든 참가자와 1대1로 겨루는 방식이었다.

죄수의 딜레마 게임은 두 경기자가 배반과 협력 두 가지를 선택할 수 있는데, 둘 다 협력을 선택했을 때 각각 3점을 받고, 한쪽은 협력하고 한쪽은 배반했을 때 협력한 자는 0점, 배반한 자는 5점을 받는다. 둘 다 배반했을 때 각각 1점을 획득하게 된다. 내가 협력을 선택하면 3점 아니면 0점을 받게 되는 반면, 배반을 선택하면 5점 아니면 1점을 얻게 된다. 모든 경우를 고려해 본다면 상대방의 선택에 관계없이 배반을 하는 게 항상 이득이 됨을 알 수 있다.

액설로드는 전 세계의 게임이론 전문가들에 의해 이 게임에서 가장 많은 점수를 얻을 수 있도록 각자의 전략으로 만들어진 프로그램 14개를 가지고 라운드 로빈 방식으로 5차례 반복하여 대결시켰다. 그 결과 가장 단순한 팃포탯(TFT_Tit For Tat)이라는 프로그램이 우승하였는데, 팃포탯은 협력을 우선하며 상대방보다 먼저 배반하지 않도록 짜여진 프로그램이었다. 배반이 이득이 될 수 있는 게임의 구조 속에서 협력 프로그램이 결국 가장 높은 득점을 하였다는 것은 참으로 아이러니하지만, 팃포탯은 1차 대회 결과를 반영하여 보다 복잡하게 업그레이드된 2차 대회(63개 프로그램이 참여)에서도 당당히 우승한다. 팃포탯은 모든 프로그램과의 대전에서 단 한 차례도 상대방보다 좋은 점수를 얻은 적이 없었지만 최종적으로는 가장 높은 점수를 기록했다. 다시 말해 팃포탯은 늘 졌지만, 그래서 이겼던 것이다. 팃포탯은 상대방이 이전 게임에서 협력을 하면 반드시 다음 게임에서 협력으로 보답을 한다. 반면에 상대방이 이전 게임에서 배반을 하면 반드시 다음 게임에서 배반을 해서 복수를 한다. 이 전략으로 1:1로 싸운다면 절대로 상대방보다 좋은 점수를 얻을 수 없다. 가장 좋은 결과는 상대방과 같은 점수를 받는 것이다. 하지만 다양한 전략이 난무하는 게임에서는 가장 좋은 점수를 받을 수 있는 유력한 전략이다. 그것은 배반의 악순환(둘 다 배반일 때는 모두 1점임을 상기할 것)에 빠지기 쉬운 다른 프로그램들과는 달리 항상 상대방의 협력(둘 다 협력일 때는 모두 3점임)을 이끌어냈기 때문이다. 팃포탯은 이기려 하지 않았기 때문에 이겼다.

팃포탯은 상대를 밟고 가기보다는 '함께' 가기를 선택했기 때문에 누구보다 멀리 갔던 것이다.

액설로드는 이러한 협력의 호혜주의가 실제 사회와 정치 그리고 생명계의 진화에도 매우 강력하게 작용하고 있음을 역설한다. 팃포탯 전략은 협력에 대해서는 협력으로 보답하고, 배반에 대해서는 배반으로 응징하라고 가르치고 있지만 우리가 사는 사회에서는 사적 복수가 허용되지 않는다. 사적 복수가 허용되는 순간 끝없는 복수만이 반복될 가능성이 너무 크기 때문이다.

현대 사회에서 배반은 법을 어기는 것을 말하고, 복수 및 응징은 법에 의한 처벌을 받는 것을 말한다. 법의 잣대가 힘없는 개인과 재벌이나 권력자 같은 기득권자들에게 똑같이 공정하게 적용된다고 할 수 있을까? 배반에 대한 단호한 응징이 있어야만 호혜주의에 의한 안정된 사회가 지속된다고 하면 우리 사회가 과연 그런 사회인지 확신이 없다.

협력인가 배반인가를 결정하는 경쟁관계는 사회 각 분야에서 다양하게 전개된다. 자녀교육 열풍의 현장에서 학원 정보라든지 고급입시정보는 아무리 친한 사이라도 공유하지 않는다고 한다. 드라마 스카이캐슬에서 보여준 학부모들의 모습은 이해관계에 따른 배신이 적나라하게 표현되고 있다. 우리 사회의 기득권자들은 진보와 보수를 가리지 않고 자식들에게 엘리트 신분을 만들어주기 위해 자녀의 능력치 끌어올리기 경쟁을 벌인다. 사교육 경쟁만이 아니다. 그 과정에서 엘리트 부모들은 자녀의 스펙 조작에 나서며 불법과 탈법을 오간다. 모럴과 염치는 붕괴됐다. 이러한 풍경들은 1980년대 후반 신자유주의 열풍과 함께 등장한 이른바 능력주의 신화로부터 기인한다. 우리 시대를 지배하는 이 도그마는 평등하고 공정한 사회를 여는 키워드였다. 남녀차별, 신분적 차별 등 전근대적 질서에서 벗어나 재능이 있고 노력만 한다면 누구나 성공하여 높은 지위에 오를 수 있는 이상적 사회인 양 선전됐다. 공정한 경쟁이라고 생각했기 때문에 학벌지상주의와 고용 차별, 각자 도생의 경쟁 등은 피할 수 없는 부산물이었다. 그러나 능력주의는 신분획득을 위한 무한경쟁 사회를 열었고, 그 경쟁 레이스에는 애당초 엘리트 신분을 획득했던 자들만이 오른다는 것을 이젠 모두가 알게 됐다. 일반 서민들은 기득권자들로부터 쉽게 응징 당하지만, 역으로 기득권자들을 응징하기에 자신들이 역부족이라는 사실을 절감하기 때문에 두 집단의 협력관계가 설정되는 것은 사실상 불가능하다. 신분이 아닌 능력이라는 달콤한 이상으로 마주한 능력주의 사회는 양극화 현상 심화와 부익부 빈익빈의 악순환으로 점차 디스토피아가 되고 있다. 뿐만 아니라 불평등이 심화되면서 세습화된다는 것이 더욱 심각한 문제이다. 강력해진 학벌주의와 끼리끼리 뭉치는 정치권력은 여야를 불문하고 인연사회를 만들고 인간관계에 얽힌 인연에 끼지 못하면 기회가 없는 사회가 되어가고 있다.

예일대 로스쿨 대니얼 마코비츠(Daniel Markovits) 교수는 능력주의는 속임수라고 주장한다. 능력주의는 승자가 되기 위한 간단없는 노력과 승자가 갖추어야 할 재능, 그리고 승자에게 주어지는 합당한 보상을 내세우며 이상을 퍼뜨리지만 의도대로 작동되지 않는다고 말한다. 실제로 중산층 어린이는 학교에서 부유층 어린이에 뒤지고, 중산층 성인은 직장에서 이른바 명문대 졸업자에게 밀려난다. 중산층엔 기득권층에 대한 원망을 심고, 엘리트층은 특권 계층의 부당한 특혜에 집착한다. 중산층은 밀려나고 엘리트는 자기착취로 내몰린 시대. 능력주의는 곧 모두 패자가 되는 길을 열었다는 것이다.

이제는 실력주의 사회에서의 승자나 패자나 모두에게 새로운 패러다임이 필요한 시대이다. 능력주의 하에서 굳어진 성공과 실패에 대한 태도는 현대사회에 커다란 부작용을 낳고 있다. 승자들 사이에서 능력주의가 만들어내는 오만과, 뒤처진 사람들에게 부과되는 가혹한 잣대를 교정하지 않는 한 폐단은 지속될 것이다. 사회적으로 이에 대한 보다 구체화된 대책들이 거론되고 공론화될 필요가 있다. 기본적으로 승자는 자신의 능력 이상의 과실을 인정하고, 겸손한 마인드로 연대하며, 일 자체의 존엄성을 더 가치 있게 바라봐야 한다.

노블레스 오블리주(noblesse oblige)는 세습사회에서 귀족으로 태어난 사람들이 가진 부와 권력, 그리고 명성은 자기 노력으로 얻은 것이 아니므로 그들이 도덕적 정당성을 확보하려면 사회에 대해 책임을 가져야 한다는 의미라고 할 수 있다. 그렇다면 세습이 아니라 실력으로 모든 것을 획득한 실력주의 사회에서 성공한 사람들이 사회를 위해 나눔과 봉사를 실천하도록 요청하는 근거는 어디에서 찾아야 할까? 그 핵심의 하나는 성공한 그들이 가장 혜택을 누리고 있다는 사실과, 더 나은 대안을 찾기도 어려운 실력주의 사회의 그림자가 너무 짙어져 종국적으로 사회 전반적인 구조가 붕괴되는 것을 막기 위해서는 성공한 이들의 사회적 책무가 그 어느 때보다 필요하다는 점이다.

프로야구 시즌이 개막되어 오랜 장정을 시작했다. 가을이 되면 어느 팀인가 코리안 시리즈 우승트로피를 들고 승자의 기쁨을 누리게 된다. 실력과 일정 부분의 행운도 따랐기 때문에 우승트로피를 가져가지만 아쉽게 우승을 놓친 팀에게는 두고두고 아쉬움이 남을 것이다. 경기가 끝나고 우승팀이 환호하는 그 이면에는 머리를 숙이고 눈물을 흘리는 패배팀 선수들이 보이는 까닭이다. 그러나 경기 결과와는 상관없이 그들은 동업자 관계라는 사실을 직시해야 한다. 지는 경기든 이기는 경기든 그들은 자신의 모든 것을 관중에게 보여주는 쇼맨이고, 경기의 결과는 그 다음이다.

운동장에서 자신의 기량을 펼치고 최선을 다하는 모습을 관중들은 기대하고 있고 그에 부응하여 혼신의 힘을 다해야 하는 것이 그들의 직업이다. 이기고 지는 것은 단지 결과일 뿐이다. 경기에 이겼다고 우쭐대는 태도보다는 진 상대에게 경의를 표하고 위로하는 게 동업자에 대한 올바른 예의라고 할 수 있다. 선수들에게 게임은 경쟁의 장이자 협력의 장인 것이다. 만일 경쟁으로만 생각하는 선수가 있다면 그는 다른 모든 선수들을 적으로 만들게 된다.

'빨리 가려면 혼자 가고, 멀리 가려면 함께 가라'는 이 말은 미국 인디언 명언이다. 경쟁사회에서도 협업이 꼭 필요하다는 의미와 상통한다. 협업이란 공유된 목적을 성취하기 위해 함께 일하는 것이다. 구성원들이 자기가 속한 집단의 공동 목적을 이루기 위해 서로 돕고 도와주는 것이다. 이러한 협업 과정을 통해 자기에게 이롭고 다른 구성원들도 이롭게 하는 것이다. 협업하는 상황에서 개인들은 서로가 돕고 거들고 열심히 하도록 서려 격려하며 목적이 성취되었을 때 기쁨을 공유한다.

사회심리학자 모튼 도이치 (Morton Deutsch)는 보상 분배 방식에 대하여 연구를 하였다. 승자 독식, 성과에 따른 차등 배분, 균등 분배 등 세 가지 방식에 따른 비교 연구를 하였다. 그 결과를 보니 독자적으로 수행할 수 있고 상호의존도가 낮은 과제를 수행하는 데 있어서는 보상방식 차이와 상관없이 결과적으로 큰 상관이 없었다. 그에 비해 일의 성격이 상호의존성이 높은 협동적인 과제의 경우에는 명백한 차이가 생겼는데, 균등 배분 방식이 최고의 결과를 가져왔고, 승자 독식이 최악의 결과를 가져왔다. 이러한 연구 결과는 우리가 생각하고 있는 상식과는 거리가 있다. 하지만 승자 독식의 경우에는 소수의 승자와 다수의 패자를 만들어내는 구조이기 때문에 개인이나 집단이 경쟁 과정에서 승리할 수 없다고 생각하면 오히려 의욕을 잃어버리고 쉽게 포기하게 되는 경우가 많다는 것을 기억할 필요가 있다.

성장과 분배에 관한 논쟁, 그 끝없는 평행선

경제학에 관심을 둔 사람이라면 프리드리히 하이에크(Friedrich Hayek)의 저서인 『노예의 길(The Road to Serfdom)』을 읽어본 적이 있을 것이다. 전체주의나 계획경제가 '자유의 길'이 아니라 『노예의 길』이라는 하이에크의 경고에는 집단주의 홍수 속에서 자유 시장경제를 굳게 지켜온 그의 신념이 묻어 있다.

1989년 11월 베를린 장벽이 붕괴되었다는 소식을 아들인 로벤스 박사로부터 듣고 하이에크는 '거봐, 내가 뭐랬어!'라고 말했다고 한다. 사회주의 계획경제의 실패를 예견했기 때문에 자신의 판단이 옳았음을 그렇게 표현하지 않았을까. 『노예의 길』에서 하이에크는 정부가 생산을 통제하는 것은 곧, 소비를 통제하는 것이며, 이는 개인의 삶에 대한 통제라고 주장한다. 그는 사회적인 지위나 임금의 보장이 어떤 위험을 초래하는지, 도덕과 배치되는 일들을 거침없이 해내는 사람들이 집단주의적인 계획경제 밑에서 어떻게 두각을 나타내는지를 설명하면서 지식인들이라고 자처하는 현대인들에게 잠재된 전체주의를 경고하고 있다.

자유시장경제가 국민소득수준 향상 등 경제발전에 결정적 역할을 한다는 사례가 엄연함에도 불구하고, 진보론자 등 식자층과 일부 국가에서 사회주의에 대해 강한 집착을 보이고 있는 듯하다.

"능력에 따라 일하고 필요에 따라 분배 한다"라는 사회주의의 모토는 단순하면서도 강한 정서적 호소력이 있는 게 사실이다. 그러나 생산 과정에서 능력과 보상을 분리시키고 분배 과정에서 인간의 욕구가 무한하다는 사실을 간과하면서 사회주의는 신봉자들을 중심으로 일종의 종교가 되어 버린 것 같다.

칼 마르크스(Karl Heinrich Marx) 마저도 프롤레타리아(proletarier)가 소득이 많아지자 혁명의 정신을 상실하고 부르주아(bourgeois)가 되어 간다고 한탄했다고 하지 않았던가. 진보론자들의 이념적 좌표인 정의와 분배의 두 가지 축에서 분배와 관련된 이론과 정책은 여러 국가의 사례에서 보듯 심각한 부작용을 겪고 있다. 부자의 것을 힘과 압력으로 가져가서라도 가난한 사람들을 돕겠다는 식의 의식과 발상으로 분배의 우선론을 펴는 것은 시장경제주의에 어긋나는 위험한 사고다. 그런 식으로 분배를 우선하는 복지정책을 폈지만 성장이 둔화되면서 과도한 복지비용 지출은 국가 재정을 위험수위로 고갈시켰고 실업률은 만성적으로 증가하면서 심각한 재앙에 빠지고 만다.

우리나라는 건국 초기부터 자본주의 체제를 선택했다. 이후 들어선 군사정부들도 모두 자본주의 체제를 인정했고 개인의 사유권을 보장했다.사유권 보장은 한국인들로 하여금 일할 동기를 부여했고, 이를 통해 세계에서 보기 드문 경제발전을 이룩해 낼 수 있었다. 자본주의, 즉 자유시장경제체제의 채택이 지속적 경제성장에 결정적 역할을 한다는 사실은 제2차 세계대전 이후 신생국 가운데 한국이 거의 유일하게 성공적인 경제발전을 이룩할 수 있었다는 사실에서 더욱 극명하게 드러난다. 즉 1950년대 한국을 다른 신생국들과 차별화한 것은 자원이나 투자 등 경제학에서 강조하는 변수들이 아니라 자유시장경제의 도입이었다. 올바른 체제의 선택은 자원 빈곤, 자본 부족 등과 같은 불리함을 극복할 수 있는 도구가 된다. 그러나 자유시장경제를 통한 성장정책이 경제성장의 원동력이 되지만 한편으로 정부의 제재 없는 자유시장경제는 빈부격차를 유발하게 된다는 점을 각인할 필요가 있다. 그렇기 때문에 정부의 개입으로, 세금이라는 공적 장치를 통하여 불평등을 어느 정도 감소시키고 공정한 기회와 최저생계를 보장해줌으로써 더 발전하는 사회를 만들 수 있다고 주장한다. 재분배를 위해서는 세수 확대가 필수적이지만, 이는 기업의 생산성과 경영의지를 저해하여 경쟁력을 저하시키는 원인이 된다. 결국 그런 피해가 일반 소비자들과 국가에게 다시 돌아가게 된다는 것을 겪게 된다. 그럼에도 불구하고 자본주의의 그늘에 갇힌 빈곤층의 보다 인간다운 삶을 도와주기 위해 성장의 산물을 덜어 이른바 복지정책을 통해 나눠 준다든가, 성장이 고의적으로나 또는 불가피하게 낳는 해악을 예방하고 최소화하기 위해 그것을 규제하고 성장 속도와 방법을 조정하는 개입은 필요해 보인다.

20세기 초 미국에서는 부의 편중이 심화되어 대공항 직전 상위 1%가 총 국민소득의 19% 이상을 차지하였다. 대공황이 소득불평등에 의한 소비부진 때문이라고 판단하여 프랭크린 루즈벨트(Franklin Delano Roosevelt) 대통령은 노동자 권한을 강화하고, 법인세 기준세율은 31%로, 개인소득세의 최고세율은 88%로 인상하는 등 강력한 재분배정책을 시행하였다. 이러한 노력이 결실을 맺어 상위 1%의 소득비중이 1945년에는 7.4%로 감소하여 소득분배가 대폭 개선되었지만, 1970년대에 이르러 생산성 정체와 경기침체 현상이 나타났다. 재분배정책으로 기업 및 노동 의욕이 상실되었기 때문이라는 진단이 대두되면서 *레이거노믹스(Reaganomics)로 대변되는 신자유주의 정책이 등장하게 된다.

* 레이거노믹스(Reaganomics) 레이건(Reagan)대통령과 경제학(economics)을 붙인 합성어로 작은 정부, 세금 인하 및 규제 완화, 통화 긴축을 말함

그 결과 1980년대 이후 세계적 경제호황을 구가하였으나 금융위기 직전인 2007년 상위 1%의 소득비중이 23%를 넘어설 정도로 소득불평등이 심화되었다. 이러한 현상은 분배정책으로 인한 생산성 저하 및 경기침체, 성장정책으로 인한 소득 양극화 현상의 심화라는 고질적인 문제점을 그대로 보여주고 있다.

소득 양극화 문제는 우리나라에서도 가장 중요한 사회적 문제가 되고 있다. 경제적 불평등은 자본주의 체제에서 피할 수 없는 결과이다. 자유 시장경제 시스템 하에서 개인의 성취 욕구를 제어할 순 없지만 그 정도가 지나치거나, 불공정한 경쟁이 가미되면 소비가 위축되고 사회적 갈등이 깊어져 방치할 수 없는 문제가 된다. 이미 세계적 현상인 양극화가 우리나라에서 특히 문제가 되는 것은 여러 악조건이 압축적으로 나타나고 있기 때문이다. 가구별 소득, 제조업과 서비스업, 대기업과 중소기업, 정규직과 비정규직 등의 격차는 점차 확대되고 있다. 이런 구조적 문제는 필연적으로 사회적 문제를 야기하므로 양극화를 해결하지 않은 채 사회적 통합을 기대할 수 없다.

성장과 분배, 과연 무엇이 우선적인 순위인지에 대한 끊임없는 논쟁이 제기되고 있고, 그로 인한 여파로 이제는 기업에서까지 그것이 쟁점이 되는 지경에 이르렀다. 특히 분배 우선론자들은 반 기업정서를 조장하여 시장경제 논리에 따라 경쟁력 제고를 위해 고군분투하는 기업들에게 적지 않은 부담을 주고 있다. 성장과 분배의 이분론적 접근은 이들의 근원적인 문제에 대한 해결책이 되지 못한다. 성장 우선론자들에게는 사회적 강자의 발전 논리로, 분배우선론자들에게는 사회적 약자의 보호논리로 비친다. 법치주의의 옹호자였던 하이에크는 "사회적 정의"라는 개념을 못마땅하게 여겼다. 그는 사회적 정의는 결정 가능한 내용이 없는 공허한 문구라고 주장했다.

마찬가지로, 개인의 노력 결과는 반드시 예측할 수 없으며, 소득의 분배에 관한 문제는 아무런 의미가 없다고 주장하고 있다. 성장 목표를 달성하지 못하면 분배 받을 권리는 사라지는 것이며, 만족한 분배를 받지 못하는 것 역시 성장에서의 자기 역할과 책임을 완수하지 못한 데서 생긴다. 성장을 달성하느라 땀 흘리는 노동자들이, 나눌 파이의 크기를 재고, 그 방법을 논란하며, 때로 불만하여 단체행동을 벌이는 것은 타당한 권리의 행사다. 그러나 우리가 주목할 것은, 그런 권리의 행사가 항상 정당한 것은 아니며 오히려 분배 요구를 관철시키기 위해 성장을 방해하는 부당한 행동을 예사로 한다는 현실이다. 하물며 성장의 역군으로 땀 흘려 일한 적이 없는 현학적인 이론가들이나 사회운동가들이, 성장의 의의나 가치를 제멋대로 논하고 발목을 잡으며 딴지를 거는 것은 무책임한 횡포요 질서를 어지럽히는 반기업적 도발이다. 그리고 국가의 경제성장과 소득분배를 다루고 관련 정책을 결정함에 있어 기업의 입장을 중요시하지 않는 것은 현명하지 못한 처사이다. 선출직으로 임명되어 국가정책을 소신있게 처리하기에는 시간적 한계를 지닐 수밖에 없는 정권이, 기업의 입장과 현실 그리고 정부의 정책으로 인해 기업이 처하게 될 상황 등을 고려하지 않고, 성장을 위해 힘든 경쟁을 이어 가야하는 기업을 도와주기는커녕 어쭙잖게 시시콜콜 매운 시어머니 노릇이나 일삼고 반 기업정서를 아무렇지 않게 방치한다면 그 어느 것보다 성장을 방해하는 것이다.

그런 점에서 최근 들어 많은 주목을 받고 있는 '포용적 성장'을 주시할 필요가 있다. '포용적 성장'이란 모든 계층이 성장의 혜택으로부터 배제되지 않는 경제성장을 의미한다. 따라서 포용적 성장은 분배와 성장이라는 두 가지 목표를 동등하게 달성하고자 하는 개념이다. 현 정권의 경제정책이 성장보다 분배 쪽으로 치우쳤으며 소득의 상향평준화보다 하향평준화를 추구한다는 비판이 있는 점을 부정할 수 없다. 포용적 성장이 국정 비전으로 대두된 배경이라고 할 수 있다. 그러나 우리나라는 더 이상 자본과 노동의 확대에 기초한 양적 성장을 기대하기 어렵고, 혁신을 통한 생산성의 제고에 의존할 수밖에 없다. 기술혁신, 규제혁신, 금융혁신, 교육혁신 등을 우선순위로 두고 각종 정책을 발표하여 추진하려고 한다. 이러한 혁신을 통해 포용적 성장을 이루고자 하는 그 당위성에 대해서는 이견이 있을 수 없다. 그러나 그러한 정책이 실효를 거두기 위해서는 더욱 세밀하고 디테일한 노력이 필요하다. 혁신은 시장에서의 경쟁력을 강화하는 것이므로 정부는 경쟁을 장려해야 한다. 경쟁력을 잃어가는 업종에 대한 배려 차원의 지원은 득 보다는 실이 더 많다는 점을 잊어서는 안 된다. 낙후된 기업과 산업을 보호하려고 정책자금을 지원하는 것은 국고 손실은 물론 성장산업 지원에 따른 기회성장의 손실을 가져올 수 있기 때문이다. 창조적 파괴를 통한 혁신적 성장은 우리 경제의 공급능력을 향상하는 것이며 수요증대를 통한 성장을 의미하지 않는다. 정부의 정책이 장기적인 공급능력의 확대로 이어지기 위해서는 정부 지출의 증가가 생산성 높은 자본축적에 기여할 수 있어야 한다. 그러기 위해서는 시장원리에 충실해야 하며 자칫 시장의 실패를 극복하기 위한 정부의 개입이 정책적 실패를 겪지 않도록 엄정한 집행이 필요하다.

마지막으로 성장과 혁신, 분배와 포용의 가치를 함께 달성할 수 있는 방안을 심도 깊게 모색할 필요가 있다. 대기업과 중소기업과의 협업을 강화하는 것도 하나의 방안이다. 대기업을 통한 중소기업 제품의 판로를 다양화하는 한편 중소기업 개발기술에 대한 권리를 보호하는 정책으로 양극화를 줄이고 기술혁신을 장려할 수 있을 것이다. 혁신을 추구하는 정책이 분배 개선에도 기여할 수 있다는 점을 인식할 필요가 있다.

강자 VS 약자의 전략

영국의 항공학자인 란체스터(F. W. Lanchester)는 1916년에 1차 세계대전 당시 공중전 결과를 분석한 『에어크래프트 인 워페어(Aircraft in Warfare)』라는 저서에서 '란체스터의 법칙(Lanchester's laws)'이란 이론을 내놓았다. 성능이 비슷한 아군 전투기 5대와 적군 전투기 3대가 공중전을 벌인다면 최종적으로 살아남는 아군 전투기는 2대가 될 것 같지만 분석 결과 아군의 살아남은 전투기는 수적 차이의 제곱인 4대가 되었다는 것이다. 즉 전력 차이가 날 때 전투의 승패는 물론이거니와 전력 차이도 그 제곱만큼 격차가 벌어져 전력이 많은 쪽이 적은 쪽을 압도한다고 주장한 것인데 이를 '전력의 승수 효과(Multifle Effect)'라고도 부른다. 란체스터 법칙은 강자의 전략이자 동시에 약자의 전략이기도 하다. 이 법칙은 약자와 강자가 동일한 장소, 동일한 무기, 동일한 방법으로 정면 대결을 했을 경우에만 국한되기 때문이다. 만약 약자가 강자의 약점이나 빈틈을 노려 전투 조건을 다르게 가져간다면, 약자도 강자를 이길 수 있음을 란체스터 법칙은 시사한다.

역설적으로 표현하면 강자와 약자는 서로 다른 전략을 가지고 전투에 임해야 원하는 결과를 얻을 수 있다는 사실이다. 강자는 강자대로 약자는 약자대로 각자의 전략이 있어야 승리의 확률을 높일 수 있고,

약자는 자신에게 유리한 것을 선택하는 것이 아니라 강자에게 불리한 것을 선택하게 만들어야 한다. 그것이 약자가 강자와 경쟁할 수 있는 방안이기도 하다.

프랑스와 미국을 상대로 승리를 거둔 베트남의 지압장군은 '작은 것으로 큰 것을 이긴다', '적음으로 많음과 맞선다', '질로 양을 이긴다' 의 세 가지 전략을 가지고, 이에 대한 실천 전술로서 '적이 원하는 시간을 피하고', '적이 낯익은 장소를 멀리 하고', '적이 원하는 방법으로는 싸우지 않는다'의 3불 지침을 내렸다. 프랑스와 미국은 변변치 않은 무기만 가지고 참호와 땅굴을 파서 대항하는 적을 경시했지만, 지압은 약자가 강자를 제압하기 위해서는 상대의 취약점과 허점을 집중적으로 공략해야 한다는 전략을 고수하여 강대국을 상대로 승리를 거두었다. 경쟁력에서 뒤진 기업이 심각하게 검토해야 할 전략이라고 할 수 있을 것이다. 지압장군의 이러한 전략은 밀림지역과 늪, 산림이 울창한 산악지형, 그리고 위장 은신처를 적극 활용해 민첩한 기동성을 갖춘 군대로 전면전이 아닌 국지전에 특화된 전략으로 뛰어난 성과를 이룬다. 결국 미군이 철수하자 남쪽 베트남 정부군의 병력과 장비가 우세함에도 사이공은 함락되어 패망을 맞게 된다.

역사적으로 세계 4대 해전으로 일컫는 살라미스, 칼레, 트라팔가 해전과 한산대첩은 세계사의 물줄기를 바꾼 해전으로 평가받고 있다. 이 전투들을 분석해 보면 공통적으로 전력에서 열세인 상황에서 상대를 제압했다는 사실을 알게 된다. 또한 이순신 장군은 마지막 전투인 명량해전에서 단 13척의 배로 133척의 왜군을 해류와 지형을 이용한 전술로 상대방을 제압했다. 약자로서 이기기 위한 전략에 특화된 결과인 것이다. 제1차 세계대전이 끝날 무렵 터키는 중동 최강의 전력을 가진 군대를 보유하여 아라비아를 점령하는 등 위세를 떨치고 있었다.

그러나 영국인 로렌스가 이끄는 베두인족 부대는 수적으로나 전력과 장비 보급 등 모든 면에서의 열세에도 불구하고 항구도시 아카바를 공격하여 터키군 1,200명의 사상자를 내는 반면 로렌스부대의 피해는 단 두명에 그치는 커다란 승전을 거두게 된다. 로렌스의 군대가 승리한 이유는 터키군이 예상했던 공격루트를 벗어나 독사가 우글거리는 악조건을 뚫고 사막을 원형루트로 관통하여 방어막이 없는 터키군의 동쪽을 급습했기 때문이다.

란체스터의 법칙은 기업들간의 경쟁원리를 설명하는 중요한 이론으로 강자는 아무리 약한 기업과의 경쟁에서도 총력전을 펼쳐야 한다고 강조한다. 란체스터의 법칙대로 강한 전력으로 맞설수록 기업의 피해는 줄어들기 때문이다. 절대적인 우위를 차지하고 있는 기업들에게도 이 법칙이 유용할 수 있는 이유이기도 하다. 수동 면도기 시장에서 선두를 달리던 질레트(Gillet)는 후발 기업들이 일회용 면도기로 도전하자 총력을 다해 일회용 면도기 시장에 뛰어들었고, 결국 수동 면도기 시장에서 1위 자리를 지키고 일회용 시장이라는 전리품도 얻어냈다. 만일 수동 면도기 시장에서의 독보적인 지위에 만족하고 있었다면, 성장하는 일회용 면도기 시장에서의 성공 기회를 상실함은 물론 전체 면도기 시장에서의 점유율도 점차로 떨어졌을 것이다. 란체스터 법칙이 말하는 기본 가정을 넘어서 약자가 승리할 수 있는 방법은 '선택과 집중' 전략이다. 열세라고 하더라도 집중을 해서 힘을 증폭시킨다면 우위의 전력을 가질 수 있다. 시장에서 압도적인 영향력이 있는 기업이 아니라면, 강자와의 전력 차이가 가장 작은 부분을 선택하고 여기에 자원을 집중해 수적 열세를 이겨내는 것이 전략의 핵심이다.

란체스터 법칙은 약자가 현실 세계에서 어떻게 강자와 경쟁해야 하는지를 제시해 준다. 약자는 정면 승부로는 절대로 강자를 이길 수 없다. 이미 많은 사례에서 보듯이 약자가 강자와의 대결을 피할 수 없는 경우가 비일비재하다. 약자가 강자와 경쟁하기 위해선 몇 가지 원칙을 염두에 둘 필요가 있다.

첫째, 경쟁시장을 차별화해야 한다. 월마트가 처음 시장에 진출할 당시 이미 케이마트라는 강자가 시장을 점유하고 있었다. 도시를 기반으로 한 케이마트와 달리 창업주인 샘 월튼은 인구 10만 정도의 중소도시에 진출하여 지역주민과의 유대를 강화하는 전략으로 점차 기반을 확대해 나가는 한편, 물류 자동화시스템을 구축하여 케이마트를 넘어서게 된다. 케이마트 실패의 가장 큰 원인은 월마트의 IT기반경쟁 전략에 대한 대응이 늦었기 때문이다. 후발주자로서 월마트는 철저한 저가정책을 추구해온 반면 케이마트는 거의 무 대응으로 일관했다. 그 결과 1981~1991년의 10년간 매출액 대비 판매관리비 비중을 월마트는 5%를 낮춘 반면 케이마트는 거의 변동이 없었다. 특히 월마트는 업계 최초로 자동발주에 의해 납품업체가 납품하는 IT기반의 첨단 물류시스템 구축으로 '매일 저렴한 가격(EDLP_Every Day Low Price)'를 실현하면서 경쟁 우위를 점할 수 있었다. 케이마트는 뒤늦게야 대응에 나섰으나 이미 기울어진 배를 바로 세우기엔 너무 늦었다.

둘째, 경쟁시장을 차별화할 수 없다면 경쟁상품을 바꿔야 한다. 미국의 IBM사는 컴퓨터산업에서의 제왕으로 군림해왔었다. 지금은 살아났지만 1990년대 초 파산 일보 직전 까지 갔던 IBM의 추락 속도는 예상을 초월했다. 1992년 연간 적자폭이 무려 49억 7,000만 달러로 美 업계 사상 최대를 기록했다. 같은 해 4/4분기 중 손해액은 감원과 감량경영에 따른 비용으로 인해 무려 54억 6,000만 달러에 달해 경영과 기술면에서 세계 기업 중 모범이었던 IBM의 급속한 몰락은 미국 첨단산업 분야의 세대교체를 의미하는 현상이기도 했다. 거대 우량 기업을 상징하는 '빅 블루'라는 애칭이 붙을 정도로 해가 질것 같지 않았던 IBM의 몰락 이유로는 초대형 기업이 흔히 그렇듯 과거의 관료주의적 타성에 젖어있었기 때문이라는 지적이다. 더구나 컴퓨터처럼 하루가 다르게 미래를 향해 달려가는 첨단산업에서 과거 독점을 누리던 안일함에 젖어 변화의 흐름에 기민하게 대처하지 못한 것이 왕국의 몰락을 초래한 것이다. 지난 1964년 IBM이 중형 컴퓨터 360을 선보였을 때 미국의 경제지 『포춘』은 "현대사에서 가장 모험적인 경영판단"이라고 평가했던 것을 상기하면 IBM이 컴퓨터 업계의 흐름을 잘못 판단해 개인용 소형 PC의 출현을 경시하고 대형 컴퓨터로 버티려다 낙오된 건 첨단 정보산업계의 냉혹한 현실을 말해준다.

셋째, 경쟁시장과 경쟁상품을 바꿀 수 없다면 속도전으로 승부해야 한다. 이제 강한 자가 살아남는 게 아니라 빠른 자만이 살아남는다. 지금까지의 패스트 팔로어(Fast follower) 전략에서는 활용형 연구(Exploitative research), 지속성 혁신(Sus taining innovation)을 위해 기업 중앙연구소를 통한 자체 연구개발(R&D_Research and development)이 적합했다. 하지만 퍼스트 무버(First mover) 전략으로 선회해야만 하는 지금은 탐색형 연구(Explorative research)와 파괴적 혁신(Drastic innovation)이 필수다. 이를 가능케 하는 수단이 발빠른 인수합병(M&A_mergers and acquisitions)인 것이다. M&A 혹은 그 전 단계의 지분 투자를 통해 신사업 · 신기술에 대한 글로벌 시장의 큰 흐름을 읽고 민첩하게 대처할 수 있다. 관련 기술과 핵심 인력을 한꺼번에 확보해 자체 개발에 따르는 사업상 · 기술상의 실패 위험을 최소화할 수 있음은 물론이다. 시장 선점을 통해 중국 등 경쟁자의 도전을 사전 차단하는 것 외에도 우리 기업의 아킬레스 건 이라고 할 수 있는 원천기술 부족 문제를 한 방에 해결할 수도 있다.

토마스 쿤(Thomas Kuhn)의 '과학혁명의 구조(The Structure of Scientific Revolutions)'를 보면 어느 시대에서나 가장 최고의 가치를 가진 것으로 평가받던 패러다임은 시대가 지나면 점차로 그 가치를 잃는 것을 알 수 있다. 흔히 강자라 함은 현재의 시점에서 인정받고 지배하는 패러다임을 최적화시키고 그것을 활용하는 시스템을 구축한 그룹이다. 역으로 분석하면 강자의 약점이기도 하다. 견고하고 일률적으로 돌아가는 시스템은 이미 관성에 젖어 있기 때문에 변화를 도모하기 쉽지 않기 때문이다. 그러한 허점을 노릴 때 약자의 승리가 가능해진다. 산업은 물론 문화 등 사회 전반적으로 인류가 영위하는 많은 활동들은 강자가 패하는 순간에 트랜드의 변화를 맞이하게 된다. 약자의 경쟁 전략을 여러 면에서 언급하였지만, 그 모든 것의 근저에는 약자의 노력이 절대적으로 필요하다. 단순한 전략으로만 강자와의 경쟁에서 이길 수는 없기 때문이다. '티핑 포인트(tipping point)'로 유명한 작가 말콤 글래드웰(Malcolm Gladwell)은 2008년 펴낸 저서 『아웃라이어(outliers)』에서 '1만 시간의 법칙(10,000 hour rule)'을 소개했다.

10년 즉 1만 시간 동안 꾸준히 연습하면 최고에 다다를 수 있다는 내용이다. 물론 이후의 각종 연구를 통해 노력만이 성공에 다다를 수 있는 것이 아니라는 이견이 제시되었지만, 노력 없이는 경쟁력을 갖출 수 없다는 것은 분명하지 않은가 싶다. 비틀즈의 성공이 멤버들의 뛰어난 자질도 있었지만 그들이 연주환경이 열악한 영국에서 계속 활동하였다면 결과는 달라졌을지도 모른다. 영국에서는 일주일 하루 정도의 연주가 가능했지만 독일의 함부르크로 옮겨 일주일 내내 연주를 했기 때문에 다양한 방법으로 연주할 수 있는 기회가 생긴 것이다. 그러한 경험을 바탕으로 비틀즈가 탄생하여 성공을 거둘 수 있었다.

신뢰의 가치

프랑스에서 태어난 줄타기 곡예사 찰스 블론딘(Charles Boondin)은 높은 곳에서 장대 하나에만 의지한 채 밧줄 위에 서서 다양한 동작을 선보여 많은 사람들로부터 열광적인 인기를 얻었다. 1859년 6월 30일. 그는 나이아가라 폭포 위에 로프를 설치하여 관중들이 지켜보는 가운데 48미터의 높이에서 막대기에 균형을 맞추어 한 걸음씩 건너가 마침내 맞은편에 도착했다. 열광하는 관중을 위해 그는 다른 동작으로 나이아가라 폭포를 왔다 갔다 반복했다. 이윽고 모든 곡예가 끝날 즈음 그는 관중들을 향해 외쳤다.

"여러분들은 내가 사람을 등에 업고 이 폭포를 건널 수 있다고 믿습니까?" 관중들은 그렇다고 답했다. 그러자 블론딘은 관중들에게 "그러면 내 등에 업혀서 나와 같이 이 폭포를 건너갈 사람 한 분만 앞으로 나와 주시겠습니까?"라고 물었다. 좀 전까지 소리치던 관중들은 이내 침묵에 빠지고 누구도 손을 드는 사람이 없었다. 블론딘은 관중 가운데 서 있는 한 남자에게 "당신은 나를 믿습니까?"라고 묻자 그는 "난 당신을 믿습니다. 당신 등에 업히겠습니다"라고 말하며 블론딘의 등에 업혔다. 남자를 등에 업고 블론딘은 침착하고 더욱 신중하게 로프에 올라 한 걸음씩 내딛었다. 이윽고 건너편에 도착하자 관중들은 열광적으로 박수를 쳤다.

그들은 블론딘의 등에 탄 남자가 해리 콜코드(Harry Colcord)로 블론딘의 매니저라는 것을 몰랐다. 말로만 블론딘을 믿는다는 관중들과 자신의 목숨을 블론딘에게 맡겼던 콜코드 사이에는 근본적인 신뢰에 차이가 있었던 것이다.

신뢰를 뜻하는 트러스트(trust)는 **'편안함'**을 의미하는 독일어의 trost에서 연유되었다고 한다. 누군가를 믿을 때 우리가 편안한 것은 그 사람이 배신을 저지를까 염려할 필요가 없기 때문이다. 즉, 신뢰란 상대방의 성격, 능력, 행동 등을 호의적으로 받아들여 어떠한 상황에서도 상대방의 말과 행동을 믿고 따르는 의도라고 할 수 있다. 에이크론 대학(University of Akron)의 메이어(D. Mayer)교수는 상대방의 신뢰할만한 모습을 신뢰성이라 설명한다. 신뢰성은 상대방의 역량과 성품 두 가지로 구분된다. 역량은 주어진 일을 완수할만한 지식과 기술이다. 성품은 호의성과 정직성으로 구분된다. 호의성은 신뢰 대상이 자신의 이익과 관계없이 신뢰하는 이에게 잘 대해줄 의도를 가졌는지에 관한 것으로 의사소통하려는 개방성, 배려와 존중이 포함된다. 정직성은 원칙에 따라 행동한다는 의미로, 사람들을 공정하게 대하고 일관성을 보여주는 행동이 이에 해당한다.

리더에 대한 신뢰가 중요한 이유는 **첫째, 리더에 대한 신뢰가 두터울 때** 구성원들의 업무 몰입도가 높아진다는 점이다. 즉 구성원 간의 유대감이 강화되어 조직 분위기가 좋아져 더 나은 성과를 창출하고자 하는 동기를 부여하게 된다. **둘째, 리더에 대한 신뢰가 있을 때** 리더의 의사결정에 대해 구성원들은 성공에 대한 믿음을 가지고 빠르게 몰입하여 업무를 추진할 수 있다. **셋째, 리더에 대한 신뢰**가 조직의 성공에 대한 구성원들의 확신은 물론이고 회사의 성장에 대한 주주 등 외부인들에게 기대감을 주어 기업의 신뢰도 및 가치에 영향을 미친다.

미국 경영자협회는 1,500명을 대상으로 가장 존경받는 리더의 가치를 조사하였다. 그 결과 첫째는 신뢰성, 둘째는 능력, 셋째는 리더십이라는 결과가 나왔다. 어느 조직에서든 리더로서의 통솔력을 발휘하려면 리더에 대한 구성원들의 신뢰가 우선이다. 그러나 신뢰받고 있는 리더는 그리 많아 보이지 않는다.

2011년 미국의 Blessing White Consulting사에서 직장인 4,000명을 대상으로 실시한 조사에 의하면 자신의 상사를 신뢰한다고 응답한 비율은 20% 정도에 불과한 것으로 나타났다. 신뢰는 모든 인간관계와 소통, 업무, 그리고 개인과 조직의 미래에 지속적으로 영향을 끼치고 있다. 누구나 신뢰받기를 원하지만, 대부분은 신뢰를 있으면 좋지만 없어도 상관없다는 의식을 갖고 있다는 것이 문제라고 할 수 있다. 신뢰라는 것을 무형의 좋은 가치로만 생각할 것이 아니라 효율성과 결과 등 유형의 가시적인 효과를 창출한다는 점을 잊어서는 안 된다.

미국에서 9.11테러 이전에는 공항에 30분 전에만 가도 출국할 수 있었지만 이제는 2~3시간 이전에 도착해야만 수속이 가능해졌고, 새로이 신설된 9.11 보안세를 내야만 한다. 신뢰가 떨어지면서 탑승하는 데 소요되는 시간도 길어졌고 비용도 발생하게 된 것이다. 이처럼 신뢰도가 낮은 조직에서는 그로 인해 엄청난 유 · 무형의 비용을 지출하게 되며 조직의 성장도 저해하게 된다. 컬럼비아 대학의 존 휘트니 교수는 불신은 거래비용을 두 배로 만든다고 주장하고 있다. 많은 경영자들은 신뢰야말로 기업의 성과에 직접적으로 영향을 미치는 요소라는 점에 이의를 달지 않는다. 신뢰를 얻고 조직의 신뢰도를 높이기 위해서는 일관성, 진정성, 능력, 공정성, 각 구성원에 대한 배려, 그리고 소통이 수반되어야 한다. 리더로서 각 구성원들에게 보여주어야 할 절대적으로 필요한 행동규범이기도 하다.

신뢰받는 리더가 되려면 일관성 있는 언행을 보여주어야 한다. 리더가 약속을 지키고 언행으로 실천하는 모습을 보여야 구성원들은 리더가 자신이 한 말에 대해 책임을 지는 사람이라고 신뢰하게 된다. 그러나 그런 리더를 찾는다는 것은 쉽지 않은 일이다.

미국의 매리츠 리서치(Maritz Research)사가 조사한 설문 결과에 따르면 11%만이 자신의 리더가 말과 행동에 일관성이 있다고 답한 것으로 나타났다. 포춘(Fortune)이 가장 존경받는 10대 의료전문회사로 5년 연속 선정한 다비타(Davita)는 2000년대 초 경영난을 겪었지만 새로 부임한 켄트 서리(kent Thiry)는 구성원들 사이의 신뢰를 구축하여 조직을 활성화할 수 있었다. 회장 스스로 실천하는 모습을 보임으로써 구성원들의 신뢰를 회복하여 경영난에서 벗어나게 된 것이다.

신뢰받는 리더가 되려면 구성원들에게 공정하게 대해야 한다. 리더는 자신의 기호나 취향을 떠나서 객관적이고 합리적인 기준으로 구성원들을 대해야 한다. 리더가 개인적인 호불호에 따라 처신하여 편애 받는 구성원들에게만 기회가 돌아가고 평가마저 영향을 미치게 된다면 소외된 구성원들의 불신은 조직의 결속과 성장에 마이너스가 된다. 공정한 모습을 갖추기 위해서는 구성원들과 원하는 행동의 기준과 원칙을 공유해서 명확히 이해시키고, 객관적으로 평가하는 모습을 보여줄 필요가 있다. 징기스칸은 혈통이나 출신지보다 재능이 있는 인재를 중용했기 때문에 이를 원동력으로 몽골 부족을 통일하여 천하를 제패할 수 있었다.

신뢰받는 리더가 되려면 역량을 인정받아야 한다. 뛰어난 역량으로 인정받는 리더들은 구성원들에게 긍정적 기대감을 심어주게 되고 구성원들 역시 믿고 따르게 된다. 반대로 아무리 인간적인 성품이 좋다고 하더라도 역량이 부족하여 성과를 보이지 못하는 리더는 신뢰받기 힘들다. 업무의 큰 틀을 잡지 못하거나 변화에 둔감하여 과거의 성공사례에만 집착하는 리더들은 최신의 변화 트랜드를 접하는 젊은 직원들에게는 무능력한 리더로 각인되어 역량에 대한 신뢰를 얻기 어렵게 된다. 역량을 쌓기 위해서는 더 많이 공부하고 학습해야 한다. 특히 지식의 변화가 빠르게 이루어지고 있고 리더가 관장해야 할 범위가 넓어지는 만큼 꾸준히 연구함으로써 리더가 갖추어야 할 전문성을 강화하기 위해 노력해야 한다. 제록스(Xerox)의 전임 CEO 앤 멀케이(Anne Mulcahy)는 파산 일보 직전까지 갔던 제록스를 회생시키고 미국에서 가장 영향력 있는 여성 리더로 인정받았다. 그녀는 자신의 성공 요인으로 끊임없이 학습하려는 자세를 꼽았으며 실제로 자신은 여전히 배우고 있다고 말하고 있다.

신뢰받는 리더가 되려면 진정성을 가져야 한다. 리더는 모든 것을 아는 것처럼 행동해서는 안 된다. 구성원들은 리더가 자신의 취약한 부분에 대해 솔직하게 인정할 때 오히려 신뢰한다. 리더가 모르는 것을 다 아는데도 계속 아는 척하면 어떻게 그를 신뢰할 수 있겠는가. 결정적인 실수나 약점이 아니라면 어느 정도 공유하는 것이 더 낫다. 이럴 때 구성원들은 리더의 허술한 모습에 실망하는 것이 아니라 오히려 인간미를 느끼게 될 것이다. 신뢰받는 리더가 되려면 구성원들의 성장에 관심을 가져야 한다. 과거 집단주의 문화가 강했을 때 구성원들은 조직에 대한 소속감을 중시하고 개인보다는 조직의 성공이 우선이라고 생각하는 경우가 많았다. 그러나 요즘의 구성원들은 자신의 성장과 경력개발에 관심이 높고, 업무를 통해서 발전하고 성장하기를 원한다.

이베이(Ebay)의 전임 CEO인 매그 휘트먼(Meg Whitman)은 처음 이베이에 취임했을 당시 자신이 추구하는 업무방식과 이베이 구성원들의 업무방식이 너무 달랐다고 토로했다. 그러나 그녀는 과감히 자신의 방식을 버리고 접근하기 쉬운 CEO 이미지를 택하고 구성원들의 니즈에 반응하는데 주력했다. 구성원들이 자신의 역할과 가치에 대해서 생각할 수 있는 프로그램을 만들어 운영하고, 자신이 구성원 개개인에게 큰 관심을 가지고 있다는 것을 보여 주었다. 그 결과 이베이는 역사상 가장 빠르게 성장한 회사 중 하나로 발전했다. 신뢰받는 리더가 되려면 소통에 관심을 기울여야 한다. 리더가 업무를 지시할 때 자신의 의도를 명확히 전달하지 않으면 구성원 입장에서는 일의 목표나 방향을 명확히 파악하기 어려워 리더의 의사결정이나 지시에 대한 신뢰도가 떨어지게 된다. 리더는 업무와 관련된 사항이나 조직의 중요한 이슈에 대해서는 투명하게 공개하고 명확하게 알려주어야 한다.

리더의 침묵이나 모호한 메시지는 구성원들이 잘못 해석할 수 있고, 이런 현상이 반복되다 보면 구성원들의 신뢰를 얻기 어렵다. 포시즌 호텔(Four Season Hotel)의 설립자인 이사도르 샤프(Isadore Sharp)는 조직의 성공은 끊임없는 소통을 통해 조직 내의 신뢰를 쌓는데 있다고 말한다. 그가 말한 커뮤니케이션 원칙 중 가장 중요한 것은 바로 상대의 입장에서 생각해보는 것이다. 그는 이를 위해 대화할 때 많이 말하기보다 경청하려고 노력했다고 한다.

신뢰는 얻기는 힘들어도 잃기는 쉬운 법이다. 때문에 신뢰를 쌓고 유지하기 위해서는 많은 노력이 필요하다. 일본계 미국인 학자인 프란시스 후쿠야마는 한국을 저 신뢰국가로 구분하였지만, 한민족은 오히려 그 어느 민족보다 신뢰도가 높은 국민이며 어려울 때마다 그 진가를 발한다는 점을 간과하지 않았는가 싶다. 이제는 시대적 변화에 맞추어 리더에게 필요한 덕목과 갖추어야 할 과제도 변하고 있다는 점을 수용하여 능동적으로 변화할 때이다.

관심과 존중

이탈리아의 로베르토 로셀리니(Roberto Rossellini) 감독이 만든 영화 "로베레 장군(General della Rovere)"은 전쟁을 주제로 한 영화지만 인간의 본성에 대한 단면을 보여 준다. 1940년대 이탈리아의 제노바는 독일군이 점령하고 있는데, 이 항구도시에서 유태인 레지스탕스의 존경을 받던 로베레 장군이 독일군의 총에 맞아 사망한다. 독일군은 당초 그를 생포하려고 했으나 실패하자 그와 외모가 닮은 백수건달인 바르도네를 로베레 장군으로 위장하여 감옥에 가두고 그를 이용해 정보를 빼내려 한다. 그러나 감옥에 있는 동료들이 그를 로베레 장군으로 대하자 점차로 그는 자신의 과거 행적을 반성하고 로베레 장군으로의 위엄을 보이면서 최후를 맞이하게 된다. 주변의 관심과 존경은 한낮 보잘 것 없던 한 남자를 위엄을 갖춘 영웅으로 변모시킨 것이다.

하버드대학 심리학자 로버트 로젠탈(Robert Rosenthal)은 1968년 친구인 레노어 제이콥슨(Lenore Jaconson)이 교장으로 있는 샌프란시스코의 한 초등학교에서 재미있는 실험을 했다. 전교생을 대상으로 지능검사를 한 후 상위 20퍼센트의 학생들의 명단을 교사들에게 주고 8개월 후에 그 학생들의 학업성취도를 측정하게 하였는데, 그 상위 20퍼센트의 학생들은 타 학생들에 비해서 높은 학업성취도를 보였다.

그러나 이 상위 20퍼센트의 학생은 실제로 지능이 높은 상위 20퍼센트가 아니라 랜덤으로 선정된 20퍼센트의 학생들이였다. 로젠탈은 명단에 오른 학생들에 대한 교사의 관심과 기대가 이러한 결과를 가져온 중요한 요인이었다고 평가했다. 교사들은 가능성이 높은 학생들을 격려하고 칭찬했으며, 그 행동은 학생들을 자극해 좋은 결과를 얻게 했다. 이후 이 실험은 군인, 사관생도, 기술자 등을 대상으로도 실시되었는데 모두 비슷한 결과가 나왔다. 교사가 학생에게 거는 기대가 실제로 학생의 성적 향상에 효과를 미친다는 것을 입증한 것이다. 이런 효과를 로버트 로젠탈의 이름을 따 '로젠탈 효과(rosenthal effect)'라고 부른다.

로젠탈 효과는 '피그말리온 효과(pygmalion effect)'를 교육학적 관점에서 풀어낸 것으로, 타인의 기대와 관심으로 인해 높은 성과를 내는 현상을 뜻한다. 이렇게 사람이 주변 지인들의 기대와 관심에 부응해서

피그말리온(Pygmalion)은 그리스 신화에 나오는 조각가로 자신이 만든 여인상 조각에 반해 사랑하게 되었는데, 결국 이 조각상이 실제 여인이 되어 결혼하게 된다. 이는 그리스 신화에서 유래되었다.

그에 걸맞게 변해가는 효과를 '피그말리온 효과 또는 로젠탈 효과'라고 한다. 이러한 피그말리온의 자기이행적 예언의 효과는 교육현장뿐만이 아니라 일반적인 사회생활에서도 발견된다. 상대방을 쓸모없다고 생각하고 마음의 문을 닫으면 상대방 역시 마음의 문을 닫게 되고, 결국 서로는 서로에게 쓸모없는 존재가 되는데, 이 또한 피그말리온 효과의 한 예라고 할 수 있다. 나가마쓰 시게히사는 『왜 나는 이 사람을 따르는가』라는 저서에서 리더란 허영심을 버리고 구성원들을 소중히 여기고 존중하여 주변에 사람이 따르게 해야 한다고 주장한다. 그렇게 존중으로 연결된 공동체적 개념인 커뮤니티쉽이 형성되어 개개인이 빛나고 모두가 주역이 되는 '사람이 가장 돋보이는 조직'을 만드는 것이며, 따르는 직원을 조직을 위한 일개의 인적 자원으로 생각하는 것이 아닌 아주 소중한 존재로 받아들이게끔 대우해야 한다는 것이다.

상사의 욕설, 과욕, 인격 모독으로 마찰을 겪는 직원들에게 성과와 창의성을 요구하며 생산력 향상을 기대한다는 것은 펑크 난 타이어를 달고 고속도로에 들어서는 것과 다름없다. 팀쿡(Timothy Donald "Tim" Cook)이 이끄는 애플의 직원 친화적 경영방침은 그들이 자신의 위치에 만족하면서 오랫동안 근무하도록 하도록 하는 게 골자다.

자선 기부에 매칭프로그램을 적용한다든가, 각자 좋아하는 프로젝트에 시간을 쓰도록 놔두는 구글의 운영방식에는 못 미치지만, 그래도 직원들과 호흡을 맞추려고 노력한다는 점을 인정할 필요가 있다. 직원들에게 동기를 부여하고 참여시키는 측면에서 구글은 한참 앞서있다. 구글이나 애플처럼 대부분 기업들은 직원들이 만족하고 동기부여를 받으면 기업이 성장할 수 있다고 믿는다. 직원들의 성과에 상응하는 인센티브를 지급하는 것은 이미 고전적인 동기유발이다. 물론 돈이 대단한 동기유발 요인인 것은 틀림없다. 그러나 그것이 가장 중요한 건 아니다. 승진이나 다른 형태의 보너스도 마찬가지다. 잠시 기뻐할 순 있지만 그로 인한 감흥은 결코 오래가지 않는다. 컨설팅기업 맥킨지(McKinsey) 보고서를 보면 현금을 들이지 않는 동기유발요인이 실제 기업의 미래를 만들어 나간다. 동기유발의 출발은 바로 리더 자신이라는 점을 명심해야 한다. 포브스(Forbes) 기사를 보면 그 방법이 제시돼 있다. 무엇보다 어려운 시기에도 자신이 직원들과 함께 있을 것이라는 확신을 갖게 하여야 한다. 그리고 직원들에게 '고맙습니다'나 '일을 잘 처리했군요' 같은 쉬운 말을 게을리 해서는 안 된다. 이런 몇 마디 말이 직원들에게 만족과 실망 사이에서 전혀 다른 감정을 갖게 한다. 또한 능력 있는 리더는 늘 최고 수준 이상의 일을 함으로써 부하직원들도 자신처럼 될 수 있다는 영감을 불어넣어 동기를 부여한다. 현실적인 판단으로 관계를 맺는 스킬에만 의존하는 사람이 있는 반면, 장기적인 성과를 이루는 리더들은 관계를 맺는 능력과 숙련된 업무추진능력을 결합하여 조직의 발전을 이끌어 낸다.

직원들의 능력을 폄훼하거나 의심해서는 안 된다. 부하직원의 능력을 폄훼하고 의심하는 직장에서는 상호 불신만이 존재한다. 구성원들은 리더가 평가하고 인정하는 만큼 조직에 충성한다. 때문에 조직을 활성화하기 위해서는 직원들이 잘하는 영역에 배치하여 그들이 자신의 일에 만족하여 능력 이상으로 성과를 낼 수 있도록 도와야 한다. 작업 스케줄을 유연하게 디자인하고, 경쟁하고, 직원 간 유대를 강화하고, 커뮤니티 봉사프로그램에 참여하는 걸 의미한다면 그렇게 하라.

『행복프로젝트(The Happiness Project)』라는 책을 쓴 그레첸 루빈(Gretchen Rubin)이 블로그에서 한 말이다.

프랑스 인시아드(INSEAD) 경영대학원의 장 프랑수아 만조니(Jean-Francois Manzoni)교수는 유능한 직원을 무능하게 만드는 5가지 단계를 다음과 같이 말한다.

① 상사가 유능한 직원의 능력을 의심하는 것이다. 일단 의심이 시작되면 상사는 점점 직원의 업무에 대한 감독을 강화하게 된다.

② 자신이 의심받고 있다는 것을 알게 되면 직원의 자존심과 업무 의욕은 점점 감퇴한다. 그리고 그는 상사를 조금씩 기피하게 대하게 된다.

③ 상사는 이 모습을 보고 자신이 의심하는 것을 더욱 정당화하게 된다. 그래서 그는 더욱 감독을 강화하고 더 간섭하며 더 세부적인 보고를 요청한다.

④ 이러한 일이 반복되면 직원은 점점 업무 의욕을 잃는다. 그래서 업무의 성과가 제대로 나지 않는다. 그리고 상사를 더 멀리하며 때로 상사에게 반항까지 한다.

⑤ 결국 상사는 자신의 의심이 정확했음을 확신하게 된다. "맞아 그 녀석은 진짜 무능한 거야." 드디어 그 직원은 무능 직원으로 전락한다.

구성원들의 능력배양을 위한 다양한 노력이 필요하다. 특히 학습문화는 직원 동기부여에 무척 중요하며, 기술부족과 생산성향상 사이의 갭을 메우기 위해서도 기업의 교육은 필요하다. 비록 돈이 들더라도 적절한 교육은 부채가 아니라 투자라는 관점에서 실시되어야 야 한다.

업무관련 환경이 급변하고 새로운 분야가 등장하게 되면서 구성원들에 대한 교육은 더욱 절실해지고 있다. 시간은 없고, 교육은 필요한 기업들 사정을 감안하면 온라인 기업교육코스도 고려해볼 수 있을 것이다. 건강산업에서 커리어스텝(CareerStep)같은 온라인 교육기관은 직원들을 마이크로소프트 어플리케이션 숙련자로 키우기 위해 온라인 기술교육코스를 운영 중이다. 이런 여러 온라인 기업교육기관은 기업의 교육수요에 맞춰 프로그램을 개발해 준다. 웹에서 이런 교육을 활용하면 직원들 입장에선 훨씬 편하고 접근성도 높아진다. 리더는 구성원이 말하는 것과 느끼는 것을 실제로 이해할 수 있도록 공감적 소통에 노력을 기울여야 한다. 구성원들이 어떤 의도와 욕구를 가지고 있는지 이해하며 들을 수 있어야 한다. 리더가 공감을 하며 듣는 경청은 구성원들의 마음을 열 수 있다. 간혹 경청을 하게 되면 시간이 오래 걸리므로 차라리 자신이 설명을 해주는 것이 편하다고 생각하거나 적당한 선에서 끊는 것이 더 좋다고 생각하는 리더도 있다. 그런 현상이 반복되다 보면 중요한 의사결정을 할 때 결정적으로 무언가가 누락되는 경우가 발생하게 된다.

마지막으로 e커머스기업 자포스(Zappos)의 CEO 토니 셰이(Tony Hseih)의 말처럼 직원 행복과 충성심을 키우는 기업문화를 만드는게 중요하다. 자포스는 위계적 관리시스템을 철폐하고 수평적 조직구조를 도입했다. 직원들과 기업목표를 통합함으로써 직원들에게 희망을 불어넣었다. 직원들의 관심을 기업이 헤아리면 그들은 더 열심히 일 할 것이다. 직원이 행복한 기업이 하루아침에 나오지는 않는다. 열매를 얻으려면 수년을 기다려야할지 모른다. 그러나 계속 노력하다보면 그들은 가장 소중한 자산이 되어 줄 것이다. 개인적인 능력과 성과를 이루는 일부의 조직원에 대해서만 관심과 배려가 치우친다면 기업 전체적으로 효율성이 극대화될 수 없다. 각 조직원의 능력을 전반적으로 업그레이드하는 것이 오히려 효율성을 극대화할 수 있는 방안이므로 이를 위해서는 각 조직원의 차이점을 인정하며 최적화된 곳에 배치하여 업무효율성을 높이고, 조직원 스스로 자신의 역할에 만족할 수 있도록 하는 것이 중요하다. 이러한 환경에서 구성원들은 자신의 직장에 대해 자신감과 만족감을 갖게 되고, 자신의 소중한 가치를 인정해주는 조직을 위해 최선을 다하고 그에 부응하는 역할을 훌륭하게 수행할 것이다.

완벽함에 대한 패러독스

2018년 메이저리그의 통계를 보면 경기당 평균 실책수는 0.57로 KBO의 0.69보다 20% 정도 실책이 더 적다. 가장 실책수가 적은 일본은 0.48개를 기록하고 있다. 이처럼 가장 실력이 뛰어난 각국의 프로야구에서 야수들은 종종 어이없는 실책으로 범하곤 한다. 어느 때든 실책이 나올 수 있지만 그런 실책을 가장 적게 범하는 선수가 골든글러브상을 받게 된다면 야수들은 굳이 어려운 공을 잡으려고 애쓰지 않을 것이다. 가령 야수가 경기 내내 선 자리에서 꼼짝도 하지 않는다고 하면 이론상으로 이 선수는 별다른 실책 없이 수비율 100%를 달성하는 것도 가능할 것이다. 반면 잡을 수 있는 타구는 물론 잡을 수 없는 타구까지 커버하며 어떻게든 아웃을 만들려고 하는 적극적인 야수일 경우, 실책이 나올 확률도 그만큼 높아질 수밖에 없다.

전성기인 90년대, 이종범은 프로야구 공식 기록원들에게 가장 골치 아픈 존재였다고 한다. 안타성 타구를 쫓아가 글러브에 갖다 대고야 마는 그의 수비를 두고 기록원들은 안타냐 실책이냐를 놓고 고민할 수밖에 없었다는 것이다. 데뷔 첫 5년간 이종범은 104개(연평균 20.8개)의 수비 실책을 기록한다. 하지만 누구도 그의 수비력에 토를 다는 이는 없었다.

안타가 될 공을 이종범이 잡아낸 횟수가 실책 수보다 훨씬 더 많다는 사실을 누구나 알고 있었기 때문이다. 아무리 뛰어난 사람이라 할지라도 완벽할 수는 없다. 사회적으로 인정받고 있는 리더들은 오히려 완벽해지려고 노력하지 않는다. 그보다는 자신만의 장점을 극대화하고, 자신의 단점을 보완해 줄 수 있는 방법을 강구한다. 급변하는 복잡한 현실 속에서 그 어느 누구도 완벽하게 대응한다는 것은 오히려 기적에 가깝기 때문에 리더란 완벽해야 한다는 환상은 오히려 자기 자신을 아집과 독단, 독선의 울타리에 가두게 되어 불행한 결과를 초래할 수 있다. 물론 완벽주의는 성취를 위한 노력을 멈추지 않는다는 점에서 긍정적인 면이 있지만 완벽주의자는 자신이 고수하는 이상적 기준 탓에 성취감보다 좌절감을 주로 경험하는 것으로 보고된다. 좀처럼 행복을 느끼지 못하고 불안과 우울, 분노 같은 부정적 정서에 취약하다. 건강한 완벽주의자는 완벽을 추구하면서도 실패를 두려워하지 않고 자신의 한계를 받아들일 수 있는 경우다. 이들은 상황에 따라 완벽주의로부터 벗어나거나 목표를 수정할 수 있다. 그러나 이렇게 자신을 통제할 수 있는 완벽주의자는 흔치 않다. 자신이 하고자 하는 일을 더 잘하고 싶어 노력하는 자발적 완벽주의가 타인의 기대에 부응하려는 강박에 빠지면 부지불식간에 자신을 집어삼키고 만다는 것을 경계해야 한다.

완벽주의자들이 보여주는 특성 중의 하나로 '마이크로 매니지먼트(Micro-management)'를 들 수 없다. 타인의 능력을 믿고 업무를 맡기거나 타인의 의견을 신뢰하면서 수용하기보다는 자신이 모든 것을 직접 세밀하게 챙기려 하는 것이다. 이런 성향은 조직 내에서 리더의 자리를 맡게 되었을 때 특히 강하게 나타난다. 완벽주의 리더가 마이크로 매니지먼트에 빠지는 근본적인 원인은 타인에 대한 믿음을 갖지 못하기 때문이다. 완벽주의 리더는 자신의 실패에 대해 스스로 엄격한 기준을 적용하듯이, 부하에게도 엄격한 성공의 잣대를 적용한다. 그러나 완벽주의 리더의 마음 속 잣대에 비추어 봤을 때 믿고 맡길 만한 역량을 가진 부하 직원이 있을 리가 없다. 또한 완벽주의 리더는 부하들이 자신이 기대하는 만큼 최선을 다하지 않고 있다고 생각한다. 그렇기 때문에 자신이 직접 관여하지 않으면 업무상 실수나 문제가 생길 것이란 불안감에 빠진다. 그 결과, 부하에게 일임한 업무에 대해 일일이 간섭하고 잔소리를 하는 리더가 되는 것이다.

미국 휴스턴 대학의 연구 교수인 브랜 브라운(Brene Brown)은 ATD 2016 강연에서 대부분의 사람들은 취약성을 약점으로 생각하고 상처받지 않기 위해 피하지만, 취약성을 인정하고 이를 드러내는 용기를 가질 때 긍정적인 변화가 시작된다고 강조한다. 인간은 불완전한 존재이기 때문에 이것을 인정하는 **"용기"** 그리고 **"나는 충분하다, 완벽하지 않아도 괜찮다"**라고 외칠 용기가 필요하고, 내가 진정으로 추구하는 가치를 지향하며 당당히 맞설 때 비로서 완벽주의의 감옥으로부터 자유로워질 수 있다고 말한다. 그녀는 7년간 전 세계의 혁신적인 리더들과 조직을 연구하여 상위 1%의 리더들이 가진 공통점을 발견했다. 그녀의 연구 결과에 따르면 위기를 돌파하는 대담한 리더들은 정답을 가진 척하지 않았으며, 모든 일에 호기심을 갖고, 적절한 질문을 반복했다. 그리고 조직원들과 다양한 생각을 공유할 때 에너지가 무한해진다고 생각했다. 또한 불편하거나 거북한 대화를 회피하지 않았고, 성공을 위해 기꺼이 자신의 취약성을 인정했다. 그리고 그녀는 리더십은 지위나 신분, 권력에 국한된 것이 나이며 누구나 교육을 통해 키워나갈 수 있다고 주장했다.

사람들은 채워질 수 없는 결핍감 때문에 열등의식을 느끼고, 고칠 수 없는 단점 때문에 스트레스를 받는다. 하지만 우리가 더 나은 사람이 되려고 노력하는 출발점도 그 단점 때문이고, 우리의 기쁨과 사랑도 그 결핍에서 비롯된다는 것을 잊어서는 안 된다. 정말 두려운 것은 다른 사람들에게 단점이 알려지는 것이 아니라, 단점이 만천하에 드러났을 때 용기를 잃지 않는 것이다.

행복한 사람들은 '나는 미숙하고 불완전한 사람이다'라는 말을 스스럼없이 털어 놓는다. 자신의 부족함을 거리낌 없이 인정하기에 우선 스스로에게 관대하고, 더 나아가 다른 사람들의 부족함이나 실수에 대해서도 너그러운 마음을 가지게 되는 것이다. 자신의 단점이나 열등감을 완전히 포용하는 사람들은 자신을 취약하게 만드는 그 결점들이 자신을 더욱 아름답게 만든다고 생각한다. 에이미 멀린스(Aimee Mullins)는 미국의 장애인 육상 선수, 배우, 모델이다. 종아리뼈가 없이 태어나 1세 때 무릎 아래를 절단했으며 그 이후로 1세 때부터 의족을 착용했다. 에이미 멀린스의 아름다움은 그 눈빛에 나타난 당당한 자신감 때문이다. 그녀는 자신이 가지고 있는 약점에 대처하는 방법을 알고 있다. 그 방법이란 바로 남들 앞에서 강해 보일 필요가 없다는 것이다. 그녀는 자신이 가진 약점을 인정하고 가능한 한 유리하게 바꿔보자고 생각한 뒤에야 열등감에서 벗어나 자신감을 갖게 되었다.

1966년 미국의 심리학자 엘리엇 아론슨(Elliot Aaronson)은 실험을 통해 유명한 '실수효과(Pratfall Effect)'를 발표했다. 실수효과는 겉으로는 완벽해 보이는 사람이 실수를 범했을 때 그 사람에 대한 호감이 증가한다는 이론이다.

빌 클린턴(William Jefferson "Bill" Clinton) 전 미국 대통령은 모니카 르윈스키와의 성추문 때문에 큰 곤욕을 치렀다. 그런데 성추문이 알려지고 난 후 클린턴 대통령에 대한 지지율은 이전보다 더 높아졌다.

클린턴의 스캔들을 바라보면서 '그도 그저 인간일 뿐이다'라는 생각이 사람들의 마음을 움직였기 때문이다. 유능하다고 생각하는 사람이 실수를 함으로써 오히려 그에게 관대해지고 그를 더 좋아하게 되는 결과를 낳게 된 것이다. 하지만 평범한 능력을 보여주었던 사람들에게는 실수가 '득(得)'이 아니라 '독(毒)'으로 작용한다. 사람들에게 완벽한 사람의 실수란 그의 인간적인 면을 엿볼 수 있는 기회를 제공하는 것이지만, 이미 충분히 인간적으로 보이는 평범한 사람이 저지른 실수는 사람들에게 그의 능력이 평범함을 밑돌지도 모른다는 생각을 갖게 할 가능성이 큰 것이다.

1993년 알파치노가 오스카 시상식에서 남우주연상을 받았을 때의 일이다. 트로피를 받은 알파치노가 주머니를 뒤적이다가 꺼낸 것은 수상소감을 미리 적어둔 쪽지였다. 스크린에서는 카리스마 넘치는 연기를 보여주던 배우가 의외로 긴장하는 모습을 보인 것이다. 그러나 관중들은 오히려 그의 인간적인 매력 때문에 열화와 같은 박수가 쏟아 졌다. 자신의 약점을 솔직하게 고백하고 노력하는 모습을 보여줌으로써 많은 사람들의 사랑을 받은 사례로 미국의 유명한 프로골퍼 존 댈리(John Daly)를 꼽을 수 있다. 300야드가 훨씬 넘는 장타로 유명한 존 댈리는 이른바 한물간 골퍼이다. 매번 컷오프를 통과하지 못해 탈락을 반복하고 중간에 기권하기가 일쑤였다. 하지만 실력이 떨어지는 이 골퍼가 매번 스폰서의 초청을 받고 대회에 참가할 수 있던 이유는 역설적이게도 존 댈리가 한때 마약과 도박에 중독돼 인생을 망칠 뻔 했던 약점을 가진 선수이기 때문이다. 갤러리들은 자기와 별반 다를 게 없는 존 댈리가 성공하기를 원하고 그를 응원하기 위해 골프장을 찾는다. 그래서 존 댈리는 타이거 우즈와 함께 골프대회 흥행의 보증수표가 됐다.

켄 블랜차드(Kenneth Hartley Blanchard)는 하버드비지니스리뷰

(HBR) 2008년 3월호에 흥미로운 기사를 게재했는데 리더의 카리스마가 강한 기업일수록 경영성과가 떨어지는 경우가 자주 발생한다는 내용이었다. 더불어 직원들의 환심을 살 수 있는 가장 좋은 방법 중 하나는 리더의 무지나 약점을 솔직하게 인정하는 일이라고 주장했다.

경영학자 피터 드러커(Peter Drucker)도 카리스마를 경계하는 발언을 했다. 그는 카리스마는 리더들로 하여금 잘못된 행동을 하도록 하는 원인이 된다. 그들을 융통성 없는 존재로 만들며, 자신을 오류를 범하지 않는 완벽한 존재로 확신하게 만드는 원인이 된다고 했다. 실제로 미국의 여론조사 전문기관인 조그비인터내셔널의 조사에 따르면 성공한 사람일수록 실수를 인정하는 특성이 있는 것으로 확인되었다. 7,590명을 대상으로 조사한 결과 연봉 10만 불 이상의 고소득자가 연봉 25,000불 이하의 빈곤층보다 'I am sorry'라는 표현을 두 배 정도 많이 하는 것으로 나타났다.

리더는 의사결정을 정확하게 하는 것이 중요한데, 이를 위해서는 구성원들로부터 많은 정보를 전달받고, 활기찬 논의를 거쳐 최종 결정을 내려야 한다. 그런데 카리스마적인 리더일수록 홀로 판단하고 독단적으로 의사결정을 내리는 경향이 강하다. 독단적인 리더의 결정은 잘못될 가능성이 높고, 그에 따라 회사에 손실을 가져올 수 있다. 아울러 그런 리더 밑에서 근무하는 직원들은 자신들의 의견과 재능을 발휘하지 못하고 시키는 대로 움직이게 되어 결국 조직의 성과는 떨어질 수밖에 없다. 지식과 통찰력을 겸비한 카리스마형 리더가 더 효율적일 수도 있지 않느냐는 반론도 있고, 아울러 성공사례도 있지만 권위적 리더십에 공백이 생기면 바로 기업 전체의 위기로 이어진다. 투자의 귀재 워랜 버핏은 투자대상 기업을 선정할 때 카리스마나 소수의 핵심 인재에 의해 움직이는 기업은 제외했다. 설사 성공적으로 운영된다 하더라도 리더십 공백 시에는 주가가 곤두박질치기 쉽다는 이유에서였다.

깨진 유리창의 법칙

미국에서 대도시 주변의 우범지역을 지나다 보면 빈집이나 문짝이 파손되고 창문이 깨져있는 집들을 볼 수 있다. 반면 교외의 안전지역에는 빈집이나 깨진 유리창을 거의 볼 수 없다. 깨진 유리창이론(Broken Window Theory)은 미국 범죄학에서 연구되어 발표된 이론으로, 건물 주인이 건물의 깨진 유리창을 수리하지 않고 방치해 둔다면 절도나 건물파괴 등 강력범죄를 일으키는 원인을 제공한다는 것이다. 이는 1982년 미국의 사회학자 제임스 윌슨(James Q. Wilson)과 범죄학자 조지 겔링(George L. Kelling)이 애틀랜틱 먼슬리(Atlantic Monthly)에 게재한 논문 「깨진 유리창: Broken Window」에서 처음 발표되었다.

논문의 부제 「경찰과 지역의 안전: The Police and Neighborhood Safety」가 보여주듯이, 경찰과 지역공동체의 관계에 착안하여, 기존의 시각을 전환함으로서 범죄를 감소시키고 생활의 질적 향상을 도모하는 것을 목적으로 하고 있다. 사소한 무질서를 계속 방치하다 보면 결국에는 사회전체로 무질서가 확대되어 범죄화되기 때문에 조그만 불법, 무질서라도 방치하지 말고 철저히 단속하고 조치를 취해야 한다는 이론으로 기초질서 단속의 중요성을 말해준다. 거리에 차량상태가 비슷한 자동차 두 대를 세워 놓는다. 두 대 모두 본닛이 열린 상태이며 그 중한 대는 창문을 깨어 부순 채로 관찰한다. 본닛만 열어놓은 차는 1주일이 지나도 그대로였지만, 창문까지 깨어놓은 차는 10분 만에 타이어와 배터리가 없어졌으며 심한 낙서와 함께 파손되었다. 1969년 미국 스탠포드 대학의 필립 짐바르도(Philip G. Zimbardo) 교수가 실시한 실험으로 이를 '깨진 유리창의 법칙'이라 부른다. 깨진 유리창은 처음에는 매우 사소해 보이지만, 이를 가만히 둘 경우 "아무도 관심을 갖지 않으며, 당신 마음대로 해도 좋다"라는 메지지를 전하게 된다.

뉴욕은 매우 위험한 도시로 범죄가 자주 발생하고 치안도 불안했지만 지금은 달라져 강력범죄가 사라지고 깨끗하고 활기찬 도시로 변모하고 있다. 대형범죄를 소탕하고 도시를 활기차게 만든 것은 사소한 질서부터 잘 지키도록 경범죄를 엄격히 단속한 데서 시작되었다. 1994년 뉴욕시장으로 당선된 루돌프 줄리아니(Rudolf Giuliani)는 취임하자마자 뉴욕 지하철 내의 낙서를 모두 지울 것을 지시했다. 낙서를 지우면 또 생기고 이를 다시 지우는 반복적인 과정을 거쳐 수년이 지나자 지하철 내의 낙서가 없어졌는데 이와 더불어 뉴욕시의 범죄 발생률도 낮아지는 현상이 일어났다. 1년차에는 30~40%, 2년차에는 50%, 3년차에는 80% 정도로 범죄율이 감소했다. 뉴욕시가 시행한 이 정책에 대해 많은 사람들이 비웃었지만 결국 범죄율 감소 효과를 보임에 따라 깨진 유리창의 법칙을 이해하게 되었다.

깨진 유리창의 법칙을 비즈니스 세계에 도입한 마이클 래빈은 자신의 책에서 경영전략이나 비전에는 많은 노력과 시간을 투자하면서도 정작 기업을 갉아먹고 있는 사소하지만 치명적인 것들에는 신경 쓰지 않는 기업 경영자들에게 작고 사소한 문제에 집중할 것을 강조하고 있다. 즉 고객이 한번 겪은 불쾌한 경험, 한 명의 불친절한 직원, 정리가 되지 않은 매장, 말뿐인 약속 등 기업에서 벌어질 수 있는 사소한 실수가 기업의 앞날을 좌우 할 수 있다는 것이다. 비즈니스 분야에서 깨진 유리창은 몇 가지 특성이 있다.

첫째, 고객의 눈에는 잘 보이지만 오만으로 눈을 가린 기업의 임직원에게는 잘 보이지 않는다는 점이다. 한때 세계 반도체 시장을 선도했던 도시바의 몰락은, 2006년 최고 경영자의 오만에서 시작됐다.

니시다 대표는 M&A시장에 나온 미국의 핵발전소 건설업체 웨스팅하우스 일렉트릭 인수전에 뛰어 들었다. 결국 입찰 금액은 54억 달러까지 뛰었고 많은 이사진들의 경고에도 불구하고 니시다 대표는 뜻을 꺾지 않았다. 핵 발전 사업으로 제네럴 일렉트로닉 같은 거대 미국 기업을 따라잡고 20년 안에 시장에 되팔아 수익을 남길 것이라고 장담했다. 그러나 2008년 웨스팅하우스의 원자로 2기 건설 계획은 공사가 지연되면서 비용이 초과됐고, 2011년 3월 일본 북동부에는 지진과 쓰나미가 발생해 원자력 발전소가 붕괴하는 블랙스완(Black Swan_흑고니 이론)이 일어났다. 웨스팅하우스는 2017년 파산을 신고했고 도시바는 투자금액 1조 엔(약 11조 원)의 손실을 기록했다. 일본 기업사 최대 손실이었다. 설상가상으로 도시바가 도쿄주식거래소에 상장을 유지하기 위해서는 5천억 엔(약 5조 원)의 순 자산을 소멸시켜야 했다. 이 때문에 그룹 영업이익의 90%를 차지하는 반도체 생산시설을 매각하는 수밖에 없었다. 1990년대 세계 반도체 시장 점유율 50%를 차지했던 일본의 반도체 산업은, 도시바의 몰락으로 인해 하향세를 걷기 시작했다. 같은 시간, 시장을 확대하고 매출을 늘려가고 있었던 기업이 바로 삼성전자다. 니시다 대표의 오만한 의사결정이 도시바의 몰락과 일본 반도체 산업의 경쟁력을 무너뜨리는 트리거가 된 것이다.

둘째, 매우 사소한 것으로 판단, 별 문제 아니라고 방심하게 된다는 점이다. 1912년 4월 15일 '떠다니는 궁전' 타이타닉(Titanic)호가 침몰했다. 승객과 승무원 2,200여 명을 태우고 영국 사우스햄프턴에서 출항해 미국 뉴욕으로 항해하던 중 빙산에 부딪쳐 1,500여 명이 숨진 이 사건은 '20세기의 비극' 중 하나로 꼽히고 있다. 타이타닉호는 이중바닥에 16개의 방수격실, 그리고 특정 수위가 되면 자동으로 닫히는 문 등 고도의 안전장치가 구비되어 있었기에 절대 가라앉지 않는 배, 일명 '불침선'이라고 자랑하던 배였다. 타이타닉호의 대 참사 원인에 대한 추정은 오늘날까지도 여전히 계속되고 있다. 이런 가운데, 지난 2007년 9월 타이타닉호의 사물함 열쇠가 경매에 나온 이후, 타이타닉호의 비극은 선원의 부주의와 방심, 그리고 오만이 빚어낸 인재(人災)였다는 가설이 힘을 얻고 있다. 문제의 그 열쇠는 선박의 안전운항을 책임진 망루선원이 사용할 망원경이 들어 있던 사물함 열쇠였다. 당시 망루선원은 '데이비드 블래어'라는 사람이었는데 출항 직전에 갑자기 교체되는 바람에 깜박 잊고 후임자에게 사물함 열쇠를 전해주지 않았다고 한다. 때문에 후임 망루선원 '프레드릭 플리트'는 맨눈으로 앞을 살펴야 했다는 것이다. 천체나 기상의 상태, 추이, 변화 따위를 관찰해 안전운항을 유도해야 할 망루선원이 망원경도 휴대하지 않은 채 출항을 서둘렀으니 참으로 어처구니가 없는 일이 아닐 수 없다. 그래서 사고는 그때 이미 잉태된 것이나 마찬가지라는 것이 역사학자들의 주장이다. 침몰하기 전날 오전, 항로에 빙산이 떠돌고 있다는 경고 무전이 수차례 들어왔으나 타이타닉 선원은 아무도 주의를 기울이지 않았다고 한다. 그리고 그날 밤 11시경, 또다시 근처를 항해하던 화물선 '캘리포니안호'의 통신사 에반스가 빙산을 조심하라는 무전을 보냈으나 타이타닉호의 무선사 존 필립스는 승객들의 통발신 업무에 쫓긴 나머지 신경질적인 반응을 보이며 벌컥 화를 냈다는 것이다. 그래서 무안을 당한 캘리포니안호의 무선사는 "에라 모르겠다" 무전기를 끄고 잠들어 버렸다고 한다. 결국 타이타닉호는 첫 항해에 나선 지 겨우 4일 17시간30분 만에 최후를 맞고 말았다. 안일한 생각과 사소한 방심, 그리고 과도한 경쟁이 참변을 불렀던 것이다.

셋째, 세심하지 못하고, 디테일에 약하다는 점이다. 톰피터스(Tom Peters)는 리더의 네 가지 역할로 최고가 되려는 신념, 디테일에 대한 집념, 창의성 응원, 실패에 대한 지원을 꼽는다. 그중 디테일에 대한 집념이 눈길을 끈다. 성공한 사람들은 대부분 디테일에 강하다. 대충하고 얼렁뚱땅 지나가지 않는다. 그래서 보통사람들은 이런 면을 이해하지 못한다. 그러나 실상 사업의 승부는 비전이나 전략 같은 큰 어젠다(agenda) 보다는 디테일에서 결정 나는 경우가 많다. 어느 회사나 비전과 전략은 큰 틀에서 보면 크게 차이나지 않는다. 고객만족이란 어느 회사든 가장 큰 가치를 둔 경영전략이라고 할 수 있다. 중요한 것은 과연 고객들이 이를 체감하고 있느냐 인데, 이는 디테일에서 승부가 난다. 수년전 유럽 출장에서 돌아오는 길에 중화항공(China Air)을 이용한 적이 있다. 그러나 비행기가 북경에 연착하는 바람에 인천공항으로 가는 항공편을 놓쳐 6시간 이상을 대기해야만 했다.

항공사와 공항 관계자들에게 어찌된 것인지 승객들이 항의하자 그들은 별일 아닌데 소란 피운다고 오히려 역정을 내고 있었다. 방송으로 공지조차 하지 않고 무대응하는 그들의 모습을 보면서 북경대 부설 디테일경영연구소 왕중추 수석컨설턴트가 그의 저서 '디테일의 힘'에서 중국인들은 전통적으로 디테일에 약하다고 한 말을 수긍할 수 있었다.

중국인의 성격을 잘 보여주는 민담 중에 '差不多(차부다: 원래는 차이가 크지 않다는 의미인데 그럭저럭 대충이라는 의미로 흔히 쓰임)선생'이라는 말이 있다. 差不多 선생이 병이 나서 汪씨 성을 가진 의사를 찾아 가야 하는데, 이름이 비슷한 수의사 王 선생을 찾아 갔다가 제대로 치료받지 못하고 죽었다는 우스갯소리다. 그는 죽으면서도 자기 잘못을 인정하지 않고 '대충 비슷하잖아'하고 우겼다고 한다. 왕중추 수석컨설턴트는 중국에서는 큰 것만 중시하고 작은 것은 가볍게 여기는 문화가 오랫 동안 이어져 왔다고 말하고 있다. 그 예로 중국의 역사를 보면 철학자, 사상가, 문학가, 예술가는 많았지만 위대한 수학자나 과학자는 별로 없었다고 한다. 반면 디테일에 강한 일본의 경우 물리학상 11명, 화학상 8명, 생리의학상 5명 등 과학 분야에서 노벨상 수상자를 24명이나 배출할 정도로 두각을 보이고 있다.

삼성그룹의 고(故) 이병철 회장은 디테일에 관한 한 입신의 경지에 이른 사람이다. 그가 공장을 방문할 때 세 가지를 봤다는 얘기는 유명하다. 현장의 청결상태, 공장 앞 나무들의 건강상태, 기숙사의 정리정돈 여부로 공장의 생산성 등 직접적인 현안과는 언뜻 보기에는 관련이 없는 것처럼 보이지만, 치열한 경쟁 시대에서는 웅대한 지략을 품은 전략가 보다는 작고 평범한 일도 꼼꼼하게 처리하는 관리자가 필요하다는 것을 몸소 보여준 것이 아닌가 싶다. 고객을 위해서 평범하기를 거부하고 상상을 뛰어넘는 것을 추구하는 것도 필요하지만 평상시에 별로 중요하지 않다고 생각했던 것, 너무 작아서 미처 보지 못했던 것들을 발견하는 노력도 필요하다. 세상의 모든 디테일을 다 챙길 수 없지만 내가 집중해야 할 고객이 누구인지, 그리고 그들이 체감할 수 있는 가치가 무엇인지 명확히 하여 진정성을 갖고 디테일을 추구한다면 고객에게 한 발 더 가까이 다가갈 수 있을 것이다. 어느 기업의 신입사원 채용 면접 장소에 종이뭉치가 떨어져 있었다. 그것을 보지 못한 사람은 당연히 그냥 지나쳤고, 그것을 본 사람들도 무시하고 지나쳤다. 그런데 오직 한 지원자만이 바닥에서 휴지를 주워 휴지통에 버렸다. 그 버렸던 종이에는 "우리 회사에 입사한 것을 축하합니다"라고 적혀 있었다. 세월이 지나 종이뭉치를 주웠던 그 사람은 이 회사의 CEO가 되었다.

언행이 그 사람을 말한다

영국의 시장조사기업인 입소스(Ipsos)가 세계 23개 국가의 국민을 대상으로 조사한 결과 가장 신뢰를 받는 직업은 과학자로 나타났다. 2019년 8월 입소스가 공개한 직업에 대한 신뢰도 보고서에 따르면 조사 대상 국가에서 평균 60% 사람들이 과학자가 가장 신뢰할 수 있는 직업이라고 답한 것으로 조사됐다. 반대로 가장 믿을 수 없는 직업은 정치인이었다. 전체 23개 국가에서 사우디아라비아를 제외한 22개 국가에서 가장 믿을 수 없는 직업 1위를 기록했다. 평균적으로 응답자의 67%가 정치인에 대한 불신을 표시했다. 민주주의 국가 가운데 불신 비율이 가장 낮은 일본의 경우도 54%가 정치인을 가장 믿을 수 없다고 응답했고 가장 비율이 높은 아르헨티나와 남아프리카 공화국의 경우는 79%, 약 국민 5명 가운데 4명이 정치인에 대해 믿을 수 없다는 인식을 하고 있는 것으로 나타났다.

우리나라도 가장 신뢰할 수 있는 직업 1위는 과학자였다. 응답자의 42%가 과학자를 가장 믿을 수 있다고 말했고 의사와 선생님이라고 답한 사람들도 각각 28%와 27%를 차지했다. 신뢰도 상위권 직업은 세계 평균과 비슷했다. 정치인의 경우 우리나라에서도 역시 가장 믿지 못할 직업 1위를 차지했다. 정치인을 신뢰할 수 있다는 비율은 8%에 불과했다. 두 번째로 신뢰도가 떨어지는 직업은 광고사의 임원들로 10%였고, 정부 부처의 장관과 기업가들도 12%에 불과해 일반 국민들로부터 신뢰를 받지 못하는 직업으로 조사됐다. 흥미로운 점은 권력 기관에서 일하는 직업들에 대한 신뢰도가 높지 않다는 것이다. 일반인에 대한 신뢰도는 22%를 기록하여 6위로 조사됐지만 군인 18%, 경찰 21%, 판사 15%, 변호사 14%, 공무원 14%로 이들은 일반인보다 더 신뢰도가 낮은 것으로 조사됐다. 이는 한국 사회에서 지도층 인사들이 대중으로부터 신뢰받지 못하는 현실을 반영한 결과라고 할 수 있다.

언위심성(言爲心聲)이란 말은 사람의 생각과 감정을 반영한 것으로 말을 통하여 그 사람의 심성을 알 수 있다는 의미를 담는다. 그러기에 말은 행동과 부합할 때 비로소 온기를 얻고 언행이 일치할 때 사람의 말과 행동은 강인한 생명력을 얻는다. 그리고 상대의 마음에 더 넓게, 더 깊게 자리를 잡는다. 반면, 말과 행동 사이의 간극이 지나치게 크면 조직생활과 인간관계에서 큰 손해를 입게 된다. 직장에서 함께 일하고 싶지 않은 유형 1위는 "말과 행동이 다른 동료"로 늘상 '나중에 할게'라며 지키지 못할 약속을 남발하는 사람, 책임지지 못할 '호언장담'만 일삼는 동료라고 한다.

말은 늘 책임감을 동반한다. 본인이 내뱉는 말을 그대로 실행하여 언행일치를 보임으로써 타인의 신뢰를 얻게 된다. 가장 단순하지만 가장 어려운 방법이다. 우리는 주변에서 말과 행동이 일치하지 않아 신뢰를 잃는 사람들을 보게 된다. 방송에 출연해 사람들의 호기심을 자극하는 현란한 말재주와 놀라운 이야기로 주목을 끌고 인기를 얻지만, 뒤늦게 말한 내용이 사실이 아닌 것으로 밝혀져 논란을 빚은 연예인도 있고, 반드시 공약을 이행하겠다고 하면서 유권자들의 마음을 환심을 산 후 선거가 끝나면 언제 그랬냐는 듯 나 몰라라 하는 정치인도 너무나 많이 봐 왔다. 이렇듯 사람들의 본모습을 알게 되면 이들을 대하는 사람들의 태도는 완전히 달라진다. 인간적인 신뢰가 사라졌기 때문이다. 이는 비단 유명인 에게만 해당되는 이야기가 아니다. 사람은 누구나 평생 끊임없이 타인과 관계를 맺으며 살아갈 수밖에 없다. 한 개인에게 언행일치는 자신의 진실한 마음을 드러내고 타인으로부터 신뢰를 얻는 중요한 열쇠인 것이다. 2017년 세계적인 심리학 학술지인 『사이컬러지컬 사이언스(Psychological Science)』에 게재된 예일대학교 심리학, 경영학 연구진의 '왜 우리는 위선자들을 혐오하는가(Why de we hate hypocrites?)'라는 논문에서 위선자들이 조직에 얼마나 큰 해악이 되는지를 실험 연구를 통해 밝혔다.

연구진은 2,900명이 넘는 참가자를 대상으로 총 5차례의 실험 연구를 통해 사람들이 위선자와 거짓말쟁이 중 어떤 사람을 더 혐오하는지에 관한 결과를 심층 분석했다. 연구 결과에 의하면, 사람들은 언행불일치를 반복하는 한편 이를 거짓말로 모면하려는 사람보다 평소 올바른 언행일치를 강조한 사람이 뒤로는 남들을 기만하며 올바르지 않은 행동을 했을 때 더 크게 분노하는 것으로 나타났다. 원래부터 부도덕한 삶을 사는 사람보다 도덕적인 삶을 강조하다가 이면으로는 부도덕한 모습을 보인 사람을 만났을 때 대다수는 더 많이 분노한 것이다.

연구진은 연구 결과를 다음과 같이 해석했다. 대다수 대중은 원래부터 부도덕한 사람들에겐 별다른 관심을 보이지도 않고 화를 내지도 않는다. 부도덕한 인물로 각인되는 신호(Signal)를 그들로부터 받았기 때문이다. 그러나 도덕적인 모습을 보인 인물이 사람들 눈에 띄지 않는 곳에서 부정한 행위를 한 것으로 드러난 경우 대중은 그 사람이 이전에 보여준 도덕적인 발언을 가짜 신호(False signal)로 인지하고 더 큰 분노를 느낀다는 것이다. 연구진은 위선자의 문제가 조직 내에서 더 많은 불신과 위기를 자초한다고 강조했다. 리더의 발언 및 행동은 보이지 않는 순간에도 수많은 구성원에게 직·간접적인 영향을 미치는데, 언행불일치가 드러날 경우 구성원은 리더의 모든 언행에 환멸을 느끼게 되고 조직에 대해서도 커다란 불신감을 갖게 된다.

그리스 시대에 데모스테네스라는 웅변가와 데마데스라는 웅변가가 있었다. 두 사람은 그리스를 칭송하는 등 애국적인 연설로 사랑받았는데, 데마데스의 인기가 더 많았다. 데모스테네스는 준비된 내용이 없으면 아예 연설을 하지 않았지만, 데마데스는 천부적으로 타고난 달변가였기에 대중이 요청하면 즉석에서도 멋진 연설을 들려주곤 했다. 그런데 그리스가 카이로네이아 전투에서 마케도니아에 패하고 말았다. 그러자 데마데스는 마케도니아의 필리포스 왕에게 복종하고 그를 따르도록 그리스 시민들을 설득하고 다녔다. 반면, 데모스테네스는 시민들에게 전쟁 참여를 독려하고 수시로 마케도니아를 비판하는 연설을 했다. 평소 두 웅변가 모두 그리스를 칭송하는 연설을 하여 마치 애국자로 보였지만, 위기 상황이 닥치자 누가 진정으로 언행일치의 삶을 살고 있었는지 여실히 드러나고 만다.미국의 한 정신분석학자가 연구한 논문 내용이 소개된 것을 본 적이 있다. 그에 의하면 일반 사람이 하루 동안 말하는 것 중에서 선의든 악의든 사실과 부합하지 않는 거짓말이 80%를 넘는다고 한다. 말한 것을 실천하는 언행일치가 얼마나 적은지 유추해 짐작할 수 있다. 언행일치된 삶이 바르고 옳은 삶이라는 것을 부정할 사람은 아무도 없을 것이다. 문제는 그것을 실천하는데 우리가 얼마나 노력하고 있느냐하는 점이다.

공자는 '선행기언(先行其言)'을 중요하게 여겼다. 먼저 행동한 후 그 실천한 내용에 따라 말을 하라는 것이다. 공자는 실천을 수반하지 않는 공허한 말을 경계했다. 그래서 사람들이 말을 실천보다 앞서 하고, 자신이 내뱉은 말을 지키지 못한다면 신뢰를 잃고 만다고 특히 강조했다. 또한 공자는 선행기언을 마음에 새겨 부단히 노력한다면, 그 추구하는 바에는 못 미칠지라도 최소한 언행일치의 단계에 이를 수 있다고 말했다. 말이 행동으로 옮겨질 때 비로소 가치를 가진다는 진리를 꿰뚫고 있었던 것이다. 한 번, 두 번 지각한 사람이 어느 순간 '지각쟁이'로 각인되는 것처럼, 약속을 남발만 하고 자꾸 어기면 어느새 '약속을 잘 어기는 사람'이라는 낙인을 얻게 된다. 이 낙인은 한번 찍히면 참으로 지우기 어려우며, 지우기 위해서는 부단한 노력이 필요하다. 인간관계에서 상대에게 얻을 수 있는 기본적인 신뢰조차 한번 잃고 나면 되찾기가 꽤 어렵다. 그러므로 불확실한 미래의 일을 두고 당장 상대에게 줄 기쁨과 감동을 위해 함부로 약속하거나 호언장담하는 버릇을 버려야 한다. 약속을 가벼이 여겨 남발하는 사람들은 약속을 이행하지 못해도 부끄러움 없고, 마땅히 자신이 지어야 할 책임감도 인지하지 못함으로써 사람들로부터 신뢰도에 대한 중요성을 깨닫지 못하고 결국에는 파멸의 길을 밟게 된다. 언행일치의 반대말은 바로 '언행불일치'이다. 언행일치를 완벽하게 지키지 못했을지라도 자신이 얼마나 부족한지, 왜 약속을 못 지켰는지 솔직히 털어놓을 수 있는 용기가 필요하다. 언행불일치를 고백하는 것은 자신이 한 말의 무게를 느끼는 사람만이 할 수 있는 행동이다. 그래서 언행불일치에 대한 진심 어린 고백은 실망했던 상대에게 약속을 어긴 자신의 잘못에 대한 '이해'를 구할 수 있는 기회를 주고, 다음 약속을 다시 한 번 신뢰할 수 있게 하는 토대를 형성한다. 언행불일치를 고백하는 것은 본인에게도 득이 되는 행동이다. 타인에게 자신의 잘못에 대하여 용서를 구하는 말을 함으로서 다음에 같은 일이 벌어지지 않도록 스스로 경계하는 마음이 생기기 때문이다.

한 여인이 아들을 데리고 간디에게 와서 "선생님, 제 아들이 설탕을 너무 많이 먹어서 걱정입니다. 아들에게 설탕을 먹지 말라고 타일러 주십시오"라고 간청했다. 간디는 소년의 눈을 한 동안 응시하다가 여인에게 "보름 후 다시 아이를 데려오십시오"라고 이야기했다. 그 말을 듣고 여인은 "선생님, 저희는 선생님을 뵈러 아주 먼 곳에서 왔습니다. 아이를 타이르지 않고 그냥 돌려보내시면 어떡합니까?" 하고 호소했다. 간디는 다시 한 번 소년의 눈을 지그시 바라보고는 어머니에게 "보름 후 아이를 데리고 오십시오"라고 말했다. 보름 뒤, 여인은 아들을 데리고 다시 간디를 찾아왔다. 간디는 아이를 쳐다 본 후 "설탕을 먹지 마라, 얘야"라고 말했다. 어머니는 간디에게 고맙다는 말을 하면서, "왜 보름 전에 저희가 이곳에 왔을 때 설탕을 먹지 말라고 아이에게 말씀해 주시지 않았나요?" 하고 물었다. 그녀는 어려운 부탁도 아니었는데 그 먼 곳에서 힘들게 두 번이나 오게 한 것을 도저히 이해할 수 없었다. 그러자 간디는 "보름 전에는 저도 설탕을 먹고 있었습니다"라고 답했다.

사소한 일에서도 언행일치(言行一致)를 대단히 중요히 생각했던 간디는 자신은 설탕을 먹으면서 아이에게는 먹지 말라고 말할 수가 없었던 것이다. '어른 말을 들으면 자다가도 떡이 생긴다'는 옛 속담이 있다. 어른이 시키는 대로 하면 실수가 없을 뿐만 아니라 여러 가지 이익도 생긴다는 말이다. 그러나 어른의 말에 대하여 우리 신세대 청소년들은 반문할 때가 많다. 어른들은'그 말대로 살아왔고, 살아가고 있는가?'

[자신이 말한 것을 지키는 것이 간디의 설득의 비밀이었다]

자신감이 던지는 메시지

자신감이란 자신이 원하는 결과에 대한 긍정적인 기대라고 할 수 있다. 때문에 자신감은 직접적으로 사람들의 행동이나 의지에 영향을 끼친다. 실상 정치, 경제, 사회, 조직 등 모든 분야에서 이루어지는 일들은 자신감에 의해 결과가 좌우된다고 해도 과언이 아니다. 우리가 하는 모든 행동과 의사결정은 자신이나 다른 사람들이 약속한 바에 대해 얼마나 확신하는지에 따라 달라지기 때문이다. 자신감은 우리가 내딛는 발걸음이 조심스러워야 할지 아니면 대담해야 할지를 결정한다.

사람들은 자신에 대해 신뢰감이 없는 리더를 따르려 하지 않는다. 대부분의 사람들은 신뢰감을 주는 사람에게 자연히 끌리게 마련이다. 탱크를 앞세운 군대가 옐친대통령과 그의 민주주의 지지자들이 거처하는 정부 빌딩을 둘러싸고 있는 가운데 한 지휘관이 탱크부대에 포를 쏴서 옐친을 죽이라고 명령했다. 탱크부대가 진격해 오자 옐친은 빌딩에서 걸어 나와 탱크 위로 올라가 그 지휘관을 바라보며 민주 진영에까지 와준 것에 대해 감사를 표했다. 후에 지휘관은 군인들이 옐친 진영으로 투항할 의도는 없었으나, 옐친의 당당한 태도에 이끌려 그의 진영에 합류하기로 한 것을 인정했다. 자신감을 갖는 것은 긍정적이고 적극적인 성격을 형성하는데 있어 가장 중요한 자질이다. 뛰어난 성과를 이룬 리더들을 보면 자신이 처한 환경에 상관없이 자신감을 가지고 있다. 강한 자신감이 있는 리더는 다른 사람들에게 신뢰감을 주고 조직원들에게 자신을 강렬하게 부각시킨다. 그러나 자신감은 단순히 보여 주기 위한 것이 아니다. 자신감은 어떠한 일을 추진하든 강한 추진력을 부여한다. 훌륭한 리더는 그를 따르는 사람들로 하여금 리더 자신이 가지고 있는 자신감을 그들도 갖출 수 있도록 지도하며 동기를 부여한다.

영국의 몽고메리 장군(Bernard Montgomery)은 "리더는 남들에게도 강력한 영향력을 미칠 수 있는 긍정적인 사고와 태도를 지녀야 하며, 위기에 직면했을 때 인내할 줄 아는 결단력이 있어야 한다. 스스로 결과를 확신할 수 없을 때조차도 자신감을 발산해야 한다"라고 말했다. 몽고메리 장군은 리더에 대한 마지막 평가는 '회의를 마치고 그와 헤어졌을 때 구성원들이 얼마나 자신감을 갖게 되었는가'하는 것이라 했다. 자신감에 충만해 있을 때 성공은 긍정적 추진력을 생성한다. 승리할 것이라고 믿는 사람들은 어려운 순간에 봉착하더라도 결코 포기하지 않고 남들보다 몇 배 더 노력한다. 반면 패배에 익숙한 사람들은 쉽게 포기하므로 실패확률은 더 높아지게 된다. 무슨 일이든 긍정적 또는 부정적 방향으로 치닫게 되면 그러한 추세를 멈추기 어렵다.

한 대학교 야구팀 감독이 푸념하는 얘기를 들은 적이 있다. 고교시절 주목을 받았던 어느 투수 이야기였다. 그 투수가 연습 투구하는 모습을 보면서 그 감독은 "얼마나 공이 좋은가. 저 투수가 지금처럼 경기에서 던진다면 그야말로 언터쳐블한 투수일 텐데. 그런데 시합에 나가면 전혀 다른 투수가 된단 말이야. 자신감도 없이 던지는 것이 눈에 보이니 공이 좋게 들어갈 일이 없지"라고 말했다. 결국 그 투수는 좋은 공을 가지고도 일찍 은퇴할 수밖에 없었다. 그는 자신의 실패 사이클에서 자신을 구하지 못했다. 반면 고교시절에는 그다지 큰 주목을 받지 못한 선수들이 프로에 와서 자신의 기량을 뽐내는 경우가 많다. 비록 고교시절에는 성공하지 못했지만 스스로의 노력으로 성공사이클로 진입하는데 성공한 경우라고 할 수 있다. 사람들의 태도는 조직이나 사업에 확신을 가져도 될지 결정할 수 있는 시그널을 보낸다. 에스티 로더의 부회장이었던 지넷 와그너는 1999년 영업팀을 데리고 회사가 대형 마켓용으로 내놓은 신상품을 입점 시키기 위해 대형 할인체인점인 타깃(Target)과 케이마트(K-Mart) 두 회사를 방문하면서 정문에 발을 들이는 순간 두 회사의 미래를 직감했다고 한다. 타겟의 빌딩은 밝고 깨끗하게 관리되고 있었고, 고위 간부들이 나와 맞이했다. 또한 모두들 자신의 일에 대해 자부심과 열의를 갖고 있었으며 에스티로더가 제안하는 아이디어에 대해 철저히 준비했음을 알 수 있었다. 반면 케이마트 본부는 삭막해 보이고 내부는 어수선하고 정리가 되어있지 않았다. 그들을 대하는 케이마트 직원들의 얼굴은 무표정했으며 심지어 커피 조차 내어놓지 않았다. 그녀는 케이마트에서는 아무 것도 할 수 없다는 것을 깨달았다. 타겟이 보여준 자신감은 일류 공급자와 계약을 맺게 해줌으로써 소비자를 잡는다는 타겟의 전략을 확연하게 보여주었지만 공급자 앞에서 패배자처럼 행동한 케이마트는 패자가 되었다. 케이마트는 2002년 파산을 선언하게 된다.

미국 펜실베이니아주에 사는 한 소년이 AG 래플리 P&G 최고경영자(CEO)에게 편지를 썼다. "훌륭한 경영자가 되려면 어떻게 해야 합니까?"라는 내용이었다. 래플리는 추락하던 P&G를 구해낸 위대한 CEO로 꼽히는 인물이었다. 우리나라에서라면 소년의 편지는 비서실의 휴지통으로 들어갔겠지만 그는 달랐다. 래플리는 소년에게 진심 어린 조언을 보냈다.

"소박한 자신감(humble confidence)의 마인드를 가지세요. 절대로 배움을 멈추지 않겠다는 자기 인식을 가져야 한다는 뜻입니다"래플리의 조언은 자신감의 위험에 대한 경고장이다. 자신감이 강하면 스스로 어떤 점이 부족한지 모른다. 모르는 것조차 안다는 환상에 빠진다. 이 때문에 배움을 멈추게 된다. 반면 자신감이 낮은 사람, 다시 말해 '소박한 자신감'의 마인드를 갖춘 사람은 자신의 부족함을 안다. 그래서 배움을 멈추지 않게 된다. 래플리는 "자신감이 소박한 사람이 효과적인 리더가 될 수 있다"고 소년에게 조언했다. 래플리의 경고는 여러 실험을 통해서 구체적으로 입증됐다.

무능한 사람일수록 자신감이 높다는 '더닝-크루커 효과(Dunning-Kruger Effect)'가 대표적이다. 데이비드 더닝(David Dunning) 미국 코넬대 사회심리학 교수와 대학원생 저스틴 크루거(Justin Kruger)는 코넬 대학부생들을 대상으로 심리실험을 실시했다. 우선 학생들에게 논리적 사고 등에 대한 시험을 치르게 했다. 그런 다음 성적을 통보하고는 자신의 점수가 몇 등일지 예측하게 했다. 논리적 사고 등에 무능한 학생일수록 등수를 높게 예측했다. 반면 유능한 학생은 때때로 자기 등수를 실제보다 낮게 예측했다. 즉, 특정 분야에 대해 조금 아는 사람은 자신의 능력을 과대평가하는 경향이 있는 반면 적당히 유능한 사람은 자신의 능력을 과소평가하는 경향이 있다는 것이 요지이다.

그들은 자동차 운전, 체스, 테니스 및 유머 감각, 문법 지식, 논리적 사고력 등의 부문으로 테스트를 했는데 점수가 낮을수록 실제 성적에 비해 피험자 당사자의 등수 기대치(자신감)가 높았고 오히려 높은 성적을 받은 피험자들은 그 반대 경향을 보인 것이다. 실험 결과를 바탕으로 더닝 교수와 크루거는 무능한 사람일수록 자신의 능력을 과대평가하며 남의 진정한 능력을 제대로 인식하지 못한다는 결론을 내렸다. 결국 무능한 사람은 높은 자신감 때문에 자신이 남보다 뛰어나다는 착각에 빠진다. 이래서는 스스로의 역량을 키우기 위해 노력할 가능성이 낮아진다. 그 결과 계속 무능한 상태로 남게 된다.

[성공적인 리더에 대해 연설하고 있는 마샬 골드스미스]

CEO 리더십 코칭 전문 기관을 운영하고 있으며, 2009년 미국 포브스와 영국 더 타임스가 '세계에서 가장 영향력 있는 비즈니스 사상가 15인'으로 선정한 리더십 컨설팅 전문가인 마셜 골드스미스(Marshall Goldsmith) 박사의 리더십 컨설팅 철학의 제1원칙은 "환경을 변화시킬 수 없다면 자신을 변화시켜라"는 것이다. "주변 환경이 내 뜻대로 안 된다고 화내지 마세요. 지금 내가 하는 일과 조직 속에서 행복을 찾으세요. 자신의 삶이 행복하고 의미 있어야 훌륭한 리더십이 나오고 회사도 좋아집니다"라고 권한다. 그는 기업의 리더들이 가장 많이 저지르는 실수가 '지나친 자기 확신(self-confidence)'과 '자기중심적 태도(too much ego)'라고 했다. 그는 "대부분 리더들은 '내 생각이 옳다'고 확신합니다. 주변 사람들이 나를 어떻게 평가하는지 신경도 안 쓰지요. 이런 리더를 주변에서 어떻게 대하겠어요? 비위나 맞추면서 뒤에선 험담할 겁니다"라고 말한다.

골드스미스 박사는 리더라면 무슨 일을 하기 전에 그것이 꼭 해야 할 가치가 있는 일인지를 자문해봐야 하며, 그런 과정을 거쳐 쓸데없는 지시로 불신을 키우거나 사기를 꺾고 자신의 리더십까지 망쳐버리는 걸 피할 수 있다는 것이다. 그는 아마도 CEO와 리더들이 하는 말과 행동의 절반은 쓸데없는 짓일 가능성이 크다고 주장한다. 자기 과신에 빠지면 망상에 가까울 만큼 낙천적이 되고, 누구도 자신을 이길 수 없다고 믿게 된다. 이렇게 자기만족이라는 함정에 갇히게 되면 사람들은 기본 원칙을 무시하게 되어 결국은 실패하고 만다. 자신감이란 머릿속에만 존재하는 것이 아니다. 또한 자신감이란 마음먹으면 나타나는 것이 아니다. 사람마다 성격이나 분위기, 상황을 인지하고 받아들이는 방식은 다르기 때문에 주변의 상황을 충분히 인지하고 어떠한 준비가 필요할지 이해하고 이를 이행할 마음의 준비가 되어 있는 사람이나 조직에게 볼 수 있는 것이 자신감이다. 사람들이 속해 있는 조직과 시스템의 추진력이 조직의 문화를 형성하고, 사람들의 인식을 형성하며, 그것을 바탕으로 어떻게 행동할지를 결정하는 자신감이 형성된다.

프랑스의 철학자 샤를 페팽(Charles Pepin)은 이 자신감의 원동력을 두발자전거를 탄 어린아이에게서 찾는다. 두발자전거를 처음 배우는 어린아이가 결국 자신 있게 자전거를 탈 수 있는 이유는 **첫째,** 자신이 자전거를 탈 수 있다고 응원하는 아버지에 대한 믿음이다. **둘째로** 꾸준히 연습한 결과로 형성되는 자전거를 타는 실력이다. **마지막으로** 단순히 자전거를 탈 수 있게 됐다는 만족감을 뛰어넘는 삶에 대한 감사이자 기쁨이다.

페팽은 자신감의 원동력을 "타인에 대한 신뢰, 자기 실력에 대한 신뢰, 삶에 대한 신뢰"라고 정의한다. 자신감을 갖으려면 두려움을 극복해야 한다. 두려움은 의지를 가둔 감옥이라는 어느 철학자의 말처럼 인간의 내면에 잠재하는 두려움은 스스로를 위축시킨다. 누구나 성공을 꿈꾸는 동시에, 그 과정에 이르기까지의 어려움과 실패의 가능성 때문에 두려움을 느끼게 된다. 두려움이 느껴진다면 철저한 준비와 믿음을 점검하고 강화시켜 두려움을 축출하여야 한다. 두려움은 나가라고 해서 축출되지 않는다. 믿음을 채우면 두려움은 밀려 나간다.

퍼플오션의 진화

프랑스 유럽경영대학원 인시아드(INSEAD)의 한국인 김위찬 교수와 르네 모보르뉴(Renee Mauborgne) 교수가 1990년대 중반 가치혁신 이론과 함께 주장한 블루오션전략(blue ocean strategy)은 기업이 더 많은 가치를 창출하기 위해서는 경쟁시장이 아니라, 경쟁이 없는 새로운 시장을 창출해야 한다는 것으로 한때 많은 기업들에게 붐을 일으켰다. 산업혁명 이래로 기업들이 끊임없이 추구해 온 경쟁의 원리에서 벗어나, 발상의 전환을 통해 고객이 모르던 새로운 시장을 창출해야 한다는 전략이었다. 이 새로운 시장은 차별화와 저비용을 동시에 추구함으로써 기업과 고객 모두에게 가치의 비약적 증진을 제공하는 시장으로, 다른 기업과 경쟁할 필요가 없는 무경쟁시장이다. 기존의 치열한 경쟁시장 속에서 시장점유율을 확보하기 위해 애쓰는 것이 아니라, 매력적인 제품과 서비스를 통해 자신만의 독특한 시장, 곧 싸우지 않고 이길 수 있는 시장을 만들어 내는 전략을 말한다. 블루오션에 진입하기 위해서는 새로운 아이디어와 발상의 전환도 중요하지만 실패의 위험을 감수해야 하고 이전 개척자가 없으므로 투자비용이 많이 소요될 수밖에 없다. 기업의 입장에서는 경쟁이 치열한 레드오션(red ocean)에서 생존하느냐, 위험과 비용 부담이 큰 블루오션을 개척하느냐를 선택해야 한다. 그러나 위험과 비용 부담을 이겨낼 기업은 그리 많지 않다. 실질적인 대안은 이미 탄탄하게 형성된 시장에서 위험부담을 줄이고 차별화된 전략으로 경쟁력을 갖추는 것이 현실적인 방안이다. 이른바 퍼플오션 전략을 통해, 기업은 기존 시장에서의 차별성과 안정성을 동시에 얻을 수 있다. 퍼플오션(purple ocean)이란 레드오션과 블루오션을 조합한 말로 완전히 새로운 시장은 아니지만, 발상의 전환과 기술 개발, 서비스 혁신을 통해서 기존과 다른 새로운 파생 시장을 창출하는 것을 말한다. 경쟁자 없이 독주하는 전혀 새로운 시장이 블루오션이라면 과잉 경쟁으로 더는 성장 가능성이 없는 시장을 레드 오션이라 한다. 바로 이 '블루(파란색)'와 '레드(빨강색)'를 섞으면 보라색이 되듯 두 시장의 장점을 섞은 것이 퍼플오션이다. 퍼플오션은 미치 코헨(Mitch Cohen) 프라이스워터하우스쿠퍼스(PwC) 부회장과 존 스비오클라(John Sviokla) 익스체인지 소장(PwC의 비즈니스 싱크 탱크)의 저서 『억만장자 효과(The Self-made Billionaire Effect)』에서 나온 신조어다. 그들은 미국 경제 격주간지 포브스(Forbes)가 제시하는 전 세계 억만장자 중 자수성가형 인물 120명을 임의로 선택해 사례 분석해 이들의 80% 이상이 기존의 레드오션에서 새로운 기회를 창출한 퍼플오션 전략을 취했다고 분석했다.

모든 기업이 블루오션에서의 성공을 목적으로 전략을 수립하고 추진한다면, 실패하는 기업이 훨씬 더 많을 것이다. 블루오션에서 성공하기 위해서는 개발하는 제품의 시장규모가 크고, 기술의 독창성이 뛰어나 어느 누구도 단기적으로 모방할 수 없어야 한다. 신약개발에 소요되는 연구개발비가 최소 10억불 이상이 드는데 성공가능성은 매우 낮다. 통계적으로 보면 10,000개의 후보물질 가운데 전 임상단계를 거쳐 5개의 후보물질만이 임상단계에 진입하게 되고 이중 1개가 최종적으로 출시된다. 국내 제약회사가 신약개발에 어려움을 겪는 이유는 막대한 연구 개발자금을 투입하고도 실패한다면 기업의 존위 자체가 흔들릴 수도 있기 때문이다. 블루오션이 보장되는 블록버스터급 신약개발보다는 바이오시밀러(biosimilar) 시장에서 승부를 거는 것이 당장 현실적으로 설득력 있는 전략이 될 수 있다. 바이오시밀러 시장에서의 경쟁력은 규모의 경제를 통한 가격 경쟁에 있기 때문에 국내 제약사에게 유리할 수 있다. 이른바 퍼플오션 전략이 유효한 것이다.

중국 전자상거래 업체인 핀둬둬(拼多多)는 알리바바나 징둥(京東)과 비교하면 별로 알려지지 않은 기업이다. 2015년 회사가 설립된 데다 창업자인 황정 회장도 특별한 창업 스토리를 갖고 있지 않았다. 그러나 핀둬둬는 설립 후 3년만에 총 거래액 2,000억 위안(약 34조원)과 3억 명의 이용자를 돌파했고, 2018년 7월 미국 나스닥 시장에 상장했다. 포브스는 황정 회장의 재산 가치가 작년 6월말 기준으로 454억 달러로 평가되어 알리바바의 마윈을 3위로 밀어내고 중국의 부호 2위로 올라섰다고 보도했다. 알리바바와 징둥의 선전으로 비집고 들어갈 틈이 없다고 여겨졌던 중국 전자상거래 시장에서 핀둬둬가 극적인 성공을 거준 이유루 중간 유통단계를 생략하면서 품질 좋은 제품을 낮은 가격으로 공급했고, 이는 소비자의 입소문을 타고 이용자수가 대폭 증가하는 선순환구조를 이뤘기 때문이다. 알리바바나 징둥의 경우 자체 물류센터나 전자지급결제 시스템을 갖췄지만, 핀둬둬는 텐센트의 위챗 플렛폼을 적극 활용했다. 사용자 12억명이 넘는 위챗과 동행하며 소비자의 빅 데이터 수집과 마케팅, 결제 등을 용이하게 진행할 수 있게 되었다. 그 결과 신규 소비자의 유입이 증가하였고, 이를 통해 핀둬둬의 서비스를 빠르고 광범위하게 전파했다. 특히나 핀둬둬는 기존 전자상거래 업체들의 경쟁이 치열한 대도시를 벗어나 중소도시에 집중했다. 알리바바나 징둥이 대도시에 살며 정품을 선호하는 구매자를 대상으로 마케팅에 집중한 반면, 핀둬둬는 인구 15만 명 이하의 도시에 집중한 것이다. 이 과정에서 유명 브랜드보다는 중소상인들이 만든 농산품과 의류, 생활용품과 OEM 업체를 통해 생산한 품질 좋은 제품을 팔면서 구매자들로부터 좋은 호응을 끌어냈다.

롱테일 법칙(The long tail)에서 80%에 해당하는 꼬리 부분의 시장은 퍼플오션에서 기업이 진입하여 생존해야 할 시장으로 공유된다. 일명 긴 꼬리 법칙이라고도 불리는 롱테일 법칙이란, 미국의 인터넷 비즈니스 잡지 'Wired'의 편집장인 크리스 앤더슨(Chris Anderson)이 처음으로 사용한 용어이다. 어떤 기업이나 상점에서 팔리는 제품들을 판매량이 높은 순서대로 나열하고 판매량들을 그래프로 나타낸다면, 판매량이 높은 제품들은 급경사를 이루며 짧게 이어지지만 판매량이 낮은 제품들은 완만한 기울기로 길게 이어진다. 이 때 그래프의 모습을 보면 판매량이 높은 제품군은 공룡의 머리와 몸통과 같은 모습이고 판매량이 낮은 제품군은 공룡의 긴 꼬리처럼 낮지만 길게 이어진다. 공룡의 머리와 몸통 부분에 집중한 것이 파레토의 법칙이라면 롱테일 법칙은 공룡의 꼬리 부분에 집중한 것이다. 결국엔 판매량이 낮은 공룡의 꼬리 부분이 총 면적 부분에서는 앞의 머리와 몸통보다 더 크다는 의미로 즉 꼬리 부분에 해당하는 상품들의 총 판매량이 머리와 몸통 부분의 인기상품의 총 판매량을 압도한다는 것이다. 이를 통해 인기상품의 판매량을 압도하는 틈새상품의 가치를 알 수 있다. 80%의 '사소한 다수'가 20%의 '핵심소수' 보다 뛰어난 가치를 창출할 수 있다는 것이다. 롱테일 법칙의 사례에는 여러 가지가 있다. 온라인 서점 아마존닷컴의 전체 수익의 절반 이상은 비주류 책들을 판매한 수익이다. 광고업계에서는 구글 애드센스(Google AdSense)가 있다. 텔레비전이나 신문과 같은 대형매체들은 대형 광고주 위주의 광고시장이었으며 상대적으로 작은 규모의 광고주들은 소외되어 왔고, 작은 규모의 매체 또한 소외되어왔다. 그러나 구글 애드센스는 이러한 작은 규모의 매체인 웹페이지들로 하여금 저렴한 광고 기회를 제공한 결과 이제는 구글 애드센스 전체 매출의 50%를 만들어 내고 있다. 위와 같은 사례를 통해 과거에는 주목받지 못하던 사소한 다수들이 큰 영향력을 미치고 있음을 알 수 있다. 이에 반하여 파레토 법칙은 유통 경로가 제한되어 있다는 가정을 전제로 한다. 유통경로가 제한되어 있기 때문에 제작물을 선택할 수밖에 없고, 그렇다면 가능한 많은 수익을 낼 수 있는 20%를 만족시키는 제작물을 경로에 올려놓아야 한다는 결론에 도달하게 되는 것이다. 그런데 만약 유통 경로가 모든 제작물을 수용할 수 있을 만큼 제한이 없다면 그 시장은 한정적일 수밖에 없다. 롱테일법칙의 핵심은 경로가 다양화되고 모든 선택을 가능하게 하면 꼬리부분에서도 큰 선택이 가능해진다는 점이다. 이러한 예는 매출의 90%이상을 롱테일에서 얻는 '아마존'에서부터, 일반인의 참여를 이끌어 내어 백과사전의 방대한 지식을 제공하는 '위키피디아'까지 다양한 영역에서 실현되고 있음을 확인할 수 있다.

파레토 법칙이 세상을 지배하던 가운데 롱테일 법칙이 등장하게 된 직접적인 계기는 바로 인터넷의 발달 덕분이다. 인터넷 가상공간의 시장에는 히트상품보다 틈새상품이 훨씬 더 많다. 온라인 서점을 예로 들면 온라인 서점은 오프라인 서점과는 달리 공간의 제약을 받지 않는다. 따라서 온라인 서점은 오프라인 서점에서는 인기가 없어서 서가에 배치되지 못할 책들까지 모두 소개할 수 있다. 또한 온라인 서점의 소비자들은 검색을 통해서 자신이 원하는 도서정보를 찾을 수 있고, 다른 소비자들과 소통하여 제품에 대한 다양한 정보를 공유할 수 있다. 그 결과 오프라인 서점에서는 소비자들의 눈에 띄지 못하던 도서들이 다양한 취향을 가진 소비자들에 의해서 팔리게 되고 전체적으로는 인기

상품의 판매량을 압도하게 되는 것이다. 이와 같은 양상은 틈새상품을 구매하는데 드는 비용을 줄여 경쟁력을 갖추어야만 가능하다.

그러기 위해서는 **첫 번째는 생산도구를 대중화하는 것이다.** PC가 좋은 사례이다. PC는 인쇄기에서부터 영화와 음악스튜디오에 이르기까지 모든 것을 통합했다. PC의 힘은 불과 몇 년 전까지만 해도 전문가들만이 해왔던 작업을 일반인들도 할 수 있게 해주었다. 그 결과 비용 절감으로 이어져 이용할 수 있는 상품들의 수가 대폭적으로 증가했다.

두 번째는 유통비를 줄임으로써 낭비되는 비용을 줄이는 것이다. 온라인으로 컨텐츠를 유통시키는데 드는 비용은 트럭, 창고, 진열대를 통한 오프라인 유통비용 대비 1/100 수준이다.

세 번째는 수요와 공급을 이어주는 것으로 고객들에게 새로운 제품들을 소개함으로써 꼬리부분의 수요를 높이는 것이다. 아이튠스의 입에서 입으로 전달하는 추천음악, 고객이 리뷰를 쓰도록 문을 열어둠으로써 고객과 직접 만나는 블로그등을 들 수 있다. 고객들에게 이런 장치를 제공하면 틈새 컨텐츠를 찾는데 들어가는 검색비용은 더 줄어든다.

최근 들어 사회 전반적으로 독점의 영향력이 현저하게 줄어들고 있다. 영화산업을 예로 들어 보자. 요즘에는 영화를 볼 수 있는 경로가 대단히 많아졌다. 특히 영화가 디지털 파일로 저장되면서 영화를 보여주는 경로는 상영관에서 벗어나 데스크톱, 노트북, PMP 등 정보화기기만큼 다양한 경로를 확보하게 되었다. 이렇게 경로가 다양화되면서 소수이기 때문에 외면 받던 문화들이 표면위로 올라오기 시작하였다. 사람들은 한 가지 종류를 동시에 선택하던 Mass의 시대를 벗어나 각자가 선호하는 것을 선택하고 열광하는 다양성의 시대로 진입하게 되었다. 네트워크가 비로소 경로의 다양성을 제공 하였고, 이를 통해 비로소 사람들의 다양한 요구를 충족시키기 위한 새로운 퍼플오션이 생성되고 있다.

이청득심(以聽得心)

통계적으로 의사들은 환자의 말을 평균 17초 만에 자른다고 한다. 때문에 환자의 증상을 세밀히 판단하지 못해 의료문제가 발생, 많은 사회적 손실이 일어나고 있다. 다른 전문직 종사자들이나 고객문제를 처리하는 상담사의 경우에는 의사들의 경우보다도 더욱 짧다고 한다.

말하기보다 듣는 것이 더 중요하다고 사람들은 생각하지만 실제로 듣는 사람들은 여전히 별로 세상에 존재하지 않다. 철학자인 모티머 애들러(Mortimer J. Adler)는 지금으로부터 약 40년 전에 이미 듣기의 중요성에 대해서 이렇게 말했다. "사람들이 듣지 못하는 이유는 듣는 법을 배운 적이 없기 때문이다" 듣는 능력 또한 재능이며 훈련이 필요한 일이다. 이토록 중요한 사실을 모르는 사람이 왜 이리 많은지 나로서는 알 수가 없다. 경청은 가만히 앉아 있으면 되는 일이 아니라 노력과 훈련으로 완성된다. 말로는 누구나 듣는 일의 중요하다고 하지만 실제로 듣는 연습을 해야 한다는 것이다.

경청이란 한마디로 귀를 기울이는 것이다. 상대방의 말과 행동에 집중하는 것은 상대방이 얼마나 소중한 존재인지를 인정해주는 태도라고 할 수 있다. 현대인의 삶속에서 경청의 중요성은 점점 증가하고 있다. 미래학자인 톰 피터스(Tom Peters)는 "20세기가 말하는 자의 시대였다

[경청의 자세]

면, 21세기는 경청(傾聽)하는 리더의 시대가 될 것이다"라고 예언했다. 성공하는 사람과 그렇지 못한 사람의 대화 습관엔 뚜렷한 차이는 바로 경청하는 습관이다. 신은 인간에게 두 개의 귀, 하나의 입을 주었다. 인간은 깨어있는 시간의 70%를 의사소통에 사용하고 있다. 그중 48%가 듣기, 35%가 말하기, 1%가 읽기, 7%가 쓰기이며, 기타가 9%라고 한다. 의사소통의 절반은 듣기가 차지하고 있다.

경청은 단순히 상대의 말을 듣는 것이 아니라 귀 기울여 듣는 것을 의미한다. 의지와 정성을 가지고 마음까지 열고 듣는 정성을 필요로 하는 것이다. 사람의 마음은 누구나 어린 아이와 같아서 인정받고 싶고, 자신의 말에 대해 공감 받고 싶어 하는 본성이 있다. 내 주장을 말하고 싶다면 먼저 상대방의 표현 욕구를 충족시켜 주어야 하는 것이다. 공감은 듣기에서부터 시작된다. 이야기하는 것보다 듣는 것은 늘 어렵다. 인간이 태어나서 말을 배우는 데는 대략 2년이라는 시간이 걸리지만, 남의 말에 귀를 기울이는 데는 60년 이상이라는 세월이 걸린다. 60세를 이순(耳順)이라고 하는데, 이는 인생에 경륜이 쌓이고 사려와 판단이 성숙하여 남의 말을 순하게 받아들일 수 있게 되었다는 의미이다. 그러나 경청은 실로 엄청난 파급효과를 몰고 온다. 그래서 현대사회에서 경청의 중요성은 나날이 증가하고 있다. 리더가 되려면 반드시 경청하는 법을 배워야 한다. 리더의 힘은 경청으로부터 오는 것이다. 듣는다는 것, 그것은 포커스를 맞추어 제대로 집중해서 들어야 함을 의미한다. 상대의 제스처, 눈빛, 태도, 손동작, 움직임 등을 하나하나 면밀히 파악하면서 들어야만 말하는 상대의 생각과 마음을 이해하고 공감하고 읽어낼 수가 있다. 사람은 무언가 뜻을 이루려면 그 사람의 마음을 움직여야 한다. 그러기 위해서는 더욱 상대의 말을 잘 들어야 한다. 사람들이 진정으로 원하는 것은 자기 말을 진정으로 잘 들어 주고 자기를 존중해주며 이해하는 것이라는 것을 인식해야 한다.

경청은 바르고 진실 된 마음가짐으로 상대방의 이야기에 귀를 기울이는 것이다. 진정한 의미의 경청이 되기 위해서는 상대방에 대한 깊은 관심과 사랑이 있어야 한다. 『목적이 이끄는 삶』의 저자 릭 웨렌(Rick Warren)은 듣는 방식에는 네 가지 기본 형태가 있다고 주장한다. 자신의 고정관념으로 남을 판단하는 '판단하며 듣는 사람'이 인구의 17%이고, '질문하며 듣는 사람'이 26%며, 상대방을 말을 듣자마자 어떤 조언을 해 줄 것인가부터 생각하는 '조언을 하며 듣는 사람'이 35%나 되고, 상대방이 이야기하는 내용뿐만 아니라 그 사람의 기분까지도 공감하는 '감정이입을 하며 듣는 사람'이 22%라고 밝혔다. 그는 귀로만 듣지 말고 눈으로 들으려고 노력해 보라며 '감정이입을 하며 듣는 사람'이 사용하는 접근법이 가장 효과적인 방법이라고 말한다. 상대방에 대한 깊은 관심과 사랑이 없이는 말 이면의 기분과 감정에 동조하는 깊은 경청은 일어나지 않는다는 것이다. 최근 들어 일부 미국의 CEO들은 별도의 경청 훈련까지 받는다고 한다. 최근 기업 내에서 원활하지 않은 의사소통으로 기인한 문제들과 이를 해결하는데 소모되는 비용만도 수백만 달러에 이르기 때문이다. 심리학과 상담학, 정신분석학에서는 오래전부터 경청의 능력에 주목해왔다. 특히 부모와 자식처럼 수직적인 관계에서는 남의 말을 잘 듣는 것이 쉽지 않기 때문에 자기주장을 하기에 앞서 상대방의 말을 잘 듣는 훈련을 하는 것만으로도 의사소통에서 비롯된 갈등이 쉽게 풀린다고 한다. 커뮤니케이션 전문가인 래리 바커는 오랜 연구를 통해, 인간이 4가지 듣기 유형을 갖고 있으며 **'말을 하는 입이 아니라 말을 듣는 귀'**가 모든 대화의 성패를 좌우한다는 사실을 밝혀냈다. 그의 저서인 **『마음을 사로잡는 경청의 힘』**에서는 인간이 대화하는 사람, 대화의 시간 여유, 대화의 내용성, 대화의 실용성 등 네 가지 가운데 한두 가지 요소에 본능적으로 끌리며, 이 관심사에 따라 듣기 성향이 갈리고 대화의 스타일과 장단점도 뚜렷하게 구별된다고 주장했다. 그는 이 책에서 체크리스트를 통해 각자 자신의 듣기성향을 파악할 수 있도록 하여 경청의 개인적인 문제점을 해결하는 방법을 제시하였다. 또한 한때 자동차 업계의 최고봉이었던 GM이 최근 극심한 경영난을 겪고 있는 것도 고객과 직원, 주주들의 말을 경청하지 않았기 때문임을 시사하며 반대로 직원들의 말을 경청하여 비용은 절감하고 품질을 높일 수 있었던 도요타의 예를 통해 경청의 중요성은 기업에게도 예외가 아님을 강조했다. 들을 귀를 잃어버린 사람들은 자기중심적 대화를 나누게 된다. 대화를 나누면서 그 중심에 자기가 있다. 그래서 대화를 나눌 때 들으려 하기보다는 계속해서 말하려고 한다. 그리고 들을 때도 상대방의 말을 진지하게 경청하지 못하고 대체로 다음의 특징을 보인다.

첫째, 선별해서 듣는다. 상대방의 이야기 가운데 듣고 싶은 이야기, 듣기 좋은 이야기만 듣는다.

둘째, 계산하며 듣는다. 상대방이 어떤 이야기를 할 때 자기의 손익을 계산하면서 내게 도움이 되는지 아니면 내게 손해가 되는지를 판단하면서 듣는다.

셋째, 할 말을 생각하며 듣는다. 상대방이 어떤 이야기를 할 때 자기가 어떻게 응답할 것인지를 생각하며 듣거나 때로는 어떻게 변명할 것인지, 때로는 어떻게 공격할 것인지, 때로는 어떻게 잘 보일 수 있을 것인지 등을 생각하며 듣는다. 생전의 성철스님이 산불조심을 거꾸로 읽으면서 심조불산이라고 했더니, 뒤따르던 보살들이 마음을 붙들어 흩어지지 않게 하라(心操不散)는 명언이라고 받아 적는 것도 다 존경심이 빚어낸 난청(難聽)이다.

경청을 습관으로 발전시키려면 구체적으로 어떤 방법이 있을까?

다른 사람의 이야기를 잘 듣는 실제적인 훈련을 해야 한다. '인디언 토킹스틱(Talking Stick)'이라는 것이 있다. 인디언들은 회의를 할 때 이 토킹스틱을 사용한다. 한 사람이 이야기할 때 나무 지팡이를 가지고 자기 의견을 말한다. 그 사람이 말할 때는 누구도 끼어들 수 없다. 지팡이를 들고 자기가 하고 싶은 말을 다 할 때까지 말을 하는 것이다. 이 때 다른 사람들은 모두가 다 그 사람의 말이 끝날 때까지 무슨 이야기 든 다 들어준다. 우리는 토킹스틱을 생각하며 들을 필요가 있다. 누군가가 말할 때 토킹스틱을 가지고 있다고 생각하며 잘 들어줄 필요가 있다.

DVD렌탈 사업으로 시작해 전 세계적으로 콘텐츠 산업을 주도하고 있는 넷플릭스는 미국의 대표 기술 기업을 일컫는 FAANG(Facebook, Amazon, Apple, Netflix, Google)에 속할 정도로 크게 성장했는데, 여기엔 적극적인 소통을 장려하는 조직문화가 있었다. 2명의 임원이 서로 의견이 달라 큰 갈등이 생긴 일이 있었다. 이를 해결하기 위해 CEO 리드헤이스팅스는 두 임원에게 경영진 앞에서 공개토론을 하도록 했다. 단, 규칙이 있었다. 상대편의 입장에서 주장하도록 한 것. 결국 토론에서 이기려면 상대편의 입장이 되어야 했던 것이다. 이를 통해 두 임원은 상대방의 입장을 깊이 이해할 수 있었고, 어려운 문제일수록 한 쪽 주장만 있을 수 없음을 배웠다. 업무라는 것은 수많은 관계의 집합이다. 같은 회사 내에서도 각 부서의 복잡한 상황들이 연결되어 있고, 협업하는 과정에서 동료들의 숨은 고민과 헌신이 뒤섞인다. 소통은 그런 속사정들을 오해 없이 이해해가는 과정이다. 그리고 그 과정에서 상대방을 이해하려는 노력이 바로 경청이다. 모두가 먼저 이해 받으려 하면 아무도 이해 받지 못한다. 그러니 반대로 **상대를 먼저 이해하려는 노력이 필요하다.** 듣고 말하되, 그 말은 상대의 이야기에 집중되어야 한다. 상대를 온전히 이해하고 나면 그때부터 올바른 소통이 시작되니까. 경청은 상대방의 말에 관심과 집중을 의미하며 온전히 상대방에게만 주목하고 그의 말과 감정을 수용하는 것을 말한다.

경청도 건성으로 듣는 것에서부터 맞장구를 치거나 공감하면서 듣는 적극적 경청, **말하지 않는 것까지 듣는 최고의 단계인 맥락적 경청이 있다.** 맥락적 경청이 중요한 이유는 의사소통 과정에서 단어로 전달되는 효과는 매우 낮기 때문이다. 심리학자이자 UCLA의 교수였던 앨버트 메라비언(Albert Mehrabian)이 발표한 이론 '메라비언 법칙'에 그 해답이 있다. 그는 상대방에 대한 인상이나 호감을 결정하는데 있어서 보디랭귀지는 55%, 목소리는 38%, 말의 내용은 7%만 작용한다는 것이다. 따라서 말하는 사람의 말을 들으면서 어떤 의도를 가지고 얘기를 하는지 언어적 요소 이외의 표정, 음성 등 다른 단서를 통해 숨은 의도를 정확하게 파악할 수 있어야 한다. 즉 말의 이면을 빠르게 꿰뚫어 비언어 속에 숨은 뜻의 감정까지 듣는 것이다.

"지혜는 들음에서 생기고 후회는 말함에서 생긴다"는 영국 속담이 있다. 대화의 주도권을 갖는 것이 말이 많은 것에 있는 것이 아니다. 이는 자칫하면 상대방으로 하여금 대화를 기피하게 하는 원인이 될 수도 있다. 일방적인 명령, 설교, 유창한 언변은 한계가 있다. 자신의 주장을 말하기에 앞서 귀 기울여 듣는 자세가 필요하다.

사회적 자본의 확충이 시대적 과제이다

제2차 세계대전이 한창이던 1942년 일본군은 필리핀의 바탄반도에서 전쟁포로들을 강제로 이주하는 작전을 펼친다. 이 과정에서 미군과 필리핀군 포로 7만 명 중 1만 명 정도가 죽었다고 한다. '바탄 죽음의 행진'이라는 이름이 붙여진 이 행군에서 살아남았던 사람들은 의지할 친구가 있는 사람들이었다. 어렵고 힘든 고난의 행군에서 자신을 지켜줄 수 있는 친구가 없는 사람들은 이 상황을 버텨내지 못했다. 친구 간의 끈끈한 신뢰가 삶의 끈을 놓지 않고 끝까지 버틸 수 있는 힘의 원천이 된 것이다.

우리는 태어나면서부터 주위 사람들과 관계를 맺으며 살아간다. 그러한 관계들을 통하여 하나의 공동체를 이루고 사회를 구성한다. 그리고 그 속에서 우리는 서로를 신뢰하고 믿으며 충실한 관계를 형성한다. 이해득실의 계산 없이 그 자체로서 보듬어주고 사랑해주는 것이다. 그러나 때때로 인간은 상대를 자신의 목적을 달성하기 위한 수단으로만 간주하는 경향이 있다. 특히 현대인들에게서 모든 관계의 생성은 과연 자신에게 어떠한 이득이 있는지에 따라 결정되고 심지어 기존의 관계조차도 이득이 없다고 판단되면 허무한 경우도 흔하다. 진정으로 상대를 위하는 관계가 아니라, 자신에게 도움이 되고 이득이 존재하는 이해

타산에 의한 관계에만 집중하고 있다. 소설 '엘리베이터에 낀 그 남자는 어떻게 되었나'는 이러한 관계의 단면을 명확히 지적한다. 위험에 처한 사람을 보았음에도 당장 자신에게 도움이 되지 못하므로 외면하고 마는 극단적 이기주의의 전형을 보여주는 것이다.

OECD가 35개 회원국의 사회 신뢰도를 조사한 결과에 의하면 '다른 사람들을 신뢰할 수 있는가'라는 물음에 한국은 26.6%만이 '그렇다'고 응답해 23위에 머물렀다. 덴마크가 74.9%로 가장 높았고 노르웨이(72.9%), 네덜란드(67.4%), 스웨덴(61.8%) 순이었다.

한국은 OECD 평균(36.0%)에도 훨씬 못 미쳤다. 일본(38.8%), 미국(35.1%)보다 낮았다. 사법시스템에 대한 신뢰도는 27%로 34개국 중 33위로 최 하위권이었다. 한국의 사회규범 지수는 100점 만점에 86.6점으로 조사대상 22개국 중 17위에 머물렀다. 일본이 93.8점으로 가장 높았다. 사회 네트워크 수준도 최하위권으로 분류됐다. '필요할 때 의지할 사람이 있는가'라는 설문에 '그렇다'는 응답은 77.5%로 35개국 중 34위에 머물렀다. 경제학자들은 신뢰를 '사회적 자본(social capital)'으로 간주한다. 신뢰가 노동이나 자본처럼 경제성장에 큰 역할을 한다는 뜻이다. 미국의 정치학자인 프랜시스 후쿠야마는 「트러스트」라는 책에서 "지속적인 경제성장을 달성한 국가는 신뢰라는 자본이 풍부한 국가"라고 설파했다. 신뢰는 구성원들 간 문제만이 아니다. 국민이 국가를 믿을 만하다고 생각하고, 국가가 국가와 국민, 국민과 국민 사이의 법적 이행을 감시하고 사회적 약자를 보호할 수 있을 때에 높아진다. 사회 구성원들이 상호 신뢰하고 타인에 대한 믿음을 보이는 집단은 그렇지 않은 집단보다 많은 것을 이룰 수 있다. 2002년 월드컵 대표팀은 객관적으로 열세인 전력임에도 불구하고 팀원들 간의 희생과 헌신으로 단합한 결과 그 누구도 예상치 못했던 4강 신화를 이뤄낼 수 있었다.

경제학자인 애로(Arrow)는 "모든 상거래에는 신뢰라는 요소가 있으며, 경제적 후진성의 대부분은 결국 상호 신뢰의 결핍으로 설명할 수 있다. 세계 후진 국가의 상당수는 상호신뢰의 결핍 때문에 발전하지 못하고 있다는 주장도 결코 무시할 수 없다"고 말한다. 사회 구성원 간 상호신뢰가 부족한 국가일수록 경제발전이 낙후된 국가라는 것이다. 국제적인 연구에 따르면 타인을 신뢰한다고 응답하는 사람의 비율이 10% 떨어질 경우 경제성장률은 0.8%가량 낮아지는 반면 신뢰가 10% 높아질 때 1인당 국민소득은 0.5% 증가하는 것으로 조사됐다.

미국 하버드대 타룬 칸나(Tarun Khanna)교수는 '신뢰받는 사회적 제도(trusted institutions)'는 한 사회를 두 가지 측면에서 좀 더 나은 사회로 만든다고 한다.

첫째는 사람들의 일상생활을 예측가능하고 단순하게 만들어 주는 것이고, 둘째는 새로운 유형의 사회적 협력이 일어날 수 있도록 한다는 것이다.

반면, 사회적 제도에 대한 신뢰의 소멸은 상당한 사회적 비용을 초래한다고 경고한다. 시민들 사이의 사회적 신뢰가 결핍될수록 법과 규칙을 지키지 않을뿐더러, 세금납부를 기피하고, 나와 다른 의견에 관용적이지 못하며, 선동적 정치인이 득세하며, 사회구성원 간의 상부상조가 줄어든다고 한다. 사회적 신뢰의 소멸은 곧 한 사회의 혁신성과 창의성 발현의 토양을 앗아간다는 것이다.

크리스틴 로드(Kristin M. Lord)가 『스탠포드 사회적 혁신리뷰(Stanfort Social Innovation Review, SSIR)』에 기고한 글에서 사회적 신뢰는 여러 가지 요인들이 사회 내 허위정보와 양극화, 극단화를 촉진시키는 과정에서 약화된다고 주장한다. 즉, 민간 분야에서의 부정부패, 선동적이고 자극적인 정치적/사회적 발언, 시민의 안전을 비록한 필수적인 공공서비스에서의 정부의 무능력, 법치의 붕괴, 경제적 불평등의 증가, 사회 구성원 개개인의 목소리 또는 투표가 중요하지 않게 여겨지는 분위기, 정치 및 사회 엘리트, 유력인사들이 공적 시스템의 사적 유용, 및 선정적, 자극적 언론보도 및 소셜미디어 분위기 등을 그 예로 들었다. 정확히 우리 사회가 가지고 있는 병폐들이다. 이를 반영하듯 세계 각국이 얼마나 잘사는지를 평가하는 조사에서 한국이 종합적으로 상위권을 달렸으나 세부항목인 사회자본에선 바닥권을 기는 것으로 나타났다.

영국의 싱크탱크 레가툼연구소(Legatum Institute)가 25일 발표한 '2019 레가툼 번영지수'에 따르면 한국은 이 같은 사회자본 부문에서 전체 167개국 중 142위를 차지했다. 이는 중동의 레바논, 아프리카의 우간다, 동유럽의 벨라루스, 남미의 페루 등과 비슷한 수준이다. 아시아에서는 일본이 132위로 한국과 마찬가지로 이 부문에서 낮은 평가를 받았다. 레가툼 연구소는 사회자본 항목에 대해 특정 국가에서 개인적 관계, 사회적 관계, 제도에 대한 신뢰, 사회규범, 시민의 참여가 얼마나 강력한지 측정했다고 밝혔다. 이 연구소는 "제도에 대한 신뢰, 개인 사이 신뢰는 세계 각국이 진정한 번영을 구축하기 위해 핵심적인 두 요소"라고 설명했다. 한 국가의 사회적 자본이 낮은 이유는 정부 등 공적 기관에 대한 신뢰 상실이 주요 원인인 경우가 많다. 이는 공정한 법 집행, 금융과 소유권 보호에 관한 불신, 부정부패 등이 호혜의 규범을 저하시켜, 법을 어기는 것이 이익이라는 의식이 팽배하기 때문이다. 이제 우리나라는 과거와 같은 고도의 경제성장이 쉽지 않다. 설령 고도의 경제성장이 가능하다고 하더라도 경제성장만으로는 행복한 사회가 되지 못하고 선진국 진입이 어렵다는 것을 자각하여야 한다.

우리는 하루속히 사회적 자본 확충을 위해 노력하여야 한다. 사회적 자본을 높이기 위해서는 국민의 의식 수준의 향상도 중요하지만, 특히 정부가 더 많은 노력을 하여야 한다. 그러기 위해서는 무엇보다도 공정한 사회를 구축하기 위한 사회적 제도가 작동해야 한다. 사회적 제도에 대한 신뢰에 영향을 미치는 가장 중요한 결정요인은 바로 사회적 제도가 본연의 역할을 제대로 수행하여 사회 구성원에게 실질적인 가치를 제공하느냐는 것이다.

여기서 사회적 제도는 정부기관 뿐만 아니라 기업, 교육기관, 사회서비스 기관 등 사회에서 필요한 기능을 수행하는 모든 조직과 주체가 해당된다. 사회 구성원이 사회적 제도의 서비스를 제때에 공정하게 효과적으로 제공받게 되면 점차로 사회적 신뢰를 위한 토대가 형성된다.

더불어 정치인이나 기업인 등 사회적 리더들은 집단의 이익을 대변할 것이 아니라 공공선과 공공의 이익를 우선해야 한다는 사명감을 가져야 한다. 특히 우리 사회에서는 어떠한 수단을 써서라도 집단이익을 관철하는 것을 최우선의 목적으로 삼고 있는 단체들과 이들을 정치적으로 이용하려는 일부 정치인들의 몰지각한 행태로 사회적 신뢰가 허물어 지고 있다. 사회적 신뢰가 번성할 토양을 조성하는데 필요한 새로운 사회적 리더가 계속해서 배출 될 수 있도록 하는 것은 전적으로 일반 국민의 역할이다. 다양한 관점, 다양한 사회적 배경을 가진 사람들에게 새롭게 정부, 기업, 시민사회에 참여하여 공공의 이익을 제고할 수 있도록 기회를 제공하고, 보장하는 것은 그 사회의 사회적 신뢰의 약화를 막는 것은 물론, 더욱 향상될 수 있도록 하는 장치이므로 리더의 사명감과 국민의 협조가 필요하다.

또한 국민 각자가 투명성을 강화하기 위한 감시인의 역할을 해야 한다. 사회적 제도의 투명성 강화는 사회적 신뢰 형성에 매우 중요하다. 사회적 지위 여부와 무관하게 법과 행정이 공정하게 집행되도록 하는 것은 사회적 제도의 가장 중요한 책무이다. 정부의 대 시민 정보 공개 확대 및 시민의 정보 접근성 강화는 사회적 제도의 투명성 강화에 매우 중요하다. 이는 부정부패의 여지를 사전에 차단하는 역할을 하기 때문이다.

끝으로 포용하는 사회가 되도록 노력해야 한다. 치유되지 않고 있는 지역색이나 사회적 약자 등에 대해 깔봄, 종종 야기되는 이른바 갑질과 같은 해악 등을 직시하여 사회 전반적으로 방지할 수 있도록 정부는 물론 우리 스스로도 자각해야 한다.

특히 사람들이 성별, 인종, 나이, 종족, 종교, 장애 등을 이유로 사회가 제공하는 기회로부터 소외당한다고 느낄수록, 그 사회의 사회적 신뢰를 기대하기 어렵다. 문제는 이러한 분위기와 추세는 바람직하고 적절한 제도운영 및 의사결정 체계를 약화시킬 뿐 아니라, 경제성장에도 악영향을 미친다는 것이다. 무엇보다 이러한 사회 분위기의 만연은 미국의 인종 간 갈등으로 인한 폭력사태에서 보듯이 집단적 형태의 폭력을 초래하기도 한다. 때문에 포용하는 사회가 되도록 장애를 가진 사회구성원의 공정한 사회참여 보장, 사회적 약자에 대한 안전망 구축, 교육 및 직업 기술 습득에 대한 기회제공 및 보장, 다양한 문화적 배경을 가진 사람들의 사회참여, 공정하고 평등한 교육기회제공, 부유층의 사회적 책임강화 등을 고려할 필요가 있다.

신뢰를 바탕으로 하는 상생과 공정성, 투명성이 보장된 사회제도 구축, 따뜻한 포용사회 조성으로 사회적 자본의 확충이 그 어느 때보다 절실하다는 것을 공유해야 한다. 사회적 자본의 확충을 통해서 우리 국민과 국가가 함께 노력하여 **'화가 나는 사회(Angry society)가 아닌 행복한 사회(Happy society)'**를 만드는 것이 후손에게 남길 가장 값진 유산이다.

합리적 선택의 함정

현대인은 매일 150가지의 선택을 해야 할 환경 속에서 살아간다고 한다. 그 중에서 신중하게 판단해야 할 것이 30번 정도이며 고작 5번 정도 올바른 결정을 한다고 한다. 실상 일상에서 매일 부딪히는 것은 판단하고 결정해야 하는 일의 연속이다. 경제학 이론의 근간은 효용 극대화를 추구하는 합리적 판단과 선택이지만 인간은 현실에서 합리성과는 거리가 먼 감정적이며 모순적인 선택을 하는 경우가 적지 않다. 주가동향 및 기업분석을 감안하여 주식에 투자하기 보다는 증권가 루머나 개인적인 감에 의존하여 투자하는 것이 경제이론의 합리성과 부합하는 행동은 아니다. 인간의 의사결정은 외관상 합리적인 것처럼 보일지 모르나 그와 반대로 감성과 본능에 좌우된 비이성적인 선택과 판단을 하게 된다.

인간이 합리적인 판단을 한다면 존 케인즈(John M. Keynes)가 주식투자에 실패한 일은 발생하지 않았을 것이다. 또한 셜록 홈스를 탄생시킨 코넌 도일(Conan Doyle)은 진지하게 요정의 존재를 믿지 않았을 것이고, 애플의 공동 설립자 스티브 잡스(Steven P. Jobs)는 의사의 충고를 무시하고 엉터리 치유법으로 암을 이기려다가 죽음을 재촉하지 않았을 것이다.

FBI가 192명이 죽고 2,000여 명이 다친 2004년 마드리드 폭탄 테러를 조사하면서 무고한 사람을 범인으로 몰았다가 굴욕적인 사과를 하는 일은 없었을 것이며, NBA 2010~2011년 시즌에 천부적 선수로 넘쳐난 마이애미 히트가 오히려 최하위를 기록하는 일도 없었을 것이다. 뛰어난 두뇌와 재능을 갖춘 이들이 왜 이렇게 어처구니없는 결과를 만들어낸 것일까? 심리학과 신경과학의 최신 연구 결과, 지능과 합리성의 상관관계가 결코 완벽하지 않다는 것이 밝혀지고 있다. 머리가 좋고 재능이 뛰어나다고 해서 올바른 판단을 보장하지는 않는다는 것이다. 시장 정보가 충분하지 않거나, 시간의 압력에 쫓기는 상황에서 사람들은 합리적으로 폭넓게 따져보기보다는 손쉽게 과거의 경험이나 감에만 의존하게 되고, 결과적으로 편파적인 결정을 내리곤 한다. 의사결정 상황에서 일어나는 이러한 심리적 현상을 '휴리스틱스(Heuristics)'라고 한다.

새로운 사업을 시작하는 상황에서는 관련된 정보가 부족할 수밖에 없다. 더하여 사람에게는 자신이 가진 정보만을 중요하게 생각하고 더 많은 자료를 찾아보지 않으려는 심리도 있다. 다양한 정보들을 신중하게 검토하지 않으면 소수의 불충분한 정보를 바탕으로 결정하기 쉽다. 과거의 성공경험이 올바른 의사결정을 가로 막기도 한다. 사람들은 '이렇게 해보니 좋은 결과를 얻게 되더라'는 성공체험을 가지고 있다. 경험이 많은 사람일수록 성공을 통해 형성된 직관에 따라 판단하는 경향이 있다. 경험에 의존하게 되면 사람은 다양한 아이디어를 비교 검토하기보다는 한두 가지 대안에만 집착하기 마련이다.

프린스턴 대학의 심리학과 교수인 대니얼 카너만(Daniel Kahneman)이 2002년 노벨 경제학상을 수상한 것은 아무도 상상하지 못한 일이었다. 그는 아모스 트버시키(Amos Tversky) 교수 등과 공동연구를 하면서 인간은 이성적인 동물이 아니라 편향과 휴리스틱스(heuristics)적인 사고로 가득 찬 존재라고 주장하면서 구체적이며 과학적인 실험 데이터를 제시했다. 그로 인해 인간은 논리적이며 합리적인 결정을 한다는 사회과학적 명제가 무너졌으며, 특히 경제학에서는 행동 경제학 탄생의 계기가 되었다. 카너만 교수의 연구에 따르면 인간은 수많은 편향적 사고에 묻혀 살면서도 자신의 결정은 늘 합리적이며, 자신의 주장은 옳다고 믿는다고 한다. 심지어는 자신의 생각만 옳다라고 생각한다는 것이다. 더욱이 자신의 생각에 비판적인 의견을 지닌 사람들이 주장하는 그룹에 속할 가능성을 배제한다. 그 결과 오늘날 한국사회가 직면한 골수보수와 골수진보의 대립과 같은 심각한 사회적 분열을 야기 시킨다.

특히나 리더의 의사결정은 조직의 운명을 좌우할 만큼 중요한 것이다. 모든 리더들이 항상 합리적이고 올바른 의사결정을 내리면 좋겠지만, 리더가 착각에 빠져 자신도 모르게 잘못된 의사결정을 내리는 실수를 범하는 경우가 있다. 역량을 갖춘 리더를 얼마나 확보하고 어떻게 육성하고 있는가에 따라 국가나 기업이 앞으로 지속적으로 경쟁우위를 확보하고 유지할 수 있는지를 가름 한다. 유능한 리더는 미래를 제시하고, 전략을 구상하며, 목표를 향해 구성원들을 이끄는 등 조직 운영 전반에 걸쳐 실질적 역할을 담당하기 때문이다.

리더의 잘못된 의사결정은 조직을 하루아침에 망하게 할 수도 있다. 그리고 이 같은 사실을 모르는 리더는 없다. 그래서인지 대다수의 리더는 자신은 신중히 의사결정을 내린다고 생각한다. 그런데, 실제로 많은 리더들이 잘못된 의사결정을 하고 나서 뒤늦게 후회하는 경우가 많다. 오하이오 주립대학의 폴 너트(Paul Nutt) 교수는 "리더들의 사업상 실패도 알고 보면 리더 자신의 심리적인 문제에서 비롯되는 경우가 많다. 기업에서 실패한 의사결정에 대해 연구한 결과, 경영진의 60%는 자기중심적으로 내린 판단 등 자아와 관련된 심리적 요인의 영향이 컸다"고 지적하였다. 리더도 인간인 이상 실수를 하기 마련인데, 특히 자아라는 틀에 갇혀 자기중심적으로 생각하는 경향이 있다는 것이다.

1999년 6월 당시 코카콜라의 CEO였던 더글라스 아이베스터(Douglas Ivester)는 유럽 방문 중 벨기에에서 벌어진 사고에 대해 보고를 받았다. 벨기에의 초등학생 30여명이 점심시간에 코카콜라를 마신 뒤 위경련과 복통을 호소했다는 것이었다. 그러나 그는 그다지 대수롭지 않게 생각하고 미국 본사로 복귀했다. 하지만 벨기에에서는 콜라의 원료에, 프랑스에서는 용기 운반 받침에 묻어 있던 세척제가 캔으로 흘러 들어간 것이 밝혀지면서 벨기에와 프랑스는 물론 네덜란드, 룩셈부르크에서도 리콜을 하게 되었다. 코카콜라는 초기 대응이 느렸을 뿐만 아니라 벨기에 보건부 장관의 면담 요청을 거절하는 실수까지 저질렀다. 게다가 그는 여름에 콜라 가격을 올리겠다고 공표한다. 더운 여름에는 시원한 콜라를 찾는 사람이 더 많아지는 건 당연하기 때문에 그의 결정은 합리적이었지만 이로 인해 소비자들의 폭발적인 분노와 수많은 투자자들의 비난을 받게 된다. 1999년말 코카콜라는 수익이 30% 이상 하락했고 결국 그는 해고되었다.

행동경제학의 대가로 평가받는 시카고 대학의 리처드 탈러(Richard H. Thaler) 교수는 이러한 일들을 지켜보며 한 가지 의문을 가졌다. 미국에서 내로라하는 명문 대학을 졸업하고 대학원까지 나온 똑똑한 사람들이 왜 이렇게 멍청한 선택들을 내리곤 하는 걸까? 그는 오랜 시간 이 문제를 연구했고 『똑똑한 사람들의 멍청한 선택』이라는 책을 한 권 내게 되었다. 그는 일반인집단과 MBA 과정에 있는 학생 집단으로 대상을 나누어 설문지를 돌렸다. 그리고 폭설이 내려 고립된 마을에서 눈을 치우기 위해 삽을 사러 갔는데 가게 앞에 이런 문구가 붙었다.

"폭설루 인한 판매 증가로 **'제설용 삽'** 가격 50% 인상"

눈삽 가격을 올린 가게 주인의 선택은 옳은 선택이었는지 아니면 잘못된 선택이었는지를 두 그룹에게 물었다. 일반인 집단의 약 82%가 철물점 주인의 행동은 이해할 수 없는 잘못된 선택이라고 주장했다. 하지만 MBA 과정에 있는 학생 집단의 76%는 철물점 주인의 행동이 충분히 이해가 가는 옳은 행동이라고 대답했다. 똑똑한 사람들의 멍청한 선택은 여기서 발생했다. 수많은 경제학 이론을 섭렵한 '똑똑한 사람들'은 이론을 바탕으로 너무도 당연하게 삽을 비싸게 팔아도 괜찮다고 생각했지만 실제 사람들은 이론을 생각하기보다 마을이 처한 상황과 도덕심 등 '심리적 요인'에 집중했다. 누군가는 당연하다고 생각했던 결정이 누군가에게는 전혀 당연하지 않았던 것이다.

의사결정이나 선택을 하는데 있어서 필요한 것은 신뢰성과 일관성을 갖춘 메카니즘과 누구나 쉽게 활용할 수 있는 의사결정도구일 것이다. 벤저민 프랭클린(Benjamin Franklin)은 복잡한 문제가 있을 때 종이 한 장에 가운데 줄을 그어 반으로 나눈 다음 한쪽에는 찬성란을 한쪽에는 반대란을 만든 뒤 사나흘 동안 고심하면서 떠오르는 의견을 기록했다고 한다. 이런 식으로 찬성 의견과 반대 의견을 적은 뒤 각각의 이유에 대한 중요성을 평가한 후 찬반 양쪽 의견이 동일하다고 생각하면 그 찬성과 반대 의견을 동시에 지운다. 찬성과 반대 의견이 맞교환을 통해 관계된 의견을 다 지운 뒤에 남은 의견을 두고 고심한 뒤 찬성 의견이 많이 남았으면 찬성으로, 반대쪽 의견이 많이 남았으면 반대로 결정했다. 이러한 의사결정 맞교환법은 다양한 목표와 대안 중 어느 하나를 선택할 때 유용한 방법이다.

휴리스틱이란 다른 말로 말하자면 우리가 가지고 있는 고정관념이다. 우리의 고정관념에 따라 선택적으로 정보를 받아들이거나 해석하는 것을 '확증 편향(confirmation bias)'이라고 한다. 판단에 필요한 정보를 자신의 경험과 가치관 그리고 더 나아가 세계관에 맞추려 하면서 오류를 범하게 되는 것이다. 토머스 D. 길로비치(Thomas D. Gilovich)에 따르면, 숨겨진 정보를 무시하는 인간의 편향을 지양하고 편향에서 벗어나기 위해서는 과학적인 사고 능력을 갖출 필요가 있다고 한다. 이를 위해서는 우선 피드백을 통해 보다 객관적으로 자신을 돌아볼 필요가 있다. 리더십 전문가인 맨프레드 케츠 드 브리스(Manfred Kets de Vries) 교수는 많은 고위경영자가 그들에게 좋은 말만 전하는 거짓말쟁이들에게 둘러싸여 있다고 지적한다. 때문에 직급에 관계없이 상호간에 적극적인 피드백을 장려하는 조직문화를 강조하는 동시에 360도 다면평가, 코칭, 멘토링 등의 제도적 장치를 마련하여 피드백을 제공할 수 있는 장치가 마련되어야 한다고 말한다.

지식과 경험이 많고 성공한 적이 많아도 인간이기 때문에 누구나 실수하고 실패할 수 있다. 중요한 것은 실패하더라도 실패에서 배우고 반복하지 않겠다는 자세이다. 과학이 지속적으로 발전해 올 수 있었던 한 가지 특성으로 '반증가능성'을 들 수 있다. 과학자들은 어떤 이론이든 "틀릴 가능성이 있음"을 가정하고 지속적으로 이론을 검증하고 보완하여 보다 나은 이론을 추구한다. 때문에 "내 생각이 틀릴 가능성은 반드시 있다"라는 태도를 갖고 자신의 생각과 의견을 검증할 필요가 있다. 자신의 판단이 틀렸다는 생각이 불편하고, 이를 다시 검증하는 일이 번거로울 수도 있다. 그러나 이 과정에서 오류를 발견하여 합리적이고 올바른 의사결정을 내릴 수 있다면, 결과적으로 조직뿐만 아니라 자신에게도 바람직할 것이다.

역경이 주는 교훈만큼 값진 것은 없다

이길 가능성이 없는 팀이 반전을 일으켜 승리했을 때 '언더독(underdog)의 반란'이라고 한다. 투견장에서 유래된 말로 밑에 깔린 개가 이기기를 바라는 것을 의미한다. 사람들은 월등히 우세한 상대와의 경기, 이길 가능성이라고는 전혀 없어 보이는 상황에서 언더독의 승리를 응원한다. 언더독의 승리에 우리가 그토록 열광하는 이유는 성공보다는 실패에 더 익숙하기 때문에 약한 팀에서 자신의 모습을 볼 수 있고, 또한 역경을 하나씩 극복하며 성장하는 모습을 보면서 자신도 할 수 있다는 긍정의 감정을 느끼기 때문이다. 그들 대부분 어려운 여건에서 이를 극복하고 열정과 믿음으로 성공을 이뤄낸 저마다의 신데렐라 스토리를 갖고 있는 것이다.

최근 들어서 금수저니 흙수저니 하는 사회적 이슈로 시끄럽다. 성공한 부모를 둔 자녀의 그릇된 일탈 때문에 자신을 흙수저라 생각하는 젊은이들의 상실감이 그 어느 때보다 크다는 것을 반영한다. 그러나 금수저는 누릴 것이 많지만, 흙수저는 채워야 할 것이 많기 때문에 성공에 대한 열정은 흙수저가 훨씬 더 강하다. 얼마 전 어려운 가정에서 태어난 어느 기업가가 굴지의 재벌기업 총수를 제치고 국내 최고의 부자로 등극했다는 뉴스를 접하면서 우리사회는 이러한 흙수저의 성공스토리가 많아질수록 건강해지지 않을까 생각해본다. 단순히 흙수저 이기 때문에 성공하는 것이 아니라 그가 처한 환경 때문에 겪는 경험과 지혜 그리고 열정이 그에게 성공의 기회를 주는 것이다.

여섯 살쯤 된 아이가 자전거를 배우다 진흙탕에 빠졌다면 한국 부모는 쏜살같이 달려가 아이를 일으켜 세우는데 반하여 유대인 부모는 스스로 빠져나오라는 말만 남기고 가버린다고 한다. 때문에 아이는 온갖 애를 쓴 후 겨우 진흙탕을 빠져나오게 되는데 유대인 부모는 그제야 아이를 크게 칭찬한다고 한다. 유대인 교육법을 소개한 '유대인 엄마의 힘'에 나오는 일화다. 그들은 아이를 세우는 교육만큼 넘어뜨리는 교육도 중요하다고 생각한다. 그중에 '역경과 좌절교육'은 유대인들이 가장 중요하게 여기는 교육이다. 독일의 막스 프랑크 교육연구소는 15년 동안 1,000명을 대상으로 지혜에 대한 연구를 진행했다. 이 연구를 주도한 우르술라 슈타우딩어(Ursula M. Staudinger)박사는 나이가 많다고 더 지혜로운 것은 아니며, 어린 시절부터 창조적인 사람만이 나이가 들면서 지혜로워지고, 역경이나 고난을 극복한 사람과 가난한 환경에서 자란 사람이 더 지혜롭다는 연구 결과를 내놨다. 특히 지혜로운 사람일수록 인생의 어두운 단면을 일찍부터 더 많이 체험하는 것으로 나타났다고 발표했다. 마쓰시타 전기공업을 창업한 마쓰시타 고노스케는 일본 국민이 가장 존경하는 경제인이다.

그가 인터뷰에서 언급한 '내가 성공한 이유 세 가지'는 우리에게 주어진 인생을 어떤 관점에서 바라보고 어떻게 살아야 하는지에 대한 지혜를 깨닫게 한다. "하늘은 내게 가난과 무학 그리고 건강하지 못한 몸을 주었다. 나는 이를 하늘이 내게 준 축복이라 생각한다. 매일 배가 고플 정도로 가난했기에 열심히 일을 했다. 점원, 사환, 신문팔이, 견습공 등 다양하고 수많은 일을 통해 세상을 살아갈 수 있는 경험과 힘을 얻은 것이다. 또한 형제들이 병으로 죽고 나 역시 매일 근무하는 것이 무리할 정도로 약했다. 그렇기에 항상 건강에 신경 쓰며 관리를 잘해 90세가 넘게 살 수 있었다. 공부도 마찬가지다. 어려운 형편에 소학교를 중퇴했지만 이로 인해 나는 다른 사람의 말을 귀담아 듣게 되었다. 더 많이 알고 싶어 공부를 했고 모든 사람을 스승이라 여기고 열심히 배워 오늘을 이룬 것이다. 이 모두가 **'때문에'**가 아닌 **'덕분에, 불구하고'**라는 마음을 가졌기에 가능했다."

역경지수(Adversity Quotient)란 수많은 역경과 고난 등 어려운 상황에 굴하지 않고 합리적인 판단으로 끝까지 앞으로 나아가, 결국 위기를 극복하고 목표를 성취하는 능력을 의미한다.

미국의 커뮤니케이션 이론가 폴 스톨츠(Paul Stoltz)박사는 IQ나 EQ보다 역경을 극복하는 능력인 AQ(Adversity Quotient-역경지수)가 높은 사람이 성공하는 시대가 될 것이라고 주장한다. 그는 자신의 저서 『장애물을 기회로 전환시켜라(Turning Obstacles into Opportunities)』에서 사람들이 역경에 대처하는 스타일을 등반에 비유하여 3가지 타입으로 분류했다.

첫 번째는 힘든 문제나 역경이 다가오면 도망가거나 포기하는 사람(Quitter)이다. 두 번째는 역경 앞에서 뚜렷한 대안을 마련하지 못하고 현상유지 정도로 적당히 안주하는 사람(Camper)이며, 세 번째는 시련이 다가올 때 자신의 모든 능력과 지혜를 동원하여 기어코 정복하고 마는 사람(Climber)이라고 했다.

그리고 폴 스톨츠 박사는 "세 번째 부류 사람의 중요한 특징으로는, 자신만 역경을 넘어가는 것이 아니라 동료들을 격려하고 북돋우면서 함께 목표를 이루어내는 능력이 높은 것이 또 하나의 행동특성"이라 한다.

1950년 미국 미시건주에서 태어난 스티비 원더(Steve Wonder)는 미숙아로 태어나 인큐베이터에서 보호받던 중 산소 과다공급으로 시력을 잃는 불운을 겪게 된다. 인간은 주변의 사물을 인지할 때 대부분 시각을 이용하는데 그는 태어날 때부터 시각을 경험해보지 못했다. 그러나 하늘은 그에게서 시력을 빼앗은 뒤 누구보다도 뛰어난 청각과 음악적 재능을 부여했다. 어느 날 그가 학교에서 수업 중에 갑자기 교실에 쥐가 들어왔다. 다들 피하고 앞 못보는 그만 홀로 교실에 남았는데, 이때 그의 청각 능력이 남다르다는 것을 안 담임이 그에게 쥐가 어디 있는지 찾아보라고 한다. 그는 귀를 기울여 교실 구석 벽장에 쥐가 숨어 있음을 감지한다. 이를 계기로 스티비 원더는 자신의 잠재된 청각 능력을 알게 된다. 이후 그는 뛰어난 음악성과 재능을 인정받아 12살에 데뷔하여, 1963년에 빌보드 차트에서 1위를 달성했다.

현재까지 수많은 명곡을 남기고 여전히 가수로서 인생을 살아가고 있다. 그는 가난한 집안에서 시력을 잃는 흑인으로 태어나 곤궁하게 살아갈 것이라는 주변의 우려에도 굴하지 않고 장애를 뛰어넘을 수 있는 능력을 스스로 개척한 것이다. 높은 역경지수를 가진 사람들의 특징은 그들이 역경이나 실패 때문에 다른 사람을 비난하지 않으며, 자신을 비난하지도 않는다는 점이다. 그들은 자신의 실패가 초라한 자신 때문에 생겼다고 생각하지 않는다. 그리고 그들은 자신이 직면한 문제가 규모나 지속력에 있어서 제한되어 있다는 사실과 얼마든지 헤쳐 나갈 수 있다고 믿는다.

지단, 메시와 함께 FIFA 올해의 선수상 최다 수상자이며 챔피언스리그 최다 득점왕, 챔스 최다골 등 화려한 선수 생활을 이어가면서 한 해 1,000억 이상의 수익을 올리는 축구선수라면 누구나 그가 호나우두라는 것을 안다. 알콜중독자 정원사와 청소부 일을 하던 어머니 사이에서 2남 2녀 중 막내로 태어난 호나우두는 100만원도 안 되는 부모 수입이 모두 아버지 마약 중독 치료비로 쓰이고, 남매들 모두 한 방에서 지내야 하는 지독한 가난 속에 살았다. 축구공이 없어 양말을 말아서 써야 했고, 빈 깡통을 차면서 축구에 열중했다. 청소년 시절 실력을 인정받아 스포르팅 리스본에 입단할 기회를 얻지만 메디컬 테스트 중 심장 박동이 지나치게 빠르다는 것이 발견되어 선수 생활을 이어가기 힘들다는 판정을 받는다. 그러나 그는 과감히 결단하여 수술대에 오른다. 그리고 2003년 여름 스포르팅 리스본의 연습경기에서 호나우두를 지켜보던 맨체스터 유나이티드의 알렉스 퍼거슨의 눈에 띄어 이후 현존 축구계의 전설이 되어 가고 있다.

유대인 부모들은 일부러 가정 형편이 어려워진 것처럼 꾸며 세상살이가 얼마나 힘든지 가르친다. 예컨대 연례행사처럼 기아 체험을 시키고 빈곤 지역에서 자원봉사를 통해 힘들게 사는 사람들이 얼마나 많은지 직접 체험하게 한다. 이들이 역경 교육을 중시하는 데는 그만한 이유가 있다. 이스라엘 교육자들은 지능지수(IQ), 감성지수(EQ) 만큼이나 역경지수(AQ)를 매우 중요하게 생각한다. 교육 심리학자들은 성공하는데 지능지수가 미치는 영향은 20%에 불과하며 나머지 80%는 역경지수와 감성지수에 달렸다고 단언한다. 이런 이유로 유대 부모들은 어릴 때부터 자녀의 역경지수를 키워주기 위해 노력한다. 또한 그들은 역경지수를 높이기 위해 좌절교육을 병행한다.

역경과 고난을 겪으면서도 무너지지 않고 다시 회복하고 성장할 수 있는 능력을 회복탄력성(resilience)이라고 한다.

코너-데이비슨 척도(Conner-Davidson Resilience Scale)는 회복탄력성을 평가하는 기준이다.

예를 들면, '과거의 성공이 새로운 도전감에 자신감을 준다'

'항상 유머를 잃지 않는다'

'절망적인 상황에서도 포기하지 않는다'

'막다른 상황에서도 집중하여 생각한다' 등이 있다.

삶은 작거나 큰 역경의 연속이다. 역경은 고통스럽지만 부정적인 것만은 아니다. 모순적일 수 있지만 인간은 역경을 겪으며 성장한다. 누군가는 역경으로 인해 쓰러지지만 누군가는 극복한다. 역경에 좌절하지 않고 긍정적 의미를 찾아내기 위하여 회복탄력성이 필요하다. 회복탄력성을 키우기 위해 공통적으로 강조되는 것은 '휴식', '긍정적 사고', '관계'이다.

일과 휴식 사이에 균형을 잡으면서, 유머를 잃지 않고 삶의 순간순간을 즐기고, 사람 간의 의미 있는 소통을 지속해 나가는 것이다.

프린스턴대학교의 다니엘 캐니만(Daniel Kahneman) 교수는 한 인간에게는 경험자아(experiencing self)와 기억자아(remembering self)라는 뚜렷이 구분되는 두 존재가 공존하고 있다고 주장한다. 경험자아는 현재 내가 경험하는 것을 느끼는 자아로서 지금 벌어지는 기쁜 일이나 쾌락을 즐기고 고통이나 괴로움을 피하려 한다. 한편 기억자아는 지나간 경험을 회상하고 평가하는 자아이다. 그러한 '회상'은 이야기하기(story telling)의 형태로 나타난다. 그런데 이 두 자아의 판단은 대체로 일치하지 않는다는 것이 캐니만 교수 이론의 핵심이다. 그리고 미래에 대한 예측과 그에 따른 의사결정은 전적으로 기억자아에 의존해서 이루어진다. 다시 말해서 우리가 세상을 살아가는 데 있어서 더 중요한 것은 기억자아이다. 그런데 회복탄력성은 바로 이 기억하는 자아의 문제다. 기억자아는 자신의 경험에 대해 끊임없이 의미를 부여하고 스토리텔링 하는 자아이다. 기억자아가 자신의 고난과 역경에 대해 긍정적인 의미를 부여하고 긍정적으로 스토리텔링 하는 능력을 지닌 사람이 바로 회복탄력성이 높은 사람이라 할 수 있다.

뉴노멀 시대를 살아가는 법

세계는 끊임없이 변화한다.

21세기 들어서면서 닷컴버블(dot-com bubble)의 붕괴, 9·11사태, 글로벌 금융위기, 미·중 글로벌 헤게모니 경쟁 등은 새로운 글로벌 질서를 가져왔다. 또한 국가자본주의를 앞세운 새로운 세계 질서, 불안정한 금융시스템, 기후 및 환경문제, 초저출산 등으로 인한 위기와 더불어 기술의 발전에 따른 세대 단절과 가치관의 전환 등 급격한 변화의 흐름은 앞으로 더욱 거세질 것으로 보인다. 이로 인해 기존의 규범과 질서는 점차 와해되고, 새로운 규범과 질서가 만들어지기 이전인 이른바 '포스트 노멀(Post Normal)'의 상태를 거쳐 이제는 뉴노멀(New Normal)의 시대로 진입하고 있다.

뉴노멀은 새로운 표준이며 또는 새로운 일상이다.

미국의 벤처투자가 로저 맥나미(Roger McNamee)가 2003년 IT 버블이 붕괴되었을 때 처음 사용한 경제적 용어다. 이후 전 세계 여러 국가들이 경제적 혼란에 빠졌던 2008년, 당시 처참했던 금융 위기를 극복하는 과정에서 글로벌 경제 질서와 기준에 많은 변화가 있었다. 세계 최대 채권운용 회사 핌코(PIMCO)의 최고 경영자인 모하메드 엘 에리언(Mohamed-El Erian)이 자신의 저서 『새로운 부의 탄생(When

Markets Cilide)』에서 당시 상황을 뉴노멀 현상이라 언급하면서부터 이 용어가 세계에 널리 알려지게 되었다. 이렇게 뉴노멀은 글로벌 금융 위기라는 아픈 경험 속에서 생겨난 저성장, 저금리, 규제강화, 소비위축 등의 세계 경제의 새로운 변화를 일컫는 말로 쓰였으나, 현재는 사회에서 쓰이는 새로운 기준과 표준이 보편화 되는 현상을 광범위하게 이르는 말로 확대되어 사용되고 있다. 이러한 변화의 와중에 터진 코로나19는 우리의 일상뿐 아니라 전 세계의 일상을 바꾸었다. 코로나19 이후 마스크 착용이 일상이고 안 쓰면 오히려 이상할 정도이다. 언택트(비대면) 문화가 확산되어 온라인수업, 화상회의, 원격진료, 온라인구매 등이 새로운 표준으로 떠오르는 등 변화의 바람은 거세다. 이른바 코로나 뉴노멀이다. 이번 사태가 끝나도 일상이 코로나19 이전으로 돌아갈 수 있을지 많은 사람들이 의문을 던진다. 커다란 변화에 따라 새롭게 부상하는 표준을 의미하는 뉴노멀은 코로나로 인해 전반적인 사회 변화를 앞당기고 있다. 코로나19는 향후 10년에 걸쳐 진행될 것으로 예측됐던 사회의 전환을 급속하게 앞당기는 기폭제였다. 오프라인에서 이뤄지던 일들이 자연스럽게 온라인으로 넘어가게 되었고, 비대면과 비접촉이 트렌드의 대세가 되었다. 이러한 현상들은 일시적 변화에 그치지 않고 새로운 기준이 되고 있다.

코로나19로 소비자들이 집에 머무는 시간이 늘어나면서 다양한 기술 기반의 경험이 일상화되고 제품과 서비스의 디지털 전환에 대한 기대치도 높아지는 추세이다. 미국 뉴욕에 본사를 둔 글로벌 컨설팅 업체 알릭스파트너스(Alix Partners)는 최근 발간한 '디스럽션 인사이트(Disruption Insight)' 보고서에서 '단 7개월 만에 일어난 7년치의 변화'라는 부제를 통해 코로나19가 초래한 변화를 분석했다.

이와 관련해 포스트 코로나 시대에 주목해야 할 **5대 변화 트렌드로**

①탈세계화의 가속화 ②효율성보다는 회복탄력성 ③디지털 전환 촉진 ④소득수준 및 건강 관심도에 따른 소비행태 변화 ⑤높아진 신뢰의 중요성을 제시했다.

다양한 장단점을 가진 세계화는 2008년 글로벌 금융위기 이후 흔들리기 시작했다. 무엇보다 자국보호주의가 팽배해졌다. 탈세계화는 도널드 트럼프 전 대통령의 재임 시절 더욱 빨라졌다. 미국은 유럽, 중국, 일본 등에 무역보복 조치를 아무렇지 않게 취했고, 외교적 영역이었던 미군 부대 주둔 문제도 경제 논리로 압박했다. 미국의 이런 추세는 당분간 지속할 공산이 크다. 조 바이든 현 대통령의 공약도 자국 산업의 보호에 방점을 찍고 있기 때문이다. 이는 미국 등 서방의 선진국이 경쟁력을 강화한 신흥국과의 경쟁을 달가워하지 않기 때문이다. 신흥국의 경쟁력이 빠르게 향상되면서 자국의 제조업 기반이 흔들리자 탈세계화로 눈을 돌렸다는 것이 정설이다. 세계화가 더 이상 자국의 이익에 도움이 되지 않는다고 판단했다는 얘기다. 탈세계화의 바람은 코로나19라는 바이러스를 만나면서 더 거세지고 있다. 코로나19로 발생한 경기침체에 자국의 산업을 보호하려는 움직임도 강해진 것이다

코로나19로 야기된 불확실성과 여러 변수로 기업들이 향후 사업을 계획할 때 효율성보다는 회복탄력성(Resilience)을 더욱 중요한 요소로 여길 것으로 전망된다. 회복탄력성은 발생가능성은 낮으나 발생할 경우 기업에 주는 파급력이 매우 큰 리스크에 유연하게 대응하고 나아가서 위기를 기회로 전환할 수 있는 능력이다. 코로나19로 공장 가동이 중단되는 상황에서 전 세계 제조업체들은 생산라인에 큰 차질을 겪으며 위기를 체감하고 있다. 예측 불가능한 공급망 차질을 대비해 앞으로 기업들은 공급망을 더욱 신중하게 점검하는 한편, 회복 탄력성을 기르는 것이 그 어느 때보다 중요해진 시점이다.

작년 2월 중국에서 조달하던 와이어링 하네스(배선 뭉치) 공급 중단으로 1주일간 생산 중단을 경험한 현대자동차 사례에서 보듯 기업의 공급망 구축에 있어서 원가절감과 효율성 외에도 공급지역 다변화를 통한 회복 탄력성 확보도 앞으로는 의사결정 시 고려해야 할 중요한 요소임을 일깨워주고 있다. 불과 몇 년 전에는 상상할 수 없었던 디지털 전환이 코로나19로 인해 일상적인 것이 되어 버린 뉴노멀 시대가 도래하고 있다. 무엇보다 사회의 모든 영역에서 디지털 전환은 급속한 속도로 진행될 것으로 보인다. 코로나19로 인해 면대면이 중심이던 오프라인 사회관계가 비대면으로 전환되었고, 회사, 학교, 공공기관, 은행, 쇼핑 등 사회생활은 온라인 비대면 중심으로 급속히 재편되고 있다. 회사나 공공기관에서 온라인 비대면 화상회의는 일상이 되었으며, 초등학생부터 대학원생까지 비대면 강의와 웨비나(webinar)등은 이미 보편적인 것이 되고 있다. 여기에 사회적 거리두기가 장기화되면서 e커머스, 온라인 배달과 주문, 금융 등 비대면 경제도 빠르게 활성화되고 있다. 또한 영화나 드라마 등의 동영상 사이트 접속률이 올라가고 시청자 수가 폭등하면서 온라인 콘텐츠 산업도 활기를 띠고 있다. 종교 활동도 비대면이 증가하여 온라인 예배가 등장했으며, 온라인 미디어의 이용량도 정보 궁금증으로 더욱 증가하고 있다. 이처럼 코로나19 이후 우리 사회 전반에 걸쳐서 디지털 전환이 급속하게 진행 중이다.

알릭스파트너스(AlixPartners)는 코로나19가 지속될 경우 소득수준 및 건강에 대한 관심도가 소비행태를 결정하게 될 것이라고 전망했다. 즉 코로나19로 인한 경기침체가 장기화되면 소비자들의 구매 행동은 가계 소득에 의해 크게 구분되어, 불필요한 지출을 최소화하는데 집중할 것이라고 예측했다. 이를 반영하듯 통계청이 발표한 2020년 상반기 가계동향조사 결과에 따르면, 2인 이상 전국가구 월평균 소득이 정부의 재난지원금 효과에 힘입어 1년 전보다 4.2% 증가했지만 분야별 소비 지출에 있어서는 계층 간의 차이가 나타났다. 근로 소득 하위 20%에 해당하는 1분위 가구는 식료품 · 비주류 음료 등의 지출이 15.3%로 가장 크게 증가했고, 교육에 대한 지출은 45.7%로 가장 크게 감소했다. 반면, 상위 20%에 해당하는 5분위 가구는 교통에 대한 지출이 38.3%로 가장 크게 증가했고, 오락 · 문화에 대한 지출이 34.9%로 가장 크게 감소했다. 이는 차량 개별소비세 한시 인하와 코로나19 감염으로부터 안전한 이동을 위해 자동차 구입비용이 크게 증가한 것에 기인한 것으로 보여 진다. 이외에도, 건강과 웰빙에 대한 관심도가 소비시장을 변화할 것이라고 내다봤다.

코로나19가 확산된 올해 2월을 기점으로 의약품 판매량이 전년 대비 14% 늘었으며 마스크, 비타민 및 건강보조제 등의 수요도 증가한 것으로 나타났다. 알릭스파트너스는 이러한 소비행태 변화가 새로운 소비층의 등장, 원가 구조의 개편, 제품 포트폴리오 전략 재점검, 디지털 역량 개발 등 기업들에게 광범위한 시사점을 제공할 것이라고 설명했다. 코로나19와 같은 전염병이 확산되는 상황에서 시장 불확실성에 대한 소비자의 인식은 극대화될 수밖에 없다. 때문에 기업은 소비자들을 위해 자신의 제품이나 서비스의 안정성에 대한 정보를 지속적으로 제공할 필요가 있다. 소매 업체는 유통 공급망이 신뢰할만한 유통, 판매 과정의 정보를 기록하여 소비자가 모든 정보를 공유하도록 하는 것도 검토할 필요가 있다. 이것은 언택트 체제가 가속화되는 가운데 소비자의 신뢰를 구축하고 공급망을 체계적으로 관리하여 소비자의 요구를 충족시키는 방안이다. 불확실성의 시대에 소비자들은 투명하게 정보를 공개하여 신뢰감을 줄 수 있는 브랜드를 선호한다는 점을 염두에 두어야 한다. 정부의 적극적인 정책 개입에도 불구하고 국내 경제가 침체되어 돌파구를 찾지 못하는 이유는 코로나19로 인한 영향이 워낙 크지만, 근본적으로 세계 경제 환경이 급변하면서 뉴노멀이 등장한 영향도 무시할 수 없다. 그리고 게임의 룰이 바뀌고 있다.

첫째, 전문화에서 융합으로 가치 창조 메커니즘이 변하고 있다. 과거 고성장 경제에서는 시장을 세분화하면 수익이 창출되는 시장이 많았기 때문에 선택과 집중이 성공의 핵심 키워드였다. 그러나 상품이 종류와 수량이 거의 무제한적인 모바일 쇼핑 위주의 디지털 시대에서는 폭 넓은 시야로 사물을 보는 융합적 접근이 필요해졌다. 한 직장에서 한 우물만 파는 것이 성공의 척도라고 알았던 이전의 세대와는 달리 그렇게 올인하는 것은 이제 위험한 발상이다. 이전 직업과 직장에서 쌓은 노하우를 적용해 다음 직업에서 새로운 가치를 만들 수 있는 사람들이 인재가 되는 시대다. 스펙보다는 유연성이 더욱 중요해졌다. 경영과 관리의 시대가 저물고 융합과 창조의 시대가 오고 있다.

둘째, 상사와 임원의 과거 성공 경험과 지식의 실효성이 크게 떨어지고 있다. 오히려 디지털 지식으로 무장한 후배들이 선배들을 지도해야 하는 리버스 멘토링(reverse mentoring)이 부각되고 있다. 연결성과 변동성이 커진 상황에서는 개인이나 기업이 불리한 여건에도 불구하고 진정성과 유튜브를 통해 세계의 중심에 설 수 있게 된 것이다.

빌 게이츠는 "제2차 세계대전이 우리 부모 세대를 정의한 사건이라면 코로나19는 현 시대를 정의하는 잊지 못할 사건이다"라며, 코로나19가 인류의 역사, 개개인의 일상에 미칠 영향에 대한 생각을 밝히기도 했다.

당연하다고 여기던 생활을 잃어버리며 맞이한 현 시대의 '뉴 노멀' 이후에는 또 어떤 모습의 '뉴 노멀'이 찾아올지 궁금하다.

바꾸지 않으면 변하지 않는다

영국의 생물학자 찰스 다윈(Charlea Darwin)은 "환경에 적합하고 우수한 개체는 번식하고, 열등한 개체는 도태 된다"는 자연선택설을 주장하여 역사상 가장 격렬한 논쟁을 불러일으킨 바 있다.

자연에서 살아남는 종은 강인한 종도 아니고, 지적 능력이 뛰어난 종도 아니며, 변화에 가장 잘 대응하는 종이 종국에는 살아남는다는 것이다. 변화할 줄 아는 자만이 생존한다는 다윈의 주장은 오늘날 사회의 각 분야에서 공통적으로 적용되는 보편적인 원리가 되고 있기도 하다.

생물체든 기업이든 새로운 환경에 적응하지 못하면 가차 없이 도태된다. 1993년 6월 7일 독일 프랑크푸르트의 캠핀스키 호텔로 삼성 사장들과 임직원을 불러 모아 회의를 주재하던 이건희 회장은 "우리는 지금 죽느냐 사느냐의 갈림길에 서 있다"며 삼성의 제2창업을 선언했다.

그는 독일로 출국하기 전 세탁기의 불량 부품을 칼로 깎아 조립하는 사내방송을 보고 격노했었던 것으로 전해진다. 그리고 회의 바로 전날 비행기 안에서 자신이 3년 전 일본 교세라에서 스카우트해 온 후쿠다 타미오 고문이 쓴 보고서를 읽었다. 그 보고서엔 후쿠다 고문이 제안한 의견들이 삼성조직에 안 먹히는 현실과 왜 안 먹히는지에 대한 분석으로 가득했다. '신경영의 시발점'으로 불리는 '후쿠다 보고서'였다.

정보통신부문 디자인부서를 지도했던 후쿠다 다미오 고문은 "삼성은 상품 기획이 약한데다 개발에 시간이 오래 걸리기 때문에 시장에 물건을 내놓는 타이밍을 놓치고 있다"고 지적했다. 중요한 전환기임을 감지한 이 회장은 "모든 변화는 나로부터 시작한다. 모든 변화의 원점에는 나의 변화가 있어야 한다"고 강조했다. 또한 그 유명한 "마누라와 자식을 빼고 다 바꿔라"는 말로 내부의 강도 높은 변화를 촉구했다. 국내에서의 성공에 안주하며 자만에 빠진 삼성을 깨운 이 말은 이건희 회장의 삶에서 가장 과감한 결단이었고, 어려운 전환의 시대에 변화와 도전을 피하지 않고 능동적으로 대처하여 오늘날의 삼성을 이끈 토대가 되었다는 평가를 받고 있다.

4차 산업혁명으로부터 이어지는 산업구조의 개편과 환경문제를 비롯해 기업의 사회적 책임이 그 어느 때보다 요구되는 한편, 보편적인 세계경제의 흐름과는 달리 독자적인 흐름을 보이는 디커플링(Decoupling), 즉 탈 동조화의 확대로 세계는 격변의 시대를 맞이하고 있다. 이처럼 급변하는 외부 환경의 변화 때문에 조직의 변화는 피할 수 없는 상황이다. 급속하고 극적인 변화 때문에 어떤 조직도 변하지 않고는 생존할 수 없게 되었다. 문제는 변화 하느냐 않느냐를 결정하는 것이 아니라 조직 효율성을 증대시키기 위해서는 어떻게 변화 하느냐 이다. 조직의 효율성을 증진시키기 위해서는 조직원 각자의 의식 변화가 중요하다. 조직개선이 의식 변화에 좌우되는 이유는 가치, 정당성, 정의, 목표 등이 변함없이 존재하기 때문이다. 즉, 절차와 전략이 바뀐다고 할지라도 조직원의 의식 변화가 없다면 그 조직은 곧 원래의 상태로 돌아올 가능성이 매우 높다. 근본 목표와 가치 및 개인과 조직의 의식에 어떤 변화가 없이는 그 변화는 피상적이고 일시적일 수밖에 없는 이유이다. 조직 변화의 중요성을 역설한 리더는 많지만, 성공적으로 조직을 변화시킬 수 있는 방법을 숙지한 리더는 의외로 드물다. 회사가 어려운 상황일지라도 직급이 낮은 직원들은 위기 상황을 직시하지 않고 변화와 혁신에 대한 필요성을 실감하지 못하는 경우가 많다. 이들은 이제껏 익숙하게 해오던 업무에만 집착하는 무사안일주의에 빠져 있게 된다. 경영진은 직원들을 독려하여 해결책을 찾으려고 회의를 거듭하지만 조직에 위기감을 심는데 실패하면 모든 노력이 수포로 돌아갈 가능성이 크다. 이들 직원들은 열심히 움직이지만 목표를 달성하기 위한 생산성과는 거리가 멀다. 그들이 열심히 근무하는 이유는 윗사람에게 자신이 노력하는 모습을 보여주고, 스스로도 주어진 일에 충실히 일함으로써 미래에 대한 두려움에서 벗어나려고 하기 때문이다.

리더십과 변화 관리 분야에서 세계적으로 알려진 존 코터(John Kotter) 하버드대 경영대학원 교수는 모든 혁신과 변화는 위기감 조성에서 시작된다고 전제한다. 그는 CEO를 위시한 모든 조직 구성원이 물불 가리지 않고 일하도록 하는 것이 진정한 위기감 때문인 듯 잘못 생각하고 있다고 지적하고 있다. 수년 전만 해도 무사안일이 위험했으나 이제는 그릇된 위기감이 더욱 큰 문제라고 말한다. 그는 진정한 위기감이란 기회를 더 많이 보게 되는 것이라고 주장한다. 문세 해결을 위해 직원들을 닥달하지 말고, 어려운 상황에서도 늘 기회가 있다는 점을 주지시키어, 보다 생산적인 일을 찾아야 하며, 그러다 누군가 새로운 기회를 발견하게 되면 직원들은 흥분하게 되는데, 이러한 흥분을 하나로 엮어 주는 것이 진정한 위기감이라는 것이다. 그릇된 위기감은 오히려 조직에 패배감을 안겨주고 결국 나락으로 떨어지게 하는 지름길이지만, 진정한 위기감은 혁신의 원동력이라고 정의하는 이유이기도 하다. 코터는 변화와 혁신이 최고경영자 한 사람의 힘만으로 이루어지는 것은 아니라고 강조한다. 변화가 성공하기 위해서는 변화하려는 노력이 조직 전체로 확산되어야 하며 이를 위해서는 최고경영자의 솔선수범 이외에, 조직 구성원들의 관심과 참여가 필수적이라는 것이다.

최고경영자는 어떻게 변화의 세력을 만들어야 하는지 필연적으로 발생할 조직 내 저항을 어떻게 극복할 수 있을지 방안을 찾아야 한다. 변화에 성공한 기업과 실패한 기업으로 애플과 노키아를 비교하면 왜 변화가 필요한지 명확해진다. 애플은 변화에 성공했고 노키아는 실패했다. 전 세계 휴대폰 시장의 최강자였던 공룡기업 노키아는 휴대폰 시장이 스마트폰으로 바뀌는 흐름을 파악하지 못했고 당시 1등을 달렸던 일반폰의 성공에만 안주하다 결국 시장에서 밀려났다. 반면 애플은 전 세계 휴대폰 시장의 새로운 전환점을 만들어 내면서 현재 노키아의 자리를 대신하고 있다. 유럽에서 가장 뛰어난 조직 변화 전문가로 꼽히는 런던 비즈니스스쿨 조직행동학 겸임교수 마이클 자렛(Michael Jarrett)은 "애플에는 변화에 활력을 불어넣는 리더, 위험을 두려워하지 않는 조직문화, 탄력적이고 느슨한 조직구조가 있었지만, 노키아는 안락구역에만 머물렀기 때문에 두 회사의 앞길이 달라졌다"고 설명한다. 안락구역은 주변의 환경에 익숙해지고 긴박함을 잃게 돼 자신의 변화역량을 활용하지 않는 상태이다. 때문에 그는 변화를 꾀할 때 가장 중요한 것은 변화관리가 아닌 변화역량에 관점을 가져야 한다는 것이라고 주장한다. 관리의 패러다임에서 보면 리더가 주체가 되고 구성원은 대상이 되지만, 역량의 관점에서 바라보면 리더, 구성원, 조직 모두가 주체인 동시에 객체다. 모두가 주인공이고 모두가 변화해야 할 대상이다. 따라서 환경 변화를 읽어내는 능력에서부터 이에 대처해나가는 내부적인 능력에 이르기까지 변화역량을 어떻게 키울 것인가 고민하는 것이 성공적인 변화관리를 만들어내는 성공 해법이라고 할 수 있다.

경제학자 프랭크 나이트(Frank Knight)는 "확실성의 세계는 기업가가 필요 없는 세상이다"라고 말했다. 모든 것이 정해진 원칙에 따라 움직여서 예측이 가능하다면 기업가들의 역할은 필요 없게 된다.

기업가들이 불확실성과 불가분의 관계라는 것은 그 어원에서도 잘 알 수 있다. 18세기 초 경제학자 리샤르 캉티용(Richard Cantillon)을 중심으로 한 프랑스 정치경제학자들이 처음으로 쓰기 시작한 기업가(Entrepreneur)의 어원은 '위험을 감수하거나 모험을 하는 사람'을 뜻하는 프랑스어로 '새로운 아이디어나 발명을 성공적인 혁신으로 바꾸고 그러한 능력이 있어 해내는 사람'을 의미한다. 기업을 경영하기 위해서는 불확실한 상황 속에서 끊임없이 선택하고 결정하여야 한다. 생각지도 못한 경쟁자가 출현하여 사업을 무너뜨리는 적이 되기도 한다. 진짜 경쟁자가 누구인지에 대해 철저히 대비하지 않으면 어느 누구도 살아남기 어렵다. 불확실성이 항상 기업의 생존을 위협하는 위험만을 내포하는 것은 아니다. 잠재적 경쟁자가 지속가능한 성장을 위한 도구가 되기도 한다. 불확실한 경영 환경 하에서는 지속가능한 성장을 가져올 자신만의 핵심역량을 파악하는 노력이 반드시 필요하다.

이제 IBM을 '컴퓨터 회사'라 부르는 사람은 없다. 한때 컴퓨터 관련 정보 기기를 생산하며 세계 최대 컴퓨터 업체로 불린 IBM, 너무 커져 버린 덩치 탓에 대형 컴퓨터에서 개인용 컴퓨터(PC)로 급변하는 시장 트렌드를 읽지 못했다. 컴퓨터 시장을 델, HP, 컴팩 등에 내주고 말았다. 1980년대 중반 IBM 순이익은 전성기 때의 3분 2로 줄었다. 위기의 IBM을 일으켜 세운 것은 과감한 체질 개선이었다. 하드웨어에 집중하던 노선을 과감히 수정해 '서비스 회사'로 탈바꿈했다. 변화된 시장에 맞춰 고객이 원하는 일을 하겠다는 전략이었다. IBM은 컴퓨터에 관한 모든 서비스를 받을 수 있는 토털 솔루션 업체로 변신했다. 방식은 공격적인 인수합병(M&A)이었다. 소프트웨어 자산관리 업체 '아이소곤' 등을 인수했다. 2007년 프린터 부문 분리에 이어 통계처리 소프트웨어 'SPSS 데이터 솔루션'을 인수하는 등 70개 이상의 소프트웨어, 서비스

기업을 인수 합병했다. 1993년 당시 총매출의 27%에 불과하던 소프트웨어와 서비스 사업 부문 매출 비중은 현재 82%로 커졌다. 조직 체질도 바꿨다. 전 세계에 산재한 조직을 하나로 묶어 단일 조직으로 만들었다. 이렇게 태어난 글로벌 IBM 조직은 우수한 기술력과 IT에 관련된 통합적 서비스 능력, 광범위한 고객층을 확보해 시너지 효과를 냈다. 이와 더불어 전사적인 지식경영 인프라와 최고경영자의 사내 커뮤니케이션 강화로 각국의 조직 및 IBM 직원들에게 일체감과 소속감을 심어줬다. 이로써 IBM은 **'서비스-컨설팅-소프트웨어'**를 아우르는 세계 최대 기업으로 성장해 현재 170여 개국에서 활동하고 있다. 세계 최대의 제조기업이 20여 년 만에 세계 최대의 서비스 기업으로 완벽하게 변신한 것이다.

성공적인 조직 변화를 위해서는 기본적으로 3가지 요소가 필수적이다. **첫 번째는 변화의 필요성에 대한 인식으로, 곧 조직 변화를 위한 동기유발의 요인이 된다.**

두 번째는 새로운 상황에 적합한 달성 가능한 비전 설정으로, 이는 변화의 방향 및 가능성을 제시한다.

세 번째는 성공에 대한 신념과 실천을 방안 도출로, 실천 계획과 함께 변화의 지원세력으로 작용하게 된다.

구성원 모두가 변화의 필요성에 대해 공감하고 새로운 비전을 받아들이고, 자신의 태도와 가치관을 변화시킴으로써 변화가 시작되는 것이다. 스스로 생각하고 행동하는 방식을 바꿈에 따라 변화 프로그램에 몰입하게 되고 성공적인 변화가 이뤄진다. 따라서 경영진은 조직 구성원 개개인들의 사고방식과 행동양식의 변화는 조직의 전략, 구조, 시스템, 그리고 문화가 상호 유기적으로 연결되어야만 가능하다는 것을 꼭 숙지할 필요가 있다.

올바른 처신과 현명한 처세

[범려는 나갈 때와 물러설 때를 알고 행동한 처세의 달인이었다]

범려는 일국의 재상으로 자신의 주군을 춘추오패의 주인공으로 만들고 홀연 그 자리를 떠난다. 제나라로 건너가 유명한 거부가 되자 제안받은 재상 자리를 내던진다. 상인으로도 세 번이나 천금을 모았지만 세상에 환원하고 유유자적 세상을 살았다. 전설이나 신화 속의 인물처럼 이 세상을 살다 간 범려는 후대에 재상과 상인이 아닌 처세의 대가로 이름을 더 떨쳤다. 범려는 원래 초나라 사람으로 월나라의 대부로 있으면서 와신상담의 주인공 월왕 구천을 보좌하여 오나라에 복수를 가하고 패업을 이루게 했다. 그러나 범려는 구천이 어려움을 같이할 수 있어도 즐거움은 함께할 수 없는 인물이라 여겨 과감히 월나라를 떠난다. 이때 범려는 친구 문종에게 편지를 보내 그 유명한 토사구팽을 거론하며 속히 떠날 것을 권했다. 문종이 마음을 정하지 못하고 머뭇거리다가 병을 핑계로 조정에 나가지 않는 사이 구천은 끝내 검을 내려 문종을 자결케 한다. 월나라를 떠난 범려는 제나라에 머물다가 다시 교역의 중심지인 도(陶) 지방으로 가서 이름을 주공(朱公)으로 바꿔 살면서 양쪽에서 막대한 부를 축적했다. 범려가 19년에 걸쳐 3차례 천금의 재산을 모을 수 있었던 것은 물자를 쌓아 두었다가 시세의 흐름을 보고 판 것인데 이는 계연이 구천에게 제시한 일곱 계책 중 하나인 '때와 쓰임을 알면 그때 필요한 물건을 알게 된다'는 것을 적절히 실천한 결과였다. 범려는 이렇게 번 재산을 두 차례에 걸쳐 가난한 이웃들과 먼 친척들에게 나누어 주었는데 사마천은 이를 '부유하면 그 덕을 즐겨 행한다'는 것이라 했다.

사회생활에서 처세술을 간과하는 사람은 별로 없다. 자신의 능력이 아무리 출중해도 의사 결정권자와 지지자의 도움 없이는 성과를 내기가 매우 어렵기 때문이다. 구인 구직 플랫폼 '사람인'은 428명을 대상으로 '직장에서 처세술의 필요성'을 조사한 결과 90.4%가 '처세술이 필요하다'고 응답했다. '동료 및 상사와의 원만한 인간관계를 위해서(76.7%, 복수응답)'란 이유가 가장 많았고 이어 '업무 능력만으로 인정받는 데 한계가 있어서'(38.5%)' '능력 이상으로 인정받을 수 있어서(26.9%)' '승진 등 성과 보상이 유리해서(22.7%)' '다들 하고 있어서(9.8%)' 순이었다. 처세술에 대한 부정적 인식으로는, '비교로 인한 스트레스(48%, 복수응답)'가 가장 많았고, 다음으로는 '업무 배정의 불이익(40.2%)' '상사 및 동료와의 관계 소원해짐(34.3%)' '승진 등 인사고과의 불이익(29.9%)' 순이었다. 미국의 저명한 심리학자 윌리엄 제임스(William James)의 '인간이 품고 있는 감정 가운데 가장 강렬한 본성은 타인에게 인정받기를 갈망하는 마음이다'라고 말했다.

인간관계 전문가 데일 카네기(Dale B. Carnegie) 역시 비슷한 주장을 펼쳤다. 그는 자신의 저서 『인간관계론』에서 "다른 사람을 움직이는 최고의 방법은 상대가 원하는 바를 베푸는 것"이라며 "만일 타인의 갈망을 충족시켜주는 사람이 있다면 그는 타인의 마음을 자유자재로 조종할 수 있다"라고 피력했다. 상대로 하여금 존중받고 있다는 느낌을 갖게 하는 것이 처세술의 핵심이라는 것이다. 삼국지의 주인공은 유비, 조조, 손권 등이지만 제갈량의 활약은 이들을 능가한다. 그는 적벽대전 등 여러 전투에서 유비를 도와 신출귀몰한 전술로 전공을 세우며 유비와 유선을 잇는 2대에 걸친 충성으로 충신과 영웅의 귀감이 된다. 제갈량을 주목하는 이유는 유비나 조조가 갖는 일인자의 리더십과는 차별되는 독특한 지위 때문이다. 제갈량은 유비로부터 절대적인 신임을 받아 오늘날의 총리 격인 승상이 되어 촉을 지휘하고 유비 사후에는 거의 절대적인 권력을 가진 이인자로 확고한 지위를 올랐지만 승상으로서의 리더십과 이인자로서의 처세술 두 가지를 병행해야 하는 처지였다. 유비의 삼고초려로 발탁되었음에도 제갈량의 초기 벼슬은 낮았다. 출사 직후 특별한 벼슬도 없이 유비의 개인적인 고문으로 있다가 유비가 익주 목사가 되자 처음으로 군사 중랑장이라는 관직을 받게 된다. 이 직책은 세금을 걷고 군량 운반을 책임지는 자리로 제갈량의 화려한 등장에 비하면 매우 낮은 직책인 셈이다. 그리고 유비가 익주와 형주를 차지해 한중왕이라는 칭호를 쓰기 시작하면서 제갈량은 군사장군이란 벼슬을 하사받았는데 이 역시 그의 역량에 비하면 낮은 직책이었다. 이것은 일종의 견제이기도 했다. 유비의 주변 인물은 의형제 그룹인 관우, 장비를 비롯하여 모두가 익주와 형주의 호족 출신이었기 때문에 그런 견제는 제갈량이 죽을 때까지 이어졌다. 그러나 흔들리지 않고 자신의 역량을 발휘할 수 있었던 것은 그의 탁월한 처세술 덕이었다. 제갈량은 병법은 물론 육도삼략과 유학, 법가, 천기, 주역 등 모든 학문에 능통했지만 특히 사람과의 관계 즉 처세학에서 조조에 버금가는 실력가였다. 이 같은 능력으로 인해 제갈량은 27세에 출사해 자신보다 스무 살 정도 연상의 유비 그룹은 물론 여러 장수들을 지휘할 수 있었다. 제갈량의 처세술을 이해하려면 공개, 공정, 공평의 이른바 '삼공(三公)'을 빼놓을 수 없다. 그는 모든 정책이나 전투 계획을 세울 때 공개를 원칙으로 했으며, 그것에 대한 평가는 공정하고 공평하게 처리했다. 계획을 수립하여 지시하고, 결과에 대해 평가를 내리는 본인에게조차 엄격하게 이 원칙을 적용했기 때문에 그 누구도 이의를 제기할 수 없었다. 제갈량은 전투에서 실패하면 스스로의 지위를 강등하기도 했고 개인적인 친소관계를 떠나 이 원칙으로 인사하고 나라를 다스린 것이다. 훗날 그가 죽은 뒤 그가 남긴 것은 땅 몇 마지기와 뽕나무 몇 백 그루뿐이었다는 점에서 제갈량의 강직함과 청렴함을 엿볼 수 있다. 그의 이러한 처신이 있었기에 촉은 국가로서의 틀을 갖추고 생존할 수 있었던 것이다.

팽양은 한낱 서좌(書佐)에다가 죄인 출신인 신분으로 기용되어 하루아침에 주의 사람들의 위에 서게 되자 기세가 당당해졌고 갈수록 총애를 많이 받아 오만해졌다. 제갈량이 겉으로는 팽양을 대우했지만 속으로는 좋아할 수 없었고 유비에게 은밀히 팽양은 원대한 야심을 갖고 있어 안전을 지키기 어려울 것이라 여러 번 진언했다. 이에 유비는 그를 강등시켜 지방의 관리로 내려보냈다. 제갈량은 그곳에서 팽양이 자기관리를 잘하고 반성하는 기미가 보이면 다시 불러올리려는 생각을 했지만 팽양은 마초를 찾아갔다. 그리고 마초에게 "유비가 늙어서 사람을 못 알아본다. 내가 안에서 내정을 하고 당신이 밖에서 군사를 다스리면 어찌 이 나라를 운영하지 못하겠느냐?"고 넌지시 반란을 제안하다. 그러나 마초는 이 사실을 유비에게 고하고 유비는 제갈량을 시켜 팽양을 처형한다. 이때 제갈량은 이런 말을 한다. '마음이 어지러울 때는 절대 말을 함부로 하면 안 된다. 실수가 나오기 마련이다'라는 처세의 한 부분을 지적한다. 사회생활을 하다 보면 늘상 변수가 있기 마련이다. 특히 직장에서 상사로부터의 칭찬과 꾸중이 수시로 변하는 것을 감당해야 하는 사람들에게는 매일매일의 일상이 스트레스일 것이다. 그럴 때마다 즉각적인 반응을 보이는 것은 못난 짓이다. 칭찬을 받았다고, 작은 성취를 이루었다고, 동기보다 조금 일찍 승진했다고 우쭐거리거나 자만심에 사로잡힐 필요도 없다. 능력을 과신해서는 안 된다. 그래야 타인의 경계에서 벗어날 수 있다. 또한 남의 능력에 관대하고 자신의 능력에는 냉정할 필요가 있다. 자기 과신은 경쟁자를 만드는 가장 불필요한 행동이며, 자신의 밑천을 드러내는 지름길이다. 마찬가지로 실패의 순간에, 인사상의 불이익을 받았다고 그럴 때마다 대들거나 사표를 던질 필요도 없는 것이다. 조직은 조직원에 대해 다면적인 평가를 하는 곳이다. 항상 업무 성과만이 평가의 잣대가 되는 것이 아니다. 칭찬을 받았을 때, 억울한 불이익을 당했을 때 그 모두를 회사는 객관적으로 지켜보고 냉정하게 평가의 표를 작성하는 것이다.

처세란 사람들과 사귀며 살아가는 일로 외양적인 반면 처신이란 세상을 살아가는 데 가져야 할 몸가짐이나 행동을 뜻하는 내면적인 것이다. 때문에 처세의 근본은 처신이라 할 수 있다. 논어에 나오는 가장 기본적인 처신은 쇄소응대진퇴(洒掃應對進退)이다. 논어 자장(子張) 편에 나오는 이 말은 중국 춘추시대 공자의 제자로 공문십철(孔門十哲)의 한 사람인 자하(子夏)가 가장 중시한 근본 교육법으로 어려서부터 성인이 되어서까지 꼭 해야 하는 기본 처신 법이다.

쇄소(洒掃)는 물 뿌리고 바닥을 쓰는 청소를 의미한다. 즉 아침에 일어나서 방과 마루를 쓸고 닦으며 뜰에 물을 뿌리고 쓰는 등의 청소를 하는 것이다. 자기 주변을 깨끗이 정돈할 줄 아는 것이 사회생활의 시작인데 청소하지 않고 주변환경을 관리도 하지 않는 사람이 조직과 사회 속에서 제대로 인정받을 수 있을까. 대학 재학 중 아일랜드로 단기연수를 떠났다가 트렁크 하나만 있어도 생활이 가능하다는 것을 깨닫고 정리정돈 컨설턴트가 된 고마츠 야스시는 정리 정돈이 성공의 필수조건이라고 주장한다. 그 이유는 정리가 끝나 있으면 다른 사람들보다 결단력과 실행력, 판단력이 빠르기 때문이다. 삶과 정리 정돈은 똑 같은 원리여서 정리 정돈을 잘하는 사람은 삶을 충실하게 살아가는 사람이다.

응대(應對)는 부름이나 물음 또는 요구 따위에 응하여 상대하는 것을 말한다. 이는 상관, 동료, 고객이 부를 때, 공손하게 대응하고 사안에 따라 잘 대답하는 것을 의미한다. 누군가 자신에게 자세를 바르게, 말은 정중하게 하며, 밝은 표정과 미소로 대하면 기분이 좋듯이 자신도 남에게 그렇게 대하도록 하는 것이다. 업무를 진행 상대가 원하는 것을 파악하고, 상대방의 입장을 배려하고, 상대방이 알아듣게 구체적인 표현으로 응대하는 것이 바른 태도라고 할 수 있다. 제갈량은 항상 '궁신접수'라는 말을 잊지 않았다. 이 말은 물을 받기 위해서는 항상 물보다 낮은 곳에 내가 위치해야 한다는 뜻이다. 즉 주전자의 물을 받기 위해서는 찻잔은 주전자보다 낮은 곳에 위치한다는 겸손과 겸양을 말한다.

진퇴(進退)는 상황에 맞추어 상관들 앞에 예의 바르게 나아가고 물러남을 알아서 행동거지를 단정하게 하는 것을 의미한다. 하지만 이보다 더 어려운 것이 언제 들어가고 나오는가를 아는 것이다. 사실 나아가야 할 때 나아가고, 물러나야 할 때 물러날 줄 아는, 진퇴(進退)의 판단은 상당한 내공과 눈치, 그리고 무엇보다 상황을 파악할 수 있는 능력을 요구한다. 이 진퇴를 적시에 제대로 못할 때 우리는 진퇴양난(進退兩難)에 빠지게 되기도 한다. 이런 나아가고 물러나는 지혜가 쌓이면서 사실 우리는 처하는 상황에서뿐 아니라 인생에서도 사람으로서 어떤 일을 마땅히 해야 되는지 안 해야 되는지를 깨닫게 된다.

충성과 신의를 첫 번째 원칙으로 지켜라

몇 해 전 방영되었던 미국 드라마 '슈츠(Suits)'에서 주인공 하비 스펙터(Harvey Spectorer)는 공감을 이끌어 내는 명대사를 남겨 직장인들 사이에서 회자되고 있다. 하버드 출신으로 뉴욕의 대형 로펌 파트너로 등장하는 그는 이런 대사를 남긴다. "충성은 일방통행이 아니라 쌍방향 통행로와 같은 거야. 내가 당신으로부터 뭔가를 얻었다면, 당신도 내게서 뭔가를 얻게 되는 거지(Loyalty is two way street. If I'm asking for it from you, then you're getting it from me)".

누구나 신뢰할 수 있는 친구, 자신에게 최선을 다하는 충성스러운 부하를 바라지만 우리가 살고 있는 이 시대에 진정한 '충성(loyalty)'을 찾기는 쉽지 않다. 월스트리트저널의 유명한 문화 칼럼인 '포스트모던 타임스'를 썼던 에릭 펠턴(Eric Felten)은 충성을 외줄 아래 쳐진 그물에 비유한다. "그물이 쳐 있으면 용기를 내 한번 도전해 볼 수도 있을 것이다. 충성은 이런 그물과 같다. 직접 도움을 받지 않는다고 하더라도 밑에 그물이 있다는 사실을 아는 것만으로도 우리는 힘을 얻는다. 중요한 것은 위험에 처했을 때 그물이 우리를 붙잡아 줄 것이라는 믿음이다" 그는 "충성은 신뢰에 관한 것"이라고 단언하고, 충성이란 개념에서는 믿음이 핵심이며 누군가를 믿을 수 있다는 것은 값으로 환산할 수 없는 자산이라고 말한다. 동료 간에 신뢰와 충성이 있으면 어떠한 극한 상황에서도 살아남을 수 있다는 것이다.

1953년 찰스 휴스턴(Charles S. Houston)을 리더로 하는 3차 미국 원정대는 히말라야산맥 K2 등반에 나섰다. 원정대는 등반 중 5월 29일 영국이 세계 최고봉 에베레스트를 등정했다는 소식을 접하며 자신들도 꼭 성공하겠다는 의욕을 불태웠다. 그러나 순조롭게 등반하던 원정대는 8캠프(7,700m)에서 악천후로 고립되고 말았다. 설상가상으로 대원 1명이 쓰러져 사경을 헤매자 할 수 없이 폭풍설을 뚫고 하산을 시작했다. 로프를 묶고 하산하던 중 한 대원이 발을 헛디뎌 추락하자 찰스 휴스턴을 비롯한 5명의 대원이 잇따라 떨어졌다. 밧줄 맨위에 있던 피트 쇼닝(Pete Schoening)은 순간적으로 로프를 낚아챘다. 그는 다리를 쓰지 못하는 다른 대원을 업고 있는 상태에서 장갑과 손은 마찰로 타는 것도 잊은 채 초인적인 힘을 다해 로프를 끌어당겼다. 필사적인 노력으로 비록 대원 1명은 실종되었지만 그들은 기적적으로 살아남았다. 구조된 후 인터뷰에서 그들은 로프를 통해서 삶에 대한 서로의 의지를 느낄 수 있었다고 말했다. 자신이 포기하면 다른 대원들도 위험에 처한다는 것을 알았기 때문에 스스로 포기할 수 없었다고 토로했다.

그로부터 43년 뒤, 에베레스트에서 사고가 발생한다. 이번 원정대는 대원 각자 6만 5000달러의 거금을 내고 원정대에 참여했지만, 실상 그들은 서로에 대해 알지 못했다. 이 등반대에 참여한 바 있는 저널리스트 존 크라카우어(Jon Krakauer)는 에베레스트 등반대의 비극 전말을 기록한 〈희박한 공기 속으로〉에서 그날의 상황을 이렇게 기술하고 있다. 정상 도전 전날 캠프에서 "함께 오르는 사람들과 아무런 유대도 느껴지지 않는다. 몇 시간만 지나면 다시 함께 등반을 시작하겠지만 여전히 우리는 개인으로서 행동할 것이다. 우리를 이어주는 어떤 밧줄도, 조금이나마 서로에게 충실한 감정도 없이"라고 적었다. 이튿날 원정대는 정상 정복에 성공했지만, 하산 과정에서 8명이 목숨을 잃었다.

충성은 두 가지 얼굴을 하고 있다.

하나는 잘못된 것에 대해서는 직언하는 유형과 맹목적으로 상대방의 의사에 복종하는 유형이다. 리더가 충성에 집착할수록 직언하는 부하의 입지는 줄어들고 무조건 복종파들이 득세하여 우스꽝스러운 충성경쟁이 벌어진다. 이 때문에 우리 선조들은 직언파와 복종파를 구분하여 평가했다. 명령을 따르되 윗사람을 이롭게 하는 것은 순(順)이며, 명령을 맹목적으로 좇아 조직을 해롭게 하는 것은 유(諛), 즉 아첨으로 구별했다. 이와는 반대로 명령을 거슬러 임금을 이롭게 하는 것은 충(忠)이지만, 명령을 거슬러 임금을 해롭게 하는 것을 난(亂)이라고 보아 경계했다. 미국의 37대 대통령이었던 리처드 닉슨(Richard Nixon)은 강박적으로 충성을 요구했고 이러한 충성 제일주의가 워터게이트라는 초유의 사태를 일으키는 배경이 되었다.

[사임하고 백악관을 떠나는 닉슨 대통령]

충성에 대한 닉슨 대통령의 집착은 갈수록 심해져 결국 '우리 대 그들'이라는 피해 망상적 대결구도를 만들어냈다. 대통령과 다른 의견을 내는 것은 충성심이 없다는 뜻, 결국 닉슨 행정부의 조직문화는 다른 의견을 내는 사람을 처단하는 쪽으로 나아갔다. 닉슨은 재선 판도에서 압도적인 우위에 있던 1972년 8월에 찰스 올슨 보좌관에게 보낸 메모에서는 뉴욕의 기업인들과 경제전문가들이 당시 민주당 대선 후보였던 맥거번(George Stanley McGovern)에 가담해 우리를 쓰러뜨리려 하고 있다고 주의를 촉구시키기도 했다. 온 세상을 적들로 보고 경계하는 닉슨의 성향은 주변 보좌역들의 보고서에도 반영돼 이들이 올리는 보고서는 대통령에 비판적인 사람들과 저명인사들의 약점을 파헤치고 헐뜯는 내용으로 채워졌다. 보좌관들은 대통령을 비판하는 사람들의 결혼생활과 음주, 정신적 문제점에 대한 세세한 보고 들을 올리는 반면 베트남전에 대한 부정적 여론은 봉쇄하는 데에 온 신경을 썼다. 닉슨은 재선 후에도 휘하 연방 공무원들에게 조차 불신의 눈길을 거두지 않았으며 당시 뷰캐넌은 충성심이 부족한 자들에 대한 "집안 대청소"를 건의하기도 했다.

에릭 팰튼은 "충성을 강요하는 것은 대개 떳떳하지 못한 일을 하고 있다는 증거이며, 옳은 일을 하고 있지 않다는 도덕적 불안을 충성의 힘으로 극복하려 한다는 증거다. 충성을 강요하는 사람일수록 거의 예외 없이 충성에 대해 이야기할 자격이 없는 몰염치한 사람들인 경우가 많다"고 말했다.

충성이란 진정에서 우러나오는 정성을 뜻한다. 충성의 반대편에 있는 배신은 누구나 싫어한다. 단테는 배신을 가장 비열한 악덕이라고 생각해 〈신곡〉에서 지옥의 맨 아래 단계인 아홉 번째 지옥을 '불충'의 죄를 지은 사람들이 모이는 곳이라 했다. 가족과 국가와 친구를 배신한 이들이 이곳에 와서 차가운 얼음 바닥에서 신음하며 물어뜯기는 고통을 받게 된다는 것이다.

송나라 학자 범조우는 『당감(唐鑑)』이란 역사비평서를 통해 당 고조(高祖)부터 소종(昭宗)에 이르기까지 당나라 역사를 날카롭게 해부했다. 특히 이 책에서 그는 간신과 충신의 차이를 명쾌하게 설명했다.

그는 간신에 대해 이렇게 말한다. "아첨에 능한 사람은 아첨으로 환심을 사고 순종하는 것에 그칠 뿐인데도 그를 가까이하면 반드시 위태로움에 이르게 되는 것은 어째서이겠는가? 아첨하는 사람은 마땅함[義]이 있는 곳을 알지 못하고 오직 이익(利)만을 따르기 때문이다. 이익이 임금이나 아버지에게 있으면 임금이나 아버지를 따르고 이익이 권신(權臣)에게 있으면 권신에게 빌붙고 이익이 적국에 있으면 적국과 내통하고 이익이 오랑캐에게 있으면 오랑캐를 가까이해, 이익이 있는 곳이면 따르고 이익이 떠난 곳이면 멀리하니 임금이나 아버지에 대해 무엇이 있겠는가?"

충신에 대해서는 이렇게 말하고 있다. "마땅함을 따르지 임금을 따르지 않으며 도리를 따르지 아버지를 따르지 않는다. 임금으로 하여금 불의(不義)에 빠지지 않게 하며 아버지로 하여금 부도(不道)에 들지 않게 한다. 비록 임금이나 아버지의 명을 따르지 않는 경우가 있으나 이는 명을 따르지 않음으로써 장차 임금이나 아버지를 편안한 곳에 있도록 하기 위함이다"

충성에는 딜레마가 있다. 다양한 사람이나 조직과 맺게 되는 충성이 때로는 서로 상충된 이해관계를 갖게 될 수 있다는 점이다. 사회가 복잡해질수록 더 자주, 더 많은 충성의 대상이 얽힌다. 가족, 친구, 보스, 기업, 국가 등 다양한 대상에게 매번 동시에 충성할 수는 없다. 충성의 핵심 특성은 편파성인데 결국 어느 쪽을 택하느냐에 따라 결과는 크게 달라진다. 어느 쪽을 향한 충성이 누군가에게는 배신이 되기도 한다. 정의와 조직, 국가와 가족 사이 등 선택은 늘 혼란스럽다. 헌신의 대상이 올바르지 않을 때는 그 결과가 더없이 참혹하다.

충성 그 자체가 순수한 선이라 할 수 없는 까닭이다. 오늘날 충성이 더럽혀진 것은 '충성할 대상'의 문제일 수 있다. 윗사람을 돕다는 뜻의 보필(輔弼)의 자원을 살피면 충성의 진정한 의미가 한결 명확해진다. 보(輔)는 무거운 짐을 실을 때 수레바퀴를 튼튼히 하려고 바퀴에 묶어 보완하는 덧방 나무란 뜻이다. 도울 필(弼)은 뒤틀린 활이나 쇠뇌를 바로잡는 도구다. 뒤틀린 것을 바로잡는다는 것에서 '돕다'란 의미가 나온다. 즉 잘하는 것을 보강해 더 잘하게 하고, 잘못된 것은 아프고 불편하더라도 바로잡도록 하는 것이다. 제안의 진언과 금지의 간언을 통해 리더를 돕는 것이 진정한 보필이다.

한비자가 오죽하면 "직언을 하지 않는 자에게 벌을 주라"고 말했겠는가. 진정한 충(忠)은 글자 그대로 마음(心)에 기준(中)을 갖는 일이지, 중심, 조직의 기준이 흔들린 채 상사의 기분에만 맞추는 것을 뜻하지는 않는다.

위징은 당나라가 기초를 다지는데 혁혁한 공을 세웠다. 물론 당 태종을 향해 쓴소리도 마다하지 않았다. 위징이 말한 양신과 충신의 차이는 간단하다. 그는 양신은 스스로 명성을 누릴 뿐 아니라 군주에게도 위세와 명망을 떨치게 하지만, 충신은 결국 주군의 미움을 사 주살당하기 쉽고, 간신은 군주에게 어리석음을 가져다줘 오명을 남기게 하고 결국 나라를 망치게 한다고 말했다. 지금의 대한민국은 위징과 같은 양신이 필요하다. 그러기 위해서는 대의(大義)에 어긋나는 처사에 대해 부당함을 주장할 수 있는 용기가 절실한 때다.

말은 양날의 검이다

인간이 지금과 같은 언어를 사용하기 시작한 것은 20만 년에 지나지 않는다. 인간은 말을 사용하면서 소통이 가능해졌고, 사회 구성원 간의 협력이 강화되었으며, 문명을 창조하여 지구 생태계의 지배자가 될 수 있었다. 말이 있었기에 이루어진 엄청난 결과인 것이다. 사람은 평균적으로 하루에 약 7만 단어의 말을 한다고 한다. 누군가를 대하면서 말을 한다는 것은 자연스러운 것인지라 이렇게 많은 말을 한다는 것이 새삼 놀랍기만 하다. 말을 한다는 것은 일상적인 일이지만, 대부분의 사람들은 말이라는 것이 자신의 실체를 보여주는 것이라는 사실을 종종 간과하고 있다.

뉴스를 보면 언어 예절을 무시하고 말을 함부로 하는 사람들을 쉽게 볼 수 있다. 특히 국민들에게 언행의 모범이 되어야 할 정치인들로부터 그런 모습을 자주 보게 된다. 서로의 말을 경청하지 않고 함부로 말을 자르고 끼어들거나, 심지어는 상대방을 모욕하는 말을 퍼붓기도 한다. 최소한의 언어 예절도 지키지 않는 것이다.

물론 모든 정치인이 그런 것은 아니지만, 이념과 성향을 달리하는 국회의원들은 양보가 곧 패배라는 인식 때문인지 정제되지 않은 험한 말로 품격을 스스로 낮추곤 한다. 그렇다고 날카로운 말이 오갔던 국회에서 합리적인 결론이 도출되는 경우를 별로 본 적이 거의 없다. 서로 헐뜯는 말만 내뱉다 결국 회의는 흐지부지 마무리되는 경우가 허다하다. 막말을 일삼는 우리 정치인과 뚜렷하게 대비되는 인물은 로널드 레이건(Ronald Reagan) 전 미국 대통령이다. 레이건은 1984년 73세의 나이에 대통령 재선에 도전하는데 상대편 민주당 대통령 후보는 당시 56세인 월터 먼데일(Walter F. F. Mondale)이었다. 그들이 TV 토론 때 주고받은 말은 두고두고 화제가 되고 있다. 먼데일은 "당신의 나이에 대해 어떻게 생각하십니까"라고 물었다. 레이건의 고령을 들춰내어 약점을 노출시키려는 전략이었다. 이에 레이건은 "이번 선거에서 나이를 문제 삼을 생각은 없습니다"라고 답했다. 먼데일은 "무슨 뜻입니까"라고 다시 물었다. 레이건은 "당신이 너무 젊고 경험이 없다는 사실을 정치적 목적으로 이용하지 않겠다는 뜻입니다"라고 답했다. 레이건의 유머에 시청자들은 폭소를 터트렸다. 사실상 레이건의 완승이고 먼데일의 완패였다. 먼데일은 레이건의 고령을 문제 삼으려 했다가 보기 좋게 되치기 당했다. 할 말 잃은 먼데일도 웃을 수밖에 없었다. 만약 레이건이 먼데일의 공격에 나이가 많아도 자신의 건강에는 문제가 없다고 답했거나, 자신이 건강하다는 것을 보여주기 위해 과잉반응을 했다면 오히려 감점 요인이 될 수도 있었던 상황이었다.

레이건의 농담은 한 문장인 경우가 많다. 그는 농담을 적은 카드를 갖고 다니면서 열심히 연습했다. 死後(사후) 이 카드를 정리하였는데 몇 상자나 되었다고 한다. 그가 외워 둔 한 줄짜리 농담은 2,000여 개로 외견상으로는 즉석에서 자연스럽게 하는 농담처럼 보였지만 그 뒤엔 엄청난 노력이 있었다. 그의 이념과 정책에 동조하고 안 하고를 떠나 레이건은 상대의 집요한 정치적 공격에도 만면에 웃음을 띠며 특유의 유머로 상대를 압도하는 인물이었다. 같은 말이라도 어떻게 표현하느냐에 따라 상대방의 기분이나 태도가 달라질 수 있다는 것은 예로부터 익히 내려오던 삶의 지혜다. 말 한마디로 천 냥 빚도 갚을 수 있고, 때론 힘들게 쌓아온 탑을 하루아침에 무너뜨릴 수 있다. 말 한마디의 중요성은 특히 사회생활에서 두드러진다. 사회에 한 발짝 내딛는 순간부터, 말은 단순히 대화의 기능에 그치지 않고 설득과 타협을 위한 도구로 이용되기 때문이다. 더구나 SNS의 대중화로 요즘처럼 말이 범람하는 자기표현의 시대에 그 영향력은 점차 커지고 있다. 유려한 언변으로 대인관계의 폭을 넓혀 성공의 길을 가는 사람도 있고, 헛소리를 구사함으로써 오해와 미움을 받거나 심지어 막말이 되어 증오의 대상이 되기도 한다. 또한 말을 많이 하여 문제가 되기도 하지만 말을 한 마디도 하지 않아서 무능과 오만함의 대상으로 공격을 받기도 한다. 이처럼 말은 이중성을 가지고 인간관계나 업무에서 막강한 영향력을 행사하고 있다. 말을 함에 있어 염두에 두어야 하는 것은 상대방을 인정하고, 자신이 하는 말에 진정성을 담아야 한다.

첫째, 말을 함에 있어 상대방을 인정하기 위해서는 긍정적인 마음가짐이 필요하다.

미국의 시인 헨리 워즈워드 롱펠로(Henry W. Longfellow)는 "우리가 내뱉는 말은 상대방의 가슴속에 수십 년 동안 화살처럼 꽂혀 있다"라고 말했다. 말에는 말하는 사람의 품격과 성향이 드러난다. 자상하고 친절한 말은 상대방에게 긍정적인 에너지를 전달하지만, 부정적인 말은 폭력적이거나 공격적인 메시지를 전하고 어떤 방법으로든 상대방을 해치게 된다. 독일의 프리드리히 쉴러 대학 (Friedrich Schiller University Jena)의 연구자들이 애정이 어린 긍정적인 표현은 전 전두엽 피질을 활성화한다고 밝혔는데, 뇌의 이 부분은 자아상, 정서적 의사 결정에 관련된 곳이다.

다시 말하면, 위로하고 사랑을 전하는 말은 자아 인식을 증진하게 만들고, 더 나은 정서적 결정을 하게 도와준다는 것이다.

뉴욕에서 20대 중반의 한 남자가 지하철 타는 곳을 배회하고 있었다. 그러다가 남자는 철로 옆 벤치에 20대 초반의 젊은 여성이 아기를 안고 있는 것을 발견했다. 갑자기 여자에게 돌진한 남자는 아기를 빼앗은 다음 지하철 역내 청소 도구 보관실에 들어가 문을 잠가 버렸다. 신고를 받고 출동한 경찰들은 현장에 도착하자마자 남자와 아기가 있는 청소 도구 보관실의 문을 두드리며 당장 문을 열 것을 명령했다. 그런데 문 안쪽에서는 이해할 수 없는 이상한 말들이 흘러나왔다. "이 아이가 천사라면 내가 사랑해 줄 텐데. 하지만 이 아기가 만약 악마라면 어떻게 해야 하지?" 아기를 훔친 범인은 정신 분열 증세가 있는 남자로 자신을 신보다 위대하다고 생각하는 과대망상증 환자였던 것이다. 경찰은 계속 문을 두드리며 문을 열라고 위협했지만 남자는 아랑곳하지 않고 위의 말을 반복했다.

경찰들은 문 두드리기를 멈추고 남자를 구슬리기 위해 새로운 방법을 썼다. "걱정하지 마세요. 그 아기는 천사니까요. 그 아기는 천사예요. 그러니까 얼른 문을 여세요" 경찰의 말에 남자는 더욱 광기 어린 목소리로 "천사, 천사, 천사라고? 어떻게 알아? 이 아기가 천사인지 아닌지 어떻게 알 수 있지?"라고 반문했다. 처음에 경찰들은 범인과 공감하려고 노력하기는커녕 문을 열라고만 재촉했었다. 그런데 이번에는 범인을 달래기 위해 너무 지나치게 공감하는 태도를 보였다. 자신을 우월하게 여기는 범인보다 더 많이 알고 있는 척한 꼴이 된 것이다. 그때 현장에 투입된 하바드대학 정신의학부 다니엘 샤피로(Daniel Shapiro) 교수는 범인의 입장에서 그의 망상을 인정하는 방식으로 접근했다.

"선생님. 우리는 경찰이고 선생님께서 말씀하시는 그 천사와 악마를 볼 수는 없습니다. 하지만 선생님께서 세상을 구하려고 하시는 건 알겠습니다.

우리도 세상을 구하려고 하는데 조금이라도 도움이 되고자 하는 사람들입니다. 그러니 문을 여시고 함께 세상을 구해 보시지 않겠습니까?" 이 말이 끝나자 굳게 닫혔던 보관실의 문이 열리고 아기를 안은 남자가 밖으로 나왔다. 상대의 반응을 예상할 수 없었던 긴장된 상황에서도 문제를 해결하는 관건은 다름 아닌 '상대를 어떻게 진심으로 인정할 것인가'였다.

둘째, 자신이 한 말에 대해 책임을 질 수 있는 진정성이 있어야 한다. 식언이비(食言而肥)라는 말이 있는데, 이 말은 "식언으로 살찐다"는 뜻으로 신용을 지키지 않고 식언을 일삼는 사람을 비유하는 말이다.

사람의 마음을 얻는 일이 세상에서 가장 어렵고 힘든 일이며, 사람의 마음을 얻는 관문은 바로 '말'이다. 대인관계뿐만 아니라 사업이나 비즈니스에 있어서도 마찬가지다. 마음을 얻어야 비로소 일이 성사된다. 오랜 전 방영되었던 TV 드라마 '상도(商道)'에서 "장사가 뭔지 아나? 장사는 이문을 남기는 게 아니라 사람을 남기는 거다. 나는 지금껏 돈을 번 게 아니라 사람을 번 것이다"라는 명대사가 나온다. 이문을 남기기보다 사람을 남겨야 장사도 되고 사업도 된다. 우리나라처럼 합리(合理) 뿐만이 아니라 정리(情理)가 중요한 문화에서는 더 그렇다. 식언을 일삼는 사람의 진정성 없는 말로 사람의 마음을 얻을 수 없다.

맹자는 "말이 쉬운 것은 그 말에 대한 책임을 생각하지 않기 때문이다"라고 했다. 식언하는 이들의 대다수는 말을 쉽게 내뱉는 사람들이다. 그런 점에서 행동보다는 말로 정치하는 우리나라 정치인을 빼놓을 수 없다. 이들은 선거철만 되면 온갖 달콤한 공약들을 앞세우며 표를 달라고 구걸한다. 유권자들을 하늘 받들 듯 하겠다는 거짓 약속도 서슴지 않는다. 하지만 선거가 끝나면 태도가 180도 달라진다. 오죽하면 "한국의 정치인들이 가장 황당해하는 경우는 자신들이 한 말을 유권자들이 사실로 믿을 때"라는 우스갯소리까지 있을까. 식언의 정치가 일상화되면서 이제는 공약 파기에 대한 책임감은커녕 미안해하는 표정조차 찾아보기 힘든 지경이 됐다.

이규호는 자신의 저서 『말의 힘』에서 말에 대해 "이 세상에서 사람의 입에서 떨어진 말보다도 더 초시간적(超時間的)인 불변성(不變性)을 가진 것은 없다"고 했다. 평소 마음에 담고 있었던 생각들이 일단 입을 통해 말이 되어 밖으로 나오는 순간 그 말은 시간을 초월하여 변하지 않고 고정된다는 의미이다. "한번 뱉은 말은 주워 담지 못한다"는 속담과 맥을 같이 한다. 그래서 사람의 입에서 나오는 모든 말은 자체가 '결단'이며, 결단에 대해 책임을 져야 하며, 그래야 사람됨을 이룩한다는 것이 그의 언어철학이다. 1960년대에 발간된 그의 책이 지금도 여전히 큰 반향을 일으키는 것도 '말'의 초시간적 불변성 때문일 것이다. 말은 신중해야 하며, 자신이 책임질 수 없는 말을 해서도 안되는 이유이다.

사회생활을 하다 보면 똑똑하지만 말을 함부로 하는 사람보다 평범하더라도 인간관계가 좋은 사람들이 성공하는 경우가 많다. 아무리 뛰어난 사람이라 하더라도 말을 함부로 하는 사람들과는 함께 있기 싫기 때문이다. 말은 상대방을 즐겁고 편안하게 할 수도 있지만 반대로 상대방을 불편하게도 할 수 있다. 레이건이 미국 역사상 손꼽히는 대통령으로 평가받는 것은 그의 탁월한 언변 때문이다. 어느 나라든 대통령 선거에서 말을 잘하는 사람들이 토론에서 좋은 평가를 받게 된다. 그러나 그의 말에 대한 진정성을 잃게 되는 순간 대중으로부터의 인기는 순식간에 사라지는 것을 여러 번 경험하고 있다. 일순간의 감언이설로 국민을 현혹하여 뜻을 이루고, 그 후에는 자신이 무슨 말을 했는지조차 기억하지 못하는 사람이 지도자가 되면 결국 국민이 그 피해를 입게 된다는 점을 명심해야 한다.

존이구동(尊異求同)

지금 우리는 갈등과 대립의 시대에 살고 있다. 우리 사회에서 갈등은 정치적인 갈등, 노사갈등을 비롯해 지역갈등, 이념 갈등, 부부나 부자간 등 가정에서의 갈등과 같이 전 분야에 걸쳐 다양한 형태로 나타나고 있다. 이러한 갈등은 조정을 통해 효율적으로 관리된다면 긍정적으로 작용할 수 있다. 갈등은 당사자가 그동안 간과해 왔던 구조적인 문제들에 대해 관심을 갖고 해결책을 모색하는 계기가 될 수 있는 것이다. 그러나 갈등이 제대로 봉합되지 못하면 사회가 불안해진다. 국가적으로 꼭 필요한 정책이 집단행동에 막혀 실패하거나, 강한 이익집단에게 유리한 방향으로 정책이 왜곡될 수도 있는 비정상적인 현실을 이미 우리 국민은 경험하고 있다. 그로 인한 사회 경제적 손실은 고스란히 국민의 부담으로 남는다.

전국경제인연합회가 OECD 가입 30개국을 대상으로 정치 · 경제 · 사회 분야를 종합해 갈등지수를 산출한 결과 한국의 갈등지수는 3위를 기록해 갈등이 매우 심각한 것으로 드러났다. 정부의 갈등관리능력을 나타내는 갈등관리지수는 27위를 기록해 갈등관리 또한 잘 이루어지지 않는 것으로 조사됐다. 한국의 갈등지수는 2008년 기준 OECD 30개국 중 4위에서 2016년 3위로 한 계단 올랐다. 이는 갈등이 상대적으로 더 심화됐음을 의미한다. 갈등관리지수는 2008년 29위에서 2016년 27위로 소폭 상승했으나 여전히 최하위권을 벗어나지 못하고 있다. 국가적 갈등은 비용을 발생시켜 경제성장에 장애요인으로 작용한다. 한국보건사회연구원에 따르면 갈등관리지수가 10% 증가하는 경우 1인당 GDP는 최대 2.41% 증가하는 것으로 나타났다. 갈등을 최소화하고, 효율적으로 관리할 수 있는 사회 환경이 삶의 질에 가장 중요하고, 그로 인한 사회적 관계와 신뢰가 높을수록 개인적으로 겪는 어려움으로 인한 불행감은 줄일 수 있다. 그러나 한국의 사회적 관계와 신뢰는 OECD 최저 수준이다. 한국의 행복지수, 특히 주관적 삶의 만족도가 낮은 것은 바로 사회 환경이 열악하고, 사회적 관계와 신뢰가 낮다는 것을 의미한다. 한국은 세계에서 61번째로 행복한 나라다. 유엔 자문기구인 '지속 가능 발전 해법 네트워크(SDSN)'가 발표한 『세계행복 보고서 2020』에서 한국은 5.872점(10점 만점)을 받아 조사대상 154개국 가운데 61위를 차지, 지난해 54위보다 7계단이나 후퇴했다. 우리나라는 건강 · 기대수명(10위)과 1인당 GDP(27위) 등 2개 항목은 비교적 상위권이었으나 관용(81위)과 부정부패(81위), 사회적 지원(99위), 삶에 대한 선택의 자유(140위)등 4개 항목은 중하위권에 그쳤다. 분야별 결과를 요약하면, 우리나라는 경제적으로 풍요롭고 보건 의료서비스 등에선 세계적으로 앞서가지만, 사회적으로 갈등과 차별, 불신이 심하고 개인이 더 나은 삶을 선택할 기회와 이에 대한 사회적 지원이 열악하다는 사실이다.

'톨레랑스(Tolerance)'는 프랑스어로 관용을 의미한다. 서로 간의 다름을 인정하고 차이를 존중하며 온전히 받아들이자는 것으로 넓게는 다른 사상 · 신앙을 가진 사람을, 좁게는 다른 행동방식을 가진 사람을 인정하고 이해하는 것을 뜻한다. 16세기 프랑스 종교개혁 시기에 구교와 신교는 서로 반목하여 전쟁을 벌였다. 당시 왕이었던 앙리 4세는 낭

트칙령을 반포해 신교를 허용했지만 광신적인 구교도에게 앙리 4세는 암살당하게 되었고, 루이 14세 때는 수십만 명의 신교도가 목숨을 잃게 되었다. 이러한 홍역을 치른 이후 종교적 갈등에서 비롯되어 쟁취된 사상의 자유가 1789년 프랑스혁명의 인권선언에 포함되어 비로소 톨레랑스가 완전한 가치로 정립되었다.

우리 사회에서 톨레랑스가 과연 얼마나 반영되고 있을까?

자신과 다른 정치적 성향을 가진 사람들을 심하게 배척하고 적대시하는 정치인들의 행태는 역겨울 정도다. 이는 비록 정치인들에 국한되지 않고 노사관계에서 보듯 이해관계가 다른 집단 간의 분쟁은 좀처럼 타협과 양보가 이루어지지 않아 해결책을 찾기 어렵다. 그뿐만 아니라 성 소수자에 대한 시선에서도 관용을 찾아볼 수 없다. 절대적 다수와 대조되는 소수의 목소리는 쉽게 묵살당하며 비정상적인 사람이라는 틀에 가둬놓기도 한다. 가정에서는 부부 갈등으로 이혼율이 급등하고, 부모와 자식 간의 관심과 소통 부족으로 인해 심각한 사회적 문제가 대두되고 있다. 우리 사회는 갈등의 늪에서 좀처럼 헤쳐 나올 조짐이 보이지 않는다.

톨레랑스를 실천한다는 것은 단순히 나와 상대의 다름을 이해하는 것으로 생각해서는 안 된다. 진정한 톨레랑스는 이해를 넘어서 상대의 모습 자체를 받아들이는 것이다. 예를 들어 금요일 오후 갑자기 급한 일이 생겨 주말에도 일을 해야 할 상황이 발생했다고 가정하자. 리더에겐 성과를 내서 조직에서 인정을 받는 것이 중요하지만, 그 일을 해야 하는 팀원은 어떻게 생각할까? 주말에 쉬고 싶거나, 가족과 함께 시간을 보내고 싶은 팀원들의 머리엔 왜 미리미리 시키지 않고 꼭 이런 날에 일을 시키는지 불만스러울 수 있다. 누가 옳고 그른지 판단할 수 있는 일은 아니다. 개인 간의 가치의 차이인 것이다.

리더가 자신의 직위를 내세워 이를 받아들이지 않으면 조직 내의 갈등은 점점 커지고 만다. 국민들이 바라는 이상적인 국가는 일부 사람들만이 부와 지위를 누리는 것이 아니라 모든 사람이 함께 고르게 나누어 향유하고 행복을 공유하는 것이 대동 사회(大同社會)이다. 반드시 유념해야 할 점은 대동 사회라는 개념에서 말하는 사회가 획일적으로 모두가 똑같은 생각을 하고, 같은 생활방식을 취하는 일원적 사회가 아니라는 점이다. 공자는 일찍이 "군자는 화이부동(和而不同)하고 소인은 동이불화(同而不和)한다"라고 했다. 군자는 화합하되 남들에게 똑같아지기를 요구하지 않으며, 소인은 같은 점이 많아도 서로 화합하지 못한다는 뜻이다. 여기서 '不同'의 의미를 되새길 필요가 있다. '不同'은 남으로 하여금 자신과 같아지기를 요구하지 않는다는 의미 외에도 자신도 남과 같아지려고 하지 않는다는 의미이다. 요즈음 우리 사회가 겪고 있는 갈등과 소통의 실패 현상 등 많은 문제점에 대한 근원적인 해법이 존이구동 이라는 말에 담겨져 있다.

사회의 생명력은 다양성에서 오고, 사회의 다양성은 다름을 인정하는 것에 기초한다. 다름을 인정하는 것은 가정은 물론, 사회 공동체의 지속에도 필수적인 요소이다. 바나나에는 치명적인 전염병으로 파나마병(panama disease)이 있다. 농업도 마치 공장처럼 운영되다 보니 바나나 품종이 무성생식을 통해 대량생산에 적합한 '캐번디시(Cavendish)'로 단일화된 끝에 생기는 현상이라고 한다. 야생 상태라면 유성생식으로 다양한 품종이 존재하기에 전염병이 돌더라도 저항력 있는 품종이 살아남지만, 품종이 단일화된 상태에서는 전염병이 창궐할 경우 전체가 멸종 위기에 처하게 되는 것이다.

인간 사회에서 4차 산업혁명이라는 거대한 변화의 물결이 현실화될 때, 다양한 재능을 가진 다양한 구성원이 존재하고 있는 유연한 사회는 생존하겠지만 획일적인 사고만을 강요하는 사회는 생존이 어려울 수 있다. 사회의 구성원들이 '다름'을 수용할 때 그 사회 전체의 다양성이 확보되는 것이다.

다양성이 더 나은 문제 해결 및 혁신의 기본 요소임을 보여주는 많은 연구결과들을 찾아볼 수 있다.

미국 미시건 대학의 연구팀은 다음과 같은 실험을 실시하였다. 연구팀은 실험을 위해 두 그룹의 피험자를 모집하였는데, 한 그룹은 지능지수(IQ)가 130이 넘는 특정 분야 박사들로만 구성한 반면, 또 다른 집단은 IQ와 관계없이 다양한 분야에 전문지식을 갖고 있는 전문가들로 구성을 하였다. 연구자는 이들에게 동일한 문제 해결 과제를 부여한 후 어느 집단이 더 효과적으로 과제를 수행하는지, 보다 창의적인 대안을 도출해 내는지를 측정하였다. 실험 결과, 팀 전반의 IQ 수준은 상대적으로 낮더라도 다양한 인력으로 구성된 집단이 IQ 수준이 월등히 높은, 하지만 동질성이 높은 집단보다 더 나은 성과를 보인 것으로 나타났다. 동질성이 큰 팀의 경우, 개인 수준의 높은 지적 능력에도 불구하고 팀 수준에서는 정보의 중복, 제한된 사고와 견해, 이로 인한 집단사고(Groupthink)의 가능성 등으로 인해 창의적 대안 도출에 어려움을 겪는 것으로 밝혀졌다. 이는 다양한 개인들의 경험과 식견이 합쳐진 집단 수준의 인지적 자원, 이른바 '집단지성(Collective Intelligence)'이 개개인의 능력보다 문제 해결에 훨씬 효과적임을 보여주는 연구결과라고 할 수 있을 것이다.

특히 요즘과 같이 문제의 복잡성이 크고 변화 또한 심해서 개인의 능력에만 의존하기에는 어려운 기업 환경 속에서는 다양성에 기반한 집단지성의 힘이 특히 중요함을 일러주는 연구 결과라고 할 수 있다.

사람들은 나이가 들면 가치관의 고착화로 상대의 의견을 잘 들으려고 하지 않는 성향이 나타난다. 의학적으로 40대 중반이 되면 뇌의 기능이 급격하게 위축된다고 한다. 과거의 일과 경험을 자주 표현하며 자랑한다든지 하는 일이 나이가 들어가는 징조일 것이다. 그러나 과거의 경험과 경력이 몇 년이라는 등의 말로 상대를 설득하거나 갈등을 해결할 수는 없다.

생각의 관점 전환을 통하여 상대방의 시각에서 사실을 바라볼 때 비로소 문제를 해결할 수 있다. 사실관계를 토대로 서로 다름과 차이를 인식하고 갈등을 해소할 요인들을 찾아내는 노력이 필요하다.

볼테르는 그의 관용론에서 "나는 당신이 쓴 글을 혐오한다. 그러나 당신이 계속 글을 쓸 수 있도록 하기 위해 나는 목숨을 바칠 것이다"라고 말을 하며 사상의 자유의 중요성을 강조했다. 즉 개인이 자유를 향유하는 만큼 타인의 자유도 함께 존중해야 한다는 것이다. 다수에 속했다는 이유만으로 기득권자가 될 수 없고, 사회가 이상적이라고 못 박아둔 길을 걷는다고 해서 강자가 될 수 없으며, 논리적으로 합당한 신념을 가지고 있다고 지식인이 아니다. 우리는 항상 오류를 범할 수 있는 존재임을 인식하여 나와 다른 종교, 사상, 신념, 행동, 성향을 가진 사람들을 존중하고 수용할 수 있어야 한다. 그것만이 지금 우리가 처해 있는 우울하고 답답한 사회적 갈등을 치유하여 건강한 시민사회로 복귀할 수 있는 유일한 솔루션이다.

타인과의 다름을 인정하여 평화적인 사회를 일구어 나가는 것
그리하여 창의성과 혁신을 촉진시키는 것
그럼으로써 모두가 공존할 수 있는 것

이것이 바로 톨레랑스의 지향점이자 대동 사회가 추구하는 이상향이 아닐까 생각한다.

아문센 VS 스콧

20세기 초, 극지 정복은 강대국들 간의 경쟁이 치열한 분야였다.

강대국 영국은 남극 정복을 위해 이미 두 번에 걸쳐 탐험대를 출항시켜 남극 지방의 지형이나 지질에 대한 정보 축적은 물론 남극으로 가는 안전한 루트를 개척하여 다른 나라들에 비해 앞서나가고 있었다. 뿐만 아니라 왕립지리 협회가 재정 지원을 약속하여 남극 정복을 위한 모든 준비가 갖추어진 상황이었다. 여기에 이미 한차례 남극을 탐험한 바 있는 로버트 스콧(Robert F. Scott)이 탐험대장으로 뽑혀 영국인들은 남극 탐사의 성공을 확신했다. 이러한 국민적 여망을 담고 스콧은 60여 명의 대원과 함께 모터 썰매 3대, 조랑말 19마리, 시베리아산 개 33마리를 태운 테라노바호는 1910년 6월 1일 남극으로 출발했다.

스콧이 출항 후 영국 해안을 돌며 선상 퍼레이드를 하던 6월 7일 노르웨이의 로알 아문센(Roald Amundsen)도 남극을 향해 프람호의 닻을 올렸다. 본래의 계획은 북극 항로를 개척하면서 북극점을 정복하려 했으나 1909년 미국의 피어리가 북극을 정복했다는 소식에 남극으로 목적지를 갑자기 바꾼 것이다. 후원자들에게는 북극지방을 탐사한다고 거짓말을 했기 때문에 야간에 남의 이목을 피해 조용히 출항한 것이다. 모든 준비를 갖추고 출항한 스콧과는 달리 아문센은 그린란드산 개

100마리와 약간의 식량만 준비했다. 1911년 12월 12일 아문센 팀은 남극에서 45마일 떨어진 지점에 도착했다. 그들은 이미 춥고 험한 산을 넘는 등 악전고투 끝에 650마일 이상을 힘들게 왔고, 이제 마지막 피치를 내어 24시간 연속 행군을 하면 바로 남극점에 도달할 수가 있었다. 그러나 아문센은 무리한 행군을 하지 않고 딱 17마일만 행군했다. 이제까지 아문센 팀은 화창한 날씨든 눈보라가 치는 악조건에서도 하루에 평균 15~20마일을 행군해 왔다. 하루 평균 15.5마일을 이동한 셈이다. 반대로 스콧 팀은 날씨와 조건이 좋은 날은 쓰러질 때까지 행군하고, 악조건에서는 텐트에 남아서 나쁜 날씨만 탓하면서 행군을 전혀 하지 않았다. 남극점을 먼저 정복한 것은 아문센이었다. 스콧 또한 남극점에 도착했지만, 아문센에게 뒤진 걸 알고 낙심했고 돌아오는 길에 모두 동사했다.

합리적인 성격의 스콧은 전문가들과 머리를 맞대고 치밀한 전략을 세우는 등 과학적인 방법을 동원하여 남극 탐험에 나선 반면, 남극에 대한 정보나 경험이 거의 없었던 아문센은 그야말로 주먹구구식으로 나설 수밖에 없었다.

그럼에도 아문센이 스콧을 이길 수 있었던 이유는 세 가지로 요약된다.

첫째, 『좋은 기업을 넘어 위대한 기업으로(Good to Great)』의 저자이자 경영컨설턴트인 짐 콜린스(Jim Collins)가 언급한 것처럼 아문센이 팀원들에게 늘 강조했던 꾸준함과 지속성이다.

정해진 여건에 관계없이 목표지점까지 꾸준히 행군했던 아문센과 여건에 따라 행군 속도를 조정했던 스콧의 경주에서 끝까지 페이스를 잃지 않았던 아문센이 승리한 것이다. 성공이란 오랫동안 꾸준한 노력과 이에 따른 지속적인 발전이 반복되어 이루어 내는 결과다.

헨리 워즈워스 롱펠로(Henry W, Longfello)는 '지속은 성공에 도달하는 위대한 요소이다. 만일 당신이 오랫동안 요란하게 꾸준히 문을 두드린다면 언젠가는 누군가를 깨우게 될 것이다'고 말했다. 어떤 일을 하든 원하고자 하는 결과를 얻고 싶다면 꾸준히 지속적으로 노력하는 것이 매우 중요하다. 이를 실천하면 지속적으로 성과를 창출해 낼 수 있게 되고, 궁극적으로는 선순환 구조를 만들게 되어 지속적인 성장과 발전을 이룰 수 있게 된다.

둘째, 자신이 무엇과 싸워야 하는지에 대한 이해도와 이로 인한 대응 방안의 차이가 승패를 가름했다. 스콧은 꼼꼼하게 계획을 수립했지만 치명적인 오류를 범했다. 모든 군사학교에서 "전투 계획은 전쟁의 첫 번째 희생자다"라고 가르치는데, 이는 일단 전투가 시작되면, 아무도 예측할 수 없는 상황이 전개된다는 것이다. 예측할 수 없는 상황은 추위였다. 아문센은 남극 탐험에서 가장 중요한 포인트인 추위를 이기는 능력을 키우는 데 집중했기 때문에 성공할 수 있었다. 아문센은 자신이 북극을 탐험하면서 몸에 익힌 이누이트(Inuit)족의 생존법을 선택했다. 한 대 지역에 사는 이누이트야말로 추위를 이기는 법을 가장 잘 알고 있다고 판단한 것이다.

그는 추위에 대비하여 동물 털가죽으로 된 가볍고 따뜻한 이누이트의 옷을 선택했다. 그들로부터 개 썰매 훈련을 받았다. 탐험 도중 아문센은 지치고 약해진 개들을 식량으로 이용했다. 그는 전문 학식이나 다른 능력은 보지 않고 오로지 추위를 이길 수 있는 사람을 뽑는 게 제일 중요하다고 판단하여 동행하는 대원들도 노련한 개 조련사, 스키 선수, 항해사 등 극지에서 필요한 능력을 갖춘 사람들로 선별했다. 스콧 탐험대는 기존 탐험 스타일을 유지하는 한편, 유럽의 기술을 이용했다. 스콧의 탐험대는 모직으로 된 유럽식 방한복을 착용하였다. 이 옷은 추위에는 강했지만 습기에는 너무 약했다. 혹한에 젖은 옷은 오한을 불러왔다. 썰매는 만주산 조랑말이 끌었는데, 남극의 혹한에 얼마 안 가 모두 얼어 죽었다. 당시 유럽의 기술을 반영한 기계 엔진식 이동장치인 설상 차도 연료가 얼어붙어 쓸 수 없었다. 결국 그들은 식량을 실은 엄청난 무게의 썰매를 직접 끌고 다닐 수밖에 없었다. 훗날 남극에서 얼어붙은 시신으로 발견된 스콧 탐험대원 로런스 오츠의 일기에는 "노르웨이 탐험대는 개가 끄는 썰매를 타고 편하게 여행한 것 같다. 우리처럼 비참하게 썰매를 끄는 여행은 안한 것 같다"라고 쓰여 있다. 더욱이 스콧의 동료 대원들은 남극점의 과학적 연구를 위해 대부분 과학자들로 구성되어 있었다.

셋째, 지향하는 목표와 집념이 서로 달랐다는 점이다. 아문센에게는 남극점 정복만이 유일한 목표였다. 반면 스콧의 우선순위는 남극 연구였다. 그 역시 남극점에 도달한 최초의 인간이 되고 싶었지만 외견상으로는 과학 연구가 우선이었다. 왕립지리 협회의 요구로 학문적 탐사를 목표로 해야 했다. 때문에 처음부터 스콧의 탐험대는 과학자 위주로 구성되었다. 만약 남극점 정복에만 집중했더라면 목숨을 건질 수도 있었다. 아문센이 치열한 경쟁의식과 '어떤 식으로든 최초'가 되어 부와 명예를 움켜쥐겠다는 절실한 개인적 소망으로 남극점 도달에 모든 것을 걸었다면, 스콧은 국가적 지지와 충성심, 그리고 유럽 문명인으로서 극지 개척이라는 다소 낭만적인 관점에서 남극점에 가려고 했다. 그래서 아문센과 스콧의 남극점 탐험은 그 준비과정부터가 달랐다.

남극점을 둔 이 세기의 대결에서 아문센과 스콧의 행동은 자주 비교의 대상이 된다. 독선적이라는 평가에도 불구하고 남극점 도달이라는 한 가지 목표를 세우고 마침내 달성한 아문센과 동료들과 우의를 나누면서 남극점 도달뿐만 아니라 남극에 대한 과학적 탐구도 병행한 스콧

아문센 VS 스콧

[미지의 대륙 남극을 향한 위대한 도전]

을 두고 누가 더 나은가 하는 평가는 양분된다. 아문센의 리더십은 외롭지만 성공적인 결과로 이끌었고, 스콧의 리더십은 유대를 중요시했지만 실패로 귀결되었다. 아문센과 함께한 동료들은 그 리더십에 이끌려 남극점을 발견하고 성공의 열매를 맛보기는 했지만, 결코 아문센과 인간적인 동료애를 가지지 못했다. 스콧의 동료들은 최초의 남극점 도달에 실패한 후에도 혹한 속에서 서로를 위로하며 동료애를 과시하였고 끝내 우정과 신의를 의심하지 않고 명예롭게 죽어갔다. 아문센 팀의 리더가 스콧이었고, 스콧 팀의 리더가 아문센이었다고 해도 똑같은 결과가 나왔을까?

리더십의 진가는 위기 때 빛난다. 평상시엔 리더십을 발휘할 기회가 별로 없다. 위기를 맞았을 때 리더십이 어떻게 발휘되느냐에 따라 리더 능력이 검증된다. 때문에 스콧은 실패한 리더라고 할 수 있다. 위기관리 리더십의 핵심은 판단력이다. 위기 상황을 정확히 판단하고, 극복하기 위한 대안을 찾아내는 전략적 판단력이 필요하다. 리더의 능력이란 올바른 가치관을 가지고 객관적이고 합리적인 판단을 내리는 역량을 일컫는다. 스콧은 동료 대원들의 안전을 위해 과학적 탐구 활동을 접었어야 했다. 명분에 치우쳐 현실을 직시하지 못한 탓이다. 심리학자들 연구에 의하면, 위기 상황에서 사람 지능지수는 80~85 정도로 떨어진다고 한다. 교통사고가 났을 때 당황하여 자기 집 전화번호도 생각나지 못하는 이유다. 이런 상황이 되면 모든 조직원은 아무것도 하지 못하고 리더 얼굴만 쳐다보게 된다. 평소 치밀한 준비를 하고 경험이 많은 리더는 신속히 상황을 판단하고 위기 상황에 대한 적절한 조치를 취할 수 있다. 평소에 준비를 하지 않았던 리더일수록 더 큰 소리로 요란스럽게 난리를 친다. 그럴수록 상황은 더 악화된다.

위기를 잘 관리하는 리더가 되려면 평소 철저한 준비가 필요하다. 시대적 변화를 읽을 줄 알아야 하며 경험을 쌓는 일도 중요하다. 근시안적 사고보다는 멀리 내다보는 안목을 키워야 한다. 위기는 예기치 않게 발생하며, 숨 겨를 틈도 없이 급박하게 돌아간다. 준비되지 않은 리더는 당장 눈앞에 집착하고 두려움에 떨게 된다. 위험한 현장에 나서기가 두려워 뒤에 숨으려 한다. 그러나 치졸한 생각을 떨쳐버리고 대범하게 위기에 대처하는 게 리더이다. 위기 국면 자체에만 집착하지 말고, 위기를 둘러싼 외연을 시 · 공간적으로 확대해 해결 방안을 찾아야 한다. 자신에게 이 위기가 어떤 의미인지, 그리고 이 위기를 헤쳐 나가기 위해서 자신이 할 일은 무엇인지를 판단해야 한다. 보통 사람들은 날이 가물면 물 걱정을 하고, 비가 오면 홍수나 산사태를 걱정한다. 그러나 한 발 먼저 일어날 일을 예측하고 걱정해야 리더 역할을 할 수 있다. 남극이라는 악조건 속에서 남극점 도달이라는 목표를 달성하고 모든 팀원을 무사귀환하게 한 아문센의 치밀한 준비와 리더십은 때로 극복하기 힘든 위기 상황에 봉착한 리더라면 한 번쯤 되새겨볼 필요가 있는 것이다.

벤 프랭클린 효과(Ben franklin effect)

지능지수인 IQ를 중요시하던 시대가 있었다. 뒤이어 EQ인 감성지수가 등장하여 얼마나 인간적이고 따뜻한 사람인지를 물었다. 그 외에도 많은 지수가 있었지만 요즘엔 NQ(Network Quotient)를 중요시하는 추세다. NQ는 '공존지수'라고 하는데, 다른 사람들과 더불어 잘 살아갈 수 있는 능력을 의미하며 '인맥지수'라고도 한다. 즉 인간관계를 얼마나 잘 유지하는지를 나타내는 지수로서, 이 지수가 높을수록 직장 사람들과 원만한 관계를 유지하며, 개인의 성공에도 영향을 준다고 한다. 주위 사람들과 얼마나 조화롭게 협조하여 잘 살아갈 수 있는지를 나타내는 지수이기에 결국 사회적 인맥의 중요성을 강조하고 있다. 현대사회가 수평적 관계를 맺는 네트워크 사회로 발전하였기에 다른 사람과의 소통 및 관계가 중요해지면서 주목받게 된 것이다.

미국의 경영 컨설턴트인 존 팀펄리(John Timperley)는 현대 사회를 Know what의 시대에서 Know who의 시대로 옮겨졌다고 단언한다. 즉, 누구를 아느냐가 더욱 중요하다는 것이다. 이와 관련하여 보스턴 대학에서 7세 어린이 450명의 일생을 40년간 추적한 결과 성공과 출세에 가장 큰 영향을 미친 요인은 다른 사람과 어울리는 능력이며 이어서 좌절을 극복하는 태도, 마지막으로 감정을 조절하는 능력으로 나타났다고 발표했다.

그러나 많은 사람들은 인간관계의 어려움을 토로한다. 본의와는 달리 친구보다는 적을 더 많이 만드는 게 다반사다. 사회생활을 하게 되면 누군가를 칭찬하는 것보다 험담하는 게 더 흔하고, 어쩌다 그런 험담을 누군가를 통해 듣게 되면 끓어 오르는 화도 참기 어렵다. 그런 식으로 적은 점점 늘어나지만, 친구를 만드는 것은 오히려 정체하기 쉽다. 때문에 적을 만들지 않는 것이 인간관계의 첫걸음이라고 할 수 있다. 조직이 무너지는 것은 3%의 반대자 때문이며, 열 명의 친구가 한 명의 적을 당하지 못한다고 한다. 존 로크(John Lock)는 험담이나 뒷담화에 대처하려면 그러한 말들을 수집하되 그대로 믿지는 말라고 조언했다. 언어의 특성상 뉘앙스 차이나 전달 과정에서 왜곡될 수도 있기 때문이다. 그 다음 그 말을 전달하는 사람의 의도를 살펴야 한다고 말했다.

옛날 중국에 얼굴이 못생긴 사람이 재상으로 등용되었다. 입궐하는데 뒤에서 누군가 '저리 못난 사람이 재상이 되다니 부끄러운 일이다'라고 그를 흉보는 소리가 들렸다. 옆에서 따라오던 부하가 뒤를 돌아 보려고 하자 재상이 "지금 그 말을 한 사람의 얼굴을 보면 내게 앙심이 생기고, 앞으로 공적인 일을 처리할 때 사적인 감정에 빠질 수 있으니 얼굴을 보지 않는 게 좋겠다"고 말하며 그를 말렸다. 만일 재상이 자신을 험담하는 사람의 얼굴을 보았다면 분명 그 사람은 자신의 친구가 될 수 없다는 것을 알았기 때문이다. 전국시대 조(趙) 나라 혜문왕의 신하 유현의 식객에 인상여라는 사람이 있었다. 그는 진(秦) 나라 소양왕에게 빼앗길 뻔했던 천하 명옥(名玉)인 화씨지벽(和氏之璧)을 원상대로 가지고 돌아온 공으로 일약 상대부(上大夫)에 임명되었다. 그리하여 인상여의 지위는 조나라의 명장으로 유명한 염파보다 더 높아졌다. 그러자 염파는 분개하여 이렇게 말했다. "나는 싸움터를 누비며 성을 쳐서 빼앗고 들에서 적을 무찔러 공을 세웠다. 그런데 입 밖에 놀린 것이 없는 인상여 따위가 나보다 윗자리에 앉다니 내 어찌 그런 놈 밑에 있을 수 있겠는가. 언제든 그놈을 만나면 망신을 주고 말 테다." 이 말을 전해 들은 인상여는 염파를 피했다. 그는 병을 핑계 대고 조정에도 나가지 않았으며, 길에서도 저 멀리 염파가 보이면 옆길로 돌아가곤 했다. 이 같은 인상여의 비겁한 행동에 실망한 부하가 작별 인사를 하러 왔다.

그러자 인상여는 그를 만류하며 이렇게 말했다. "자네는 염파 장군과 진나라 소양왕과 어느 쪽이 더 무섭다고 생각하는가?"

"그야 물론 소양왕이지요."

"나는 소양 왕도 두려워하지 않고 많은 신하들 앞에서 소양왕을 혼내 준 사람이야. 그런 내가 어찌 염파 장군 따위를 두려워하겠는가? 생각해 보면 알겠지만 강국인 진나라가 쳐들어 오지 않는 것은 염파 장군과 내가 버티고 있기 때문일세. 이 두 호랑이가 싸우면 결국 모두 죽게 돼. 그래서 나라의 안위를 생각하고 염파 장군을 피하는 거야."

이 말을 전해 들은 염파는 부끄러워 몸 둘 바를 몰랐다. 그는 곧 웃통을 벗은 다음 태형에 쓰이는 형장을 짊어지고 인상여를 찾아가 섬돌 아래 무릎을 꿇었다. "내가 미욱해서 대감의 높은 뜻을 미처 헤아리지 못했소. 어서 나에게 벌을 주시오"하고 염파는 진심으로 사죄했다.

그날부터 두 사람은 문경지교(刎頸之交)를 맺었다고 한다.

사람이 인간관계를 맺는 과정은 일련의 절차(Ritual)가 필요하다.

새로운 사람과 만나게 되면 먼저 서로 통상적인 인사를 하게 된다. 다음 서로에 대한 탐색과정을 거친다. 나이, 직업, 취미, 그리고 주요 관심사 등을 주제로 몇 차례의 대화가 이어지게 된다. 서로에 대한 탐색에서 호의적이라고 할지라도 두 사람이 곧바로 친구가 되는 것은 아니다. 두 사람 중 반드시 어느 한 사람은 상대에게 어떤 방식으로든 작은 부탁을 하게 되는 상황이 이어지게 된다. 실상 그 부탁이란 상대에 대한 일종의 테스트인 것이다. 예를 들어, 가는 길에 지하철역에 잠시 내려 달라고 청하거나, 자신이 관계하는 행사에 참석해달라고 초청하는 것과 같이 상대에게 무언가를 요청하는 과정을 거치게 된다. 만일 상대가 그러한 청을 들어준다면 두 사람의 관계는 친구가 되는 단계로 더 가까이 다가서게 된다.

영화 '타이타닉'의 감독인 제임스 카메룬(James Francis Cameron)은 원래 트럭 운전수 출신이었으나 영화를 찍고 싶은 열망을 품고 할리우드에 뛰어들게 된다. 맨손으로 시작한 터라 지독한 노력 끝에 독립 저예산 영화를 만들게 되는데, 미국의 치과의사들이 세금 감면을 목적으로 제임스 카메룬에게 영화제작을 맡겼기 때문이다. 몇 편의 독립 저예산 영화를 찍은 다음에 본격적으로 영화제작에 뛰어들지만 무명 감독인 그에게는 기회가 오지 않았다. 그러다 게일 앤 허드(Gale Anne Hurd)라는 여류 영화제작자를 만나게 되는데 허락된 미팅 시간은 고작 3분이었다. 3분 안에 설득을 하면 꿈에 그리던 영화감독이 되는 것이고 설득에 실패하면 또다시 할리우드의 변방을 떠돌아야 하는 순간이었다. 만나자마자 제임스 카메룬이 이렇게 이야기한다. '이 시나리오 1달러만 받겠습니다. 단 내가 감독을 해야 합니다.' 이것이 할리우드에서 그 유명한 1달러 계약 사건이다. 이렇게 해서 제임스 카메룬이 만들어 낸 영화가 바로 '터미네이터'이다. 그는 실력은 있었으나 돈을 가진 영화제작자를 만날 수 없었다. 그는 게일 앤 허드의 인맥을 활용하여 영화 제작에 성공하였고 명화 반열에 오른 '타이타닉'의 성공도 이끌어 내었던 것이다.

사람은 누군가를 좋아하면 그 상대를 위해 무언가 괜찮을 일을 해 주고 싶어 한다. 그런데 인간의 심리는 묘한 구석이 있다. 좋아서 베푸는 것이 아니라, 베풀면 좋아진다는 것이다. 행복해서 웃는 것이 아니라 웃으면 행복해진다는 것처럼. 먼저, 사람들은 자신의 행동을 정당화하려는 경향이 있다. 그래서 어떤 상황에서든 타인에게 친절을 베풀면 자신은 그 사람을 좋아하기 때문이라고 생각하거나 합리화하게 된다. 그리고 사람들은 부담 없이 들어줄 수 있는 작은 부탁의 요청을 들으면, 스스로 영향력을 의식하게 되고 자존감이 높아진다. 그래서 상대와의 관계에서 더 주도적인 입장이며 자신이 중요한 사람이 되었다는 생각을 갖게 되고, 호의 베풀기를 즐기는 것이다. 그래서 기분 좋은 호의를 베풀고 나면 상대가 자신에 대해 느낄 우호적 중량감에 비례하여 자신도 상대에게 호감을 느끼게 되는 것이다. 그래서 누군가의 호감을 사고 싶으면 그 사람에게 호의를 베풀 기회를 만들어 주는 것이 매우 효과적이라고 말한다.

'미국의 건국의 아버지'라 불리는 벤자민 프랭클린(Benjamin Franklin)이 펜실베니아 주 의회 의원이었던 시절에 무척이나 까다로운 정적이 한 명 있었다. 그는 매번 적의를 품고 프랭클린을 괴롭혔다. 그로 인해서 프랭클린이 곤혹스러웠던 경우가 한두 번이 아니었다. 그런데 어느 날 프랭클린은 자신의 정적에게 한 가지 호의를 청한다. 그와 잘 지내고 싶었던 프랭클린은 그가 귀한 책을 소장하고 있다는 소문을 듣고 그 책을 며칠 동안만 빌려달라고 부탁한 것이다.

책을 빌려 본 프랭클린은 며칠 뒤, '고맙습니다'라고 적은 쪽지를 끼워서 책을 돌려주었다. 그것을 계기로 상대에 대한 관심이 증폭되고 오해도 풀리게 되어 두 사람은 매우 친한 친구가 되었다.

프랭클린이 나중에 회고한 바에 따르면 그 정적은 난생처음 '매우 정중하게(with great civility)' 프랭클린에게 말을 걸어왔다고 한다. 이후 두 사람의 우정은 죽을 때까지 계속됐다. 프랭클린은 여러 차례 그의 도움을 받기까지 했다. 나중에 프랭클린은 자신의 자서전에 유명한 구절을 하나 남기게 된다. "적이 당신을 돕게 되면, 나중에는 더욱더 당신을 돕고 싶어 하게 된다(Enemies who do you one favor will want to do more)." 이 구절은 필라델피아 주회의 의원 시절 만났던 정적과 나중에 절친이 됐던 경험에서 우러나온 것으로 풀이되곤 한다. 프랭클린의 이 자서전 구절은 '벤 프랭클린 효과(The Ben Franklin Effect)'라는 이름까지 얻게 된다. 인맥 '관리'에 방점을 찍는 사람은 상대가 잘 됐을 때만 연락하고, 도움이 필요할 때만 연락을 한다. 그런데 인간 '관계'를 만들어가는 사람은 상대방의 지위 고하, 역할의 경중을 막론하고 상대가 좋아서 연락을 한다. 이 연락에는 상대가 잘 되길 응원하는 애정의 맥락이 있다.

반 고흐는 살아있는 동안 많은 그림을 그렸지만 단 한 점만 팔 수 있었다. 그 이유로 그는 무능한 화가라는 자책감에 시달리게 되었고 결국 자살로 생을 마감하게 되었다. 그러나 그가 죽고 난 후, 후세의 사람들은 그의 그림은 인상파의 대가라는 명성을 얻으며 세계 경매시장의 흐름을 주도하고 있다. 마이 포지셔닝(My Positioning)의 저자 잭 트라우트와 알리스는 이런 반 고흐에 대해 "창조적인 사람이 되고 싶다면 당신의 작품 활동에 모든 시간을 할애하라. 그러나 창조적이면서 성공하는 사람이 되고 싶다면 절반은 작품 활동에 할애하고, 나머지 절반은 다른 사람들에게 자신을 알리는 작업을 하라"고 조언하고 있다.

반면 고흐와 더불어 세계 미술 경매시장을 주도하고 있는 피카소는 살아서 그림 값을 가장 비싸게 받는 화가 중의 한 사람이었는데, 그 이유는 물론 입체파의 대가에 걸맞게 그림의 품질도 좋았지만, 상류층과의 폭넓은 인간관계도 한몫했기 때문이다.

Follower의 책임

저명한 조직관리 및 리더십 학자인 카네기 멜론대학의 켈리(Robert E. Kelly) 교수는 "조직의 성공에 있어서 리더가 기여하는 것은 20% 정도이고 나머지 80%는 팔로워들의 기여로 볼 수 있다"고 말한 바 있다.

이는 빙산에 비유할 수 있다. 육안으로 볼 수 있는 빙산은 바다 위에 모습을 드러내고 있는 뾰족한 일부분에 불과하다. 빙산의 대부분은 바닷물 속에 가라앉아 있다. 정치나 기업이든 어느 조직에서나 오직 리더는 물 위로 솟아오른 빙산처럼 존재감을 드러내고 있는 반면, 바다 아래에 있는 팔로워(follower)들이 어떻게 노력하여 어떻게 기여하고 있는지에 대해서는 별로 알려지지 않는다. 그러나 같은 리더인데도 성과가 달라지는 것은 팔로워 때문이다. 그만큼 팔로워가 중요하다는 이야기다. 팔로워가 제 역할을 해주지 않으면 리더는 자신의 역량을 발휘할 수 없다.

'Follower'의 어원은 '돕다, 후원하다, 공헌하다'라는 뜻의 고지대 독일 고어에서 유래됐다. 리더(leader)도 '참다, 고통받다, 견디다'의 독일 고어에서 비롯됐다. 팔로워는 도움을 필요로 하는 리더를 돕는 존재이고, 리더는 팔로워의 도움을 얻기 위해 어려움을 인내해야 하는 존재이다. 리더와 팔로워의 관계는 평등한 상호 보완적인 관계라고 할 수 있다.

리더는 홀로 존재할 수 없고, 구성원과 불가분의 관계를 형성한다. 리더의 역할은 좋은 팔로워를 얻는 것이다. 그러기 위해서 조직의 비전을 이해하고 공동체를 위해 헌신하며, 마음껏 능력을 발휘할 수 있도록 팔로워들을 이끌어야 한다. 팔로워들은 장차 리더의 직위를 물려받을 사람들이다. 따라서 모범적인 팔로워로서 올바른 행동을 한다는 것은 조직뿐 아니라 개인의 미래를 위해서도 중요하다.

고대 철학자 아리스토텔레스는 "남을 따르는 법을 알지 못하는 사람은 좋은 지도자가 될 수 없다"고 했다. 이는 훌륭한 팔로워가 되는 것은 훌륭한 리더가 되기 위한 선행조건이라는 의미도 내포하고 있다. 리더도 한때는 팔로워였다. 또 대부분의 리더는 리더이자 팔로워의 양면성을 지니고 두 역할을 동시에 한다. 팔로워의 위치에서 유능한 이들이 리더의 책임도 충실히 해낼 수 있다. 팔로워의 입장에서도 좋은 리더를 만드는 일이 중요하다. 훌륭한 리더가 있어야 팔로워 역시 더 많은 기회를 얻고, 더 나은 결과를 이룰 수 있다. 리더가 올바른 결정을 내리고 올바른 길을 걸을 수 있도록 최선을 다해 보좌해야 하는 것은 그 때문이다. 즉, 리더와 팔로워는 서로를 성장시키는 운명적인 관계인 것이다.

리더십 전문가인 바바라 켈러먼(Barbara Kellerman) 하버드대 교수는 팔로워의 성격을 명료하게 구분하고 있다. 나쁜 팔로워는 "아무것도 하지 않는 것, 비효율적이고 비도덕적인 리더(나쁜 리더)를 지지하는 것, 효율적이고 도덕적인 리더(좋은 리더)에 반대하는 것"이 특징인 반면, 좋은 팔로워는 '좋은 리더를 지지하고 나쁜 리더에 반대하는 것'이 특징이라고 했다. 팔로워가 자신의 역할을 충실히 실행하지 못하고 리더 중심의 사고방식에서 벗어나지 않는 한 국가도 기업도 그리고 사회도 미래는 없다고 단언한다. 1930년대 초, 전 세계 경제 불황이 특히 독일을 강타하여 수백만 명의 사람들이 일자리를 잃었다.

독일인들 마음속에는 여전히 제1차 세계대전에서 치욕적인 패배를 했다는 기억이 지워지지 않았고, 바이마르 공화국이라는 약한 정부에 대한 신뢰가 없었다. 이러한 상황은 새로운 지도자인 아돌프 히틀러와 그의 당인 나치당이 일어나게 되는 조건을 제공했다. 히틀러는 변화를 갈망하는 수많은 독일인 추종자들을 사로잡는 강력하고 매혹적인 연설가였다. 대중들의 인지도가 낮은 히틀러가 그들로부터 인기를 얻을 수 있는 방법은 우울한 독일인에게 장밋빛 희망을 주는 구호였다. 그는 실의에 빠진 사람들에게 더 나은 삶과 새롭고 영광스러운 독일을 약속했다. 특히 나치는 실업자, 청년들, 그리고 중하류층(소상인, 직원, 직공, 농부) 사람들의 마음을 움직였다. 나치당의 지지도는 급상승했다. 1924년 실시된 선거에서 국회의사당(독일 의회)의 겨우 3퍼센트에 달하는 의석수를 차지했으나, 1932년에 실시된 선거에서 나치당은 33퍼센트의 득표율을 얻었다. 1933년 1월, 히틀러는 독일 정부의 최고 지위인 수상에 임명되었고, 독일인들은 자신들의 나라를 구원할 구세주를 찾았다고 믿었다.

제2차 세계대전을 일으켜 수많은 사상자를 내고, 6백만 명에 달하는 유대인을 학살했던 희대의 미치광이 정치인인 히틀러와 나치당을 등장시킨 것은 바로 독일 국민이었던 것이다. 전쟁이 끝난 후 독일은 수많은 나치 전범을 처벌했다. 그런데 많은 이들의 공통적인 항변이 '나는 위에서 시키는 대로만 했을 뿐 죄가 없다'였다. 그러나 어긋난 리더의 어리석은 명령에 일사불란하게 따른 나치의 최후는 모두가 알고 있듯이 그들은 선택할 수 있었던 상황에서 잘못된 방향을 쫓았기 때문에 관용이 허락되지 않았다. 어쩌면 리더보다 더 막강한 힘을 발휘하는 것은 팔로워일지도 모른다. 참혹한 역사적 비극을 자행한 주체는 한 사람의 리더가 아니라 그를 움직이게 한 복수의 팔로워인 경우가 많다. 아돌프 히틀러의 경우 그는 유대인 학살을 직접 지시한 것이 아니고 오히려 그를 따른 요제프 괴벨스, 하인리히 힘러, 괴링, 루돌프 헤스, 알베르트 슈페어 등 히틀러의 '자발적 집행자(Willing Executioners)'에 의해 학살이 행해졌다고 주장한다.

미국의 사회심리학자인 스탠리 밀그램(Stanley Milgram) 교수는 이런 현상이 나타나는 이유를 '권위에 대한 복종 실험'을 통해 설명하고 있다. 사람들은 잔혹한 행위로 이어지는 비도덕적인 명령에 얼마나 순순히 복종하는지를 파악하기 위해 밀그램은 선생 역할을 맡은 피실험자가 학생 역할을 맡은 대상이 문제를 틀릴 때마다 전기 충격을 가할 수 있도록 실험을 구성했다. 전기 충격기는 가짜였지만 학생은 150볼트가 넘어가면 통증을 호소하며 그만둘 것을 애원하고 더 전압이 높아지면 기절하는 연기까지 더했다. 300 볼트 이상은 인체에 치명적이라는 경고도 있었지만 선생 역할을 맡은 피실험자의 65%가 450볼트까지 전압을 올리는 충격적인 결과가 나왔다. 피실험자는 고통받는 이들을 보며 불편하고 괴로워하면서도 실험을 주관한 밀그램이 권위적으로 다그치거나 자신이 책임지겠다고 하는 말에 시키는 대로 전압을 높였던 것이다. 이 실험 결과는 권위자의 명령이 잘못되었더라도 팔로워는 반기를 들기 쉽지 않음을 보여준다. 권위적인 리더, 딱딱한 조직 문화 안에 있는 팔로워일수록 맹목적 복종은 더 자연스럽게 나타날 수밖에 없다. 눈에 훤히 보이는 잘못을 지적하고 바로잡기 위해 팔로워는 자율적이고 독자적인 판단이 가능해야 한다. 명백한 잘못을 지적하고 때론 뒤집을 수 있는 자신감과 용기가 필요하다. 그것이 모두를 한발 나아가게 하는 건강한 팔로워의 모습임을 밀그램의 실험이 보여주고 있다.

'어느 독일인 이야기'의 저자 제바스티안하프너(Sebastian Haffner)는 나치의 등장을 이렇게 기술하고 있다.

"히틀러 정권이 아무리 급격하게 반혁명을 추진하고 반유대주의를 부르

짖고 군비확장을 추진해도 최후의 보루인 국민 절대다수가 나치에 반대하고 있는 이상 파국적 상황은 오지 않으리라고 예상했다. 하지만 그것은 오산이었다. 독일 민족주의를 앞세운 나치는 집권 뒤 정당을 해산하고 유명 학자와 문인들을 **'민족 반역자'**의 이름으로 추방했으며 배우와 방송인들을 제거하고 책과 신문 · 잡지들을 폐간하는 등 쉴 새 없이 몰아쳤고, 살인 · 방화를 불사하는 노골적인 폭력을 동원하고 **'공산주의자'**와 유대인을 악마화하는 선전선동을 통해 반대자들을 무자비하게 말살했다. 제3제국 건설의 추진력은 나치의 폭력만이 아니었다. 56%의 지지를 받은 반대 정당과 조직, 그들 지도자들의 비겁과 변절이 나치를 도왔다. 나치에 반대했던 사람들조차도 자신들의 안위를 보장해 줄 저항 거점이 사라진 상황에서 대세화한 나치 쪽에 무더기로 투항했다."

자기 이익과 안위를 위해 나쁜 리더를 지지하는 나쁜 팔로워로 인해 등장한 것이 제3제국이었던 것이다.

리더십을 발휘하기보다는 팔로워십을 발휘해야 할 시간과 경우가 많은 시대에 리더십과 팔로워십을 구분하기보다는 팔로워십도 리더십을 구성하는 하나의 역량이라고 생각하는 패러다임(paradigm)이 필요하다. 회사는 선택이 가능해도 상사는 선택이 불가능하다. 그러나 팔로워가 상사를 어떻게 대할 것인가 하는 태도는 스스로 정할 수 있다. 긍정적으로 대할 것인가 부정적으로 대할 것인가, 성공을 함께 만드는 파트너가 될 것인가, 아니면 텃세를 부리는 대립형 팔로워가 될 것인가는 상사가 누구냐의 문제가 아니라 상사의 태도에 달려있음을 명심해야 한다. 결국 조직의 성공은 팔로워십에 달려있다고도 볼 수 있다.

'아폴로 13호'가 절망적인 사고를 당하고도, 승무원들이 기적적으로 생환할 수 있었던 것은, 리더십 못지않게 팔로워십이 제 역할을 해주었기 때문이었다. 그래서 우주비행사를 선발할 때에는 리더십만이 아니라, 팔로워십도 테스트하게 되었다. 예상하지 못한 일이 언제 일어날지 알 수 없는 '우주스테이션'에서 승무원들이 규칙을 지키지 못하면 그들의 임무가 파탄에 빠지게 된다는 것은 너무나 당연하다. 그렇기 때문에 우주비행사에게는 탁월한 리더십만이 아니라, 사태에 따라 발휘할 수 있는 팔로워십도 요구된다는 것이다. 우주에서는 여러 가지 복잡한 임무와 활동을 선장 혼자서 모두를 관리할 수는 없을 뿐만 아니라, 임무에 따라서는 리더가 교체될 수도 있기 때문이다.

철새인 기러기는 바다를 건너 약 4만 킬로미터를 비행한다고 한다. 눈에 띄는 것은 무리를 지어 V자형으로 날아가는 모습이다. 맨 앞서가는 기러기가 공기저항을 줄여줘 뒤따르는 무리는 훨씬 수월한 비행이 가능하게 된다. 편대를 이룸으로써 약 30%의 에너지를 절약할 수 있고 혼자 이동할 때보다 70% 이상 더 멀리 날아갈 수 있다. 주목해야 할 점은 선두에 선 대장 기러기가 한 마리가 아니라는 점이다. 한 마리가 선두에서 이끌다 지치면 힘을 아껴둔 후미 기러기가 교대해 편대를 이끈다. 그렇게 돌아가며 긴 여정 동안 지지치 않고 날아갈 수 있다. 모두가 리더이자 팔로워인 기러기는 강점을 최대화하고 약점을 서로 보완하며 조직의 힘을 극대화한다. 또한 기러기 떼는 끊임없이 소리를 내며 날아가는데 이는 헌신하는 리더를 향한 응원의 신호다. 한 마리가 뒤처지거나 다칠 경우에는 동료 기러기 두 마리가 함께 이탈해 동료를 끝까지 돌보다 죽음을 지키거나 회복해 함께 무리로 합류한다. 아무리 강인한 기러기라도 혼자라면 결코 쉽지 않은 장거리 비행, 든든한 팔로워가 있기에 가능한 기러기의 생존법이다. 바른길을 이끄는 리더를 향한 긍정적 응원과 팔로워 사이의 끈끈한 유대는 어떤 길도 두렵지 않은 힘을 선사한다.

모든 성과는 요령을 피우지 않을 때 생긴다

"가족을 사랑하라, 당신에게 맡겨진 이들을 돌보라, 절대 포기하지 말라, 노는 일을 결코 중단하지 말라." 본업인 변호사 일을 그만두고 동물 관련 일에 전념해 온 독일인 작가 엘리 라딩어(Elli Radinger)가 1990년부터 25년간 미국의 옐로스톤 공원에서 늑대를 관찰하면서 알게 된 사실을 바탕으로 쓴 『늑대의 지혜』라는 책에 나오는 '늑대들의 원칙'이다.

그녀는 늑대들이 늙은 늑대를 대우하며, 다친 늑대를 정성껏 돌보고, 새끼들을 따스한 사랑으로 양육하며, 놀이를 즐기는 특별한 능력이 있다고 말한다. 가족의 의미, 공동체를 위한 인내심과 지도력, 생존을 위한 신중함, 그리고 실패나 죽음을 대하는 방식과 같이 인간이 갖춰야 할 가치의 본보기를 늑대들이 행동에서 발견한 것이다.

늑대의 가장 두드러진 특성은 질서의식이다. 하나의 무리를 이루고 사는 늑대들은 리더 늑대 한 쌍을 중심으로 각자의 역할을 다하며 살아간다. 이들은 이타적인 방식으로 서로를 돌본다. 늑대들은 무리의 이익을 위해 리더의 통솔 아래 서로 협력한다. 야생 상태에서 무리에 속한 늑대들은 각자 자기가 해야 할 역할을 충실히 수행한다. 리더 늑대는 폭군처럼 군림하는 강력한 존재로 생각하기 쉬운데 실상은 그렇지 않다. 부득이한 상황에 처하면 어느 늑대든 나서서 지휘할 수 있다. 젊은 늑대가 무리를 이끈다고 해서 리더 늑대가 강압적으로 제지하지 않는다. 위급하거나 결정적인 상황에서는 경험이 많은 리더 늑대들이 나서게 되므로 리더 늑대의 권위는 자연스럽게 받아들여지게 된다. 다른 늑대들을 폭력적으로 제압할 필요가 없는 것이다. 흔히 늑대는 인간답지 않은 행동을 하는 사람을 빗대어 표현할 때 주로 사용되는 동물이다. 그러나 실상 늑대는 인간 보다 훨씬 사회적인 동물로 오히려 우리가 본받아야 할 점이 있지 않은가 싶다. 무리에 속한 늑대는 무엇이든 무리를 위해 할 일을 하며 결코 그 역할을 태만히 하지 않는다. 반면 자신에게 주어진 역할을 제대로 수행하지 못해서 일어나는 폐해들이 사람이 사는 세상에서는 너무나 흔하다. 인간은 누구나 가족, 직장, 학교, 종교단체 등 조직이나 공동체에 속하며, 넓게는 한 국가의 국민으로서 나름대로의 역할을 부여받는다. 모든 구성원이 자신에게 주어진 역할을 충실히 수행한다면 그 조직은 문제 될 것이 없지만, 그 중 일부 구성원이라도 주어진 역할을 고의적으로 회피하든가 또는 게을리 하면 그 조직은 그로 인해 큰 문제에 봉착하게 된다.

이리저리 핑계나 구실을 만들어 할 일을 회피하는 사람, 자기 할 일은 하지 않고 부하직원이 작성한 자료를 마치 자신이 한 것처럼 위에 보고하는 사람, 다 차려진 밥상에 그야말로 숟가락만 얹어놓는 사람 등 이른바 프리라이더(free rider)를 우리는 주변에서 종종 보게 된다. 잡코리아와 알바몬이 직장인과 아르바이트생 1,030명을 대상으로 '프리라이더' 관련 설문조사를 실시한 결과, 직장인과 아르바이트생 2명 중 1명(54.9%)은 '재직 중인 직장에 업무 참여도가 낮고 무임승차하려는 프리라이더가 있다'고 답했다. 회사 내에서 프리라이더 하는 대상은 주로 '상사/선배(54.2%)'와 '동기/동료(37.3%)'가 많았다. 프리라이더 동료로 인한 피해를 조사한 결과, '극심한 스트레스를 받는다

(47.1%)'는 답변과 '실제로 해야 할 일이 많아졌다(46.9%)'는 답변이 1, 2위에 올랐다. 이외에는 '업무 의욕이 하락하고 회사 분위기가 나빠졌다(37.3%)', '동료들 간 협업 분위기 및 신뢰관계가 깨졌다(20.2%)' 등의 답변이 나왔다. 그럼에도 직장인/아르바이트생들은 프리라이더 동료에 대해 소극적인 대처를 하고 있었는데, 조사 결과 '특별한 조치를 취하지 못하고 혼자 속 썩는다(39.3%)'는 응답과 '무시하고 없는 사람 취급한다(32.6%)'는 답변이 각각 1, 2위에 올랐다. 어느 조직이든 능력도 부족하고 근무태도도 불량한 그룹이 있다. 이들은 열외 하더라도 문제는 능력이 되는데 빈대가 되는 프리라이더들이다. 이런 부류의 프리라이더는 조직 관리 체계의 문제인 경우가 더 많다.

로랜드 키드웰(Roland Kidwell) 교수는 직원들이 조직의 프리라이더가 되는 이유로 ①불분명한 업무파악 ②지원, 자원 부족에 따른 좌절 ③동료의 비 헌신에 따른 모럴해저드 ④적은 보상으로 인한 동기 저하를 지적한다. 이에 대처하기 위해선 부하의 잠재력에 대한 정확한 평가, 공정한 평가, 직원의 직무 특성-역량을 고려한 역할 부여가 필요하다고 말한다. 이와는 달리 UCLA의 인류학자인 로버트 보이드(Robert Boyd) 교수가 『사이언스』에 발표한 논문에는 "큰 집단에서의 협력은 징벌에 의해 유지될 수밖에 없다"고 주장했다. 그는 실제 사회의 협력관계가 징벌로 유지됨을 입증했다. 예를 들어 프리라이더에 대한 위협이나 징벌은 일을 과도하게 많이 주는 방법, 아니면 전면적으로 빼앗는 방법이 있는데 이 중에서 더 무서운 것은 일을 많이 주는 것보다 뺏는 것이며, 때론 그에게 배당된 일을 다른 직원에게 시킴으로써 위기감을 조성하는 것도 필요하다고 말한다.

프리라이더는 리더의 적절한 개입으로 컨트롤할 수 있다. 그러나 조직 내에서 자신의 행동이 잘못되었다는 것을 인정하지 않는 근무 태만 자는 조직에 있어서 암적인 존재이다. 자신의 근무 태만을 인정하고 되돌리는 노력을 하는 구성원은 오히려 학습효과를 얻어 조직에 긍정적일 수 있지만, 자신이 근무 태만 자라는 사실조차 인지하지 못하는 구성원은 조직에 부정적인 영향을 끼친다. 이들은 겉으로 쉽게 드러나지 않으며 통제하기 어렵기 때문에 조직을 병들게 한다. 미국의 경우 근무 태만자로 인한 손실이 연간 수천억 달러에 이르는 것으로 파악되고 있다. 근무 태만 자를 접하게 되는 직원들은 근무의욕이 저하되고, 직원 간의 상호 협력이 원활치 못하게 되므로 결국 기업의 생산성에 악영향을 끼칠 수밖에 없다.

발달심리학 분야의 세계적인 석학 캐롤 드웩(Carol S. Dweck) 미국 스탠퍼드 대학 심리학과 교수는 근무 태만자가 다분히 후천적인 요인으로 발생한다며, 특히 사회에 만연된 잘못된 보상 문화를 근무 태만자 발생의 주범으로 지적한다. 학교나 기업 등 어느 조직에서나 구성원이 얼마나 노력하고 열심히 일했느냐보다는 어떤 결과를 내었느냐에 따라 보상하는 시스템을 그 원인으로 보는 것이다. 드웩 교수의 연구 결과에 따르면 지능이 높다고 칭찬받은 아이들은 자신의 성과를 더 크게 과장하는 경향이 있었고, 이러한 이유로 자라면서 타고난 재능에 비해 더 큰 보상을 받았던 아이들은 성인이 된 후에 근무 태만자가 될 확률이 높다고 주장한다. 즉, 자신이 열심히 노력하여 얻은 결과로서가 아니라 자신이 갖고 있는 재능에 대한 보상으로 인식하게 되기 때문에 최소한의 노력으로 주어진 목표를 달성하는 것이 최고라는 가치관에 따라 행동한다는 것이다. 또한 드웩 교수는 사고방식의 차이를 강조한다. **'고정형 사고방식'**을 지닌 사람들은 지능이나 재능과 같은 기본적인 자질들이 고정되었다고 믿는다. 그들은 자신이 똑똑하고 능력 있으며, 패배자가 아니라 승리자라는 것을 증명하려고 줄곧 노력한다. 그들은 자신의 결점을 아무도 알아채지 못하도록 애쓰고, 만약에 그들의 능력이 기대만큼 인정받지 못할 경우 괴로워한다. 반대로 '성장형 사고방식'을 지닌 사람들은 기본적인 자질들은 노력과 학습을 통해 계발될 수 있다고 믿는 사람들이다. 그들은 최고 수준의 능력에 이르고자 도전하고 경험한다. 따라서 중요한 열쇠는 극복하고, 개선하고, 계발하고, 학습하는 관점으로 재능을 바라봐야 한다는 사실이다. 드웩 교수는 성장형 사고방식을 지닌 사람들이 더 좋은 부모, 교수, 사장, 동료, 친구가 되며, 이들은 사람이 성장할 수 있다고 믿기 때문에 다른 사람들의 성장과 학습욕구를 자극하는 데 뛰어나다고 말한다. 사람들이 노력을 과소평가하는 이유는 인구의 20% 이하만이 성장형 사고방식을 믿고, 80% 이상은 대부분 고정형 사고방식을 믿기 때문이며, 부모나 교사가 한 아이의 노력이나 아이디어가 아니라 지능을 칭찬한다면 그게 바로 아이에게 고정형 사고방식을 가르치는 것이라고 덧붙인다.

직원들의 태만을 방관하는 조직은 생존할 가능성이 없다. 태만한 직원에 대한 감시비용이 증가하게 되면 생산적인 일에 집중하기가 점차로 어려워지기 때문이다. 태만한 근무방식을 선택한 직원은 리더나 조직을 위해 태만을 절제하거나 철회할 할 이유가 없으므로 감시비용이 끝없이 투입된다. 그래서 리더는 직원들의 태만한 근무행태를 방치하면 안 된다. 태만의 출현을 사전에 방지하는 것이 가장 좋겠지만, 태만이 관찰되었다면 초기에 적극적으로 대처하고 추후에 동일한 일이 반복되지 않도록 예방하는 지혜가 필요하다. 늑대들은 놀이의 천재이며 놀이를 할 때는 모든 것을 잊고 거기에 집중한다. 놀이를 통한 재미와 기쁨은 인간만이 할 수 있는 것은 아니다. 아이 늑대도, 어른 늑대도 다 같이 함께 놀이를 즐긴다. 중요한 것은 놀이를 통해 늑대들은 학습하고 훈련한다는 점이다. 새끼 늑대들은 놀이를 하면서 페어플레이와 협동, 무엇이 허용되고 무엇이 안 되는지 배운다. 규칙을 지키지 않으면 부상당할 가능성이 생기고, 자기가 너무 거칠고 배려 없이 행동하면 상대방이 놀고 싶은 마음을 잃는다는 사실도 체험한다. 재미있는 놀이를 통하여 공동체에서 각자가 해야 할 일과 매너를 익히게 된다. 늑대가 놀이를 통하여 협력과 역할을 숙지하는 것처럼 조직문화에서 프리라이더나 근무 태만 자들이 능동적으로 근무에 집중하여 시너지를 일으키도록 다각적인 노력이 필요하다.

첫째, 직원에게 주어진 업무나 과제가 너무 단순하면 개인으로 하여금 목표 성취에 대한 의욕을 떨어뜨려 태만을 유도하게 되므로 직원들에게 역할에 맞는 업무를 분담하고, 일부에게 단순 업무가 집중되지 않도록 운용의 묘를 살려야 한다.

둘째, 동기부여를 높일 수 있는 각종 방안을 강구하여야 한다. 조직의 업무에서 직원 개인의 기여도를 알 수 없는 상황에서는 직원 자신의 업무에 대한 동기와 의욕이 줄어들게 된다.

셋째, 커뮤니케이션을 원활히 하고, 통합력을 제고하여야 한다. 여러 사람들이 일을 할 때 어느 시점에서 구성원들의 힘과 지혜를 모아야 하는지 파악하기도 힘들고, 각 구성원들의 노력과 근무의욕에 대한 상실감이 곧 사회적 태만 현상으로 이어지기 때문이다.

마지막으로 직원 개인별로 명확하게 업무와 책임을 구분하여야 한다. 팀 업무의 책임감이 분산될 때 "나 하나쯤이야"하는 생각은 협업 작업을 추진하는 데 있어 장애로 작용하게 된다.

분노는 무모로 시작해 후회로 끝난다

리더는 본인이 화낼 수 있는 권한을 갖고 있다고 판단하여 자신의 감정을 부적절한 방식으로 조직 구성원에게 표출하는 경우가 적지 않다. 그리고 이렇게 절제되지 못한 채 표출된 리더의 분노는 조직 구성원에게 커다란 상처를 줄 뿐만 아니라, 다양한 방식으로 그들의 저항심을 불러일으킨다. 또한 리더의 분노는 당사자 외에 직간접적으로 주변의 제3자에게도 파급되어 전체 분위기를 가라앉히거나 업무 집중도를 떨어뜨리는 등 조직문화에 좋지 않은 영향을 주게 된다. 조지아 공과대학(Georgia Tech)의 심리학 교수인 하워드 웨이스(Howard Weiss)와 콜로라도 대학교(University of Colorado)의 러셀 크로판자노(Russel Cropanzano) 교수는 그들의 공동연구 결과인 '정서적 반응 이론'에서, 조직 내에서 발생하는 다양한 상황 등을 통해 경험하게 되는 감정은 업무와 관련된 태도의 형성과 행동에 큰 영향을 미친다고 주장했다. 이로 인해 발생하는 분노, 불안, 짜증, 우울 등의 부정적인 감정은 업무에 대한 집중력과 판단력을 떨어뜨리고 의사결정의 어려움을 야기하여 생산성을 저하시킨다는 것이다.

분노란 인간의 자연적인 감정이다. 분노로 인한 공격적인 반응을 내적인 절제로 통제하거나 조절할 수 있다면 분노 자체를 부정적이거나 불필요한 감정으로 보지 않아도 된다. 다수의 학자들 연구에 따르면 분노란 스트레스와 좌절에 대응하는 자연적인 반응, 위협이 있거나 좌절을 겪을 때 사람들이 갖는 각성, 및 개인의 가치와 본능적인 욕구 그리고 자신의 신념을 지키려는 자기 방어적 의지 등으로 정의된다. 분노의 감정을 무조건 억제하거나 억압하지 않고, 적절한 방식으로 표출하고, 해소하며 조절할 수 있는 사람은 정신적으로 건강한 사람이다. 우리 속담에 '시어미 미워서 개 옆구리 찬다'라는 말이 있는데 실상 개 옆구리라도 차는 며느리는 지혜로운 사람이다. 직접 시어머니와 충돌하여 갈등을 일으키거나 속으로 화를 삼키며 억누르는 것보다 낫기 때문이다. 분노를 조절하지 못하는 사람과 분노를 적절한 방식으로 표출하지 못하고 마음속으로 삭히는 사람들이 문제인 것이다.

누구나 화나는 상황에서 화를 내는 것은 당연하다. 정작 화나는 상황에서는 아무런 반응도 보이지 않고 내 안에 화를 쌓아두다가 갑자기 생뚱스럽게 폭발시키는 것보다 훨씬 더 건강한 일이다. 물론 앞서 언급했듯이 화를 정제하거나 절제하지 않은 채 직설적으로 표출하면 의도치 않은 부정적인 결과를 가져올 위험이 크기 때문에 최대한 다스리고 정제해서 표출해야 한다. 분노를 조절하고, 지혜롭게 표현하기에 앞서 분노에 대처하는 자신의 마음부터 고치면 화낼 일이 줄어든다. 예를 들면, 회의 시간에 늦거나 준비가 미흡한 구성원에게 호통을 치는 것보다 준비가 된 상태에서 시간에 맞춰 참석한 구성원에게 칭찬을 해주는 것이 좋다. 분노의 호르몬이 지속되는 시간은 길어야 15초에 불과하다고 한다. 15초가 지나면 신체의 길항작용에 의해 화를 누그러뜨리고 긴장을 이완시키는 호르몬이 분비되어 감정이 다시 평온한 상태로 돌아갈 수 있다. 그런데 그 짧은 시간을 참지 못해 화를 내거나 저주스러운 말을 쏟아내어 조직의 분위기를 해치고 자신과 구성원들의 뇌를 손상시키며 업무 성과에까지 영향을 미치게 한다면 참으로 어리석은 일이라 하겠다. 자기애란 자기의 가치를 높이고 싶은 욕망에서 생기는 자기에 대한 사랑을 뜻한다. 리더의 위치에 자기애 주의자를 고용하는 것은 회사가 실패에 이르게 하는 함정이다. 단순한 생각을 가진 사람에게는 자기애 주의자가 용기 있고 대담하며 자신감 있는 사람으로 보일 수 있다. 그러나 그들은 특정 리더십 역할에 가장 적합한 사람이다. 자기애 성향을 지닌 리더들은 스스로 뛰어나다고 생각하며, 특히 협상 과정에 참여할 때마다 논쟁에서 상대방을 설득하고 이길 수 있다는 자신감을 보인다. 그러나 그들은 자존심이 상하거나, 자신이 가지고 있는 가치관에 위협이라고 인식하게 되면, 자기애 손상을 입었다고 생각하여 격렬한 분노 감정을 표출하게 된다. 즉 자기애가 강한 사람이 숨겨진 자기 자아가 드러났다고 느낄 때 일어나는 격렬한 분노 감정인 것이다. 그러한 사람들은 자신의 일에만 집중하며 매사 자기중심적으로 생각하는 태도, 자기만의 만족을 위한 완벽함 추구, 의심과 질투, 자신에 대한 비판을 견디지 못함, 상실 혹은 실패에 대한 두려움과 취약성, 자기 방어적인 경향 등을 보인다. 이러한 성향 때문에 자기애 성향의 리더들은 강한 승부 근성을 갖게 되지만 한편으로는 상내에게 쉽게 취약점을 노출하는 단점이 있다.

레이던 대학교(Leiden University)의 볼프강 스타이넬(Wolfgang Steinel) 교수는 분노의 상태에서 협상에 임하게 되면 협상 상대에게 속기 쉽기 때문에 불리한 결과를 얻게 된다고 주장한다. 화를 내는 것이 습관화되면 뇌를 이성적으로 제어하는 전두엽 기능이 떨어지고 장기적으로는 충동조절에 어려움을 겪게 된다고 정신과 의사들은 지적한다. 그것이 반복되면 억제 능력이 떨어져 사소한 일에도 화를 내게 되고, 감정 조절을 못함으로써 우울증에 걸릴 확률이 높아진다는 것이다.

결국 리더가 화를 내거나 감정적으로 고조되어 거친 말을 쏟아내는 것은 리더 자신이나 구성원들에게 피해를 주고 나아가서는 조직에까지 피해를 주게 된다. 특히 가장 큰 손실은 리더와 구성원들 사이의 갭으로 인한 조직 붕괴, 영업기반 위축 등에 따른 손실이다. 또한 지극히 자기중심적인 사고를 고집하여 일부 직원들에게 좋은 아이디어로 받아들여지는 것을 자신은 공감하지 못하고 인정하지 못하게 된다. 분노 표출의 대상을 자주성을 가진 독립된 인격체로 인식하지 않는다. 이는 자신의 감정에만 집착할 뿐, 상대방의 상황이나 처지 등을 전혀 고려하지 않는다는 뜻이다. 굳이 표현하지 않아도 남들이 자신의 마음을 읽고 자신이 의도하거나 원하는 것을 반드시 응해주거나 제공해 줘야 한다고 생각한다. 그렇지 않으면 격노에 휩싸인다. 분노를 스스로 통제하거나 조절할 수 없게 되는 것이다. 부하 직원에게 호통을 치거나 심한 욕설을 하면서 자신이 카리스마형 리더라고 착각하는 사람들이 주변에 반드시 있다. 이들의 행동에 대해 아랫사람은 저렇게 가르쳐야 성과가 나는 법이라고 두둔하기도 한다. 리더십은 분노 폭발과는 다른 것이다. 인정받는 리더는 문제를 개인이 아니라 상황에서 찾는다. 개선되어야 하는 것은 행동이지 개인이 아니다. 인격 모독과 굴욕감을 불러일으키는 리더의 분노 폭발은 직장 내 괴롭힘의 한 형태일 뿐이다.

대한신경정신의학회의 조사에 따르면 우리나라 성인의 절반 이상이 분노조절이 제대로 안되는 상태라고 한다. 한국 기업과 사회에서 이처럼 충동적으로 화를 내는 사람이 늘고 있는 상황이다. 그 이유로는 우선 과도한 스트레스와 이를 제대로 풀 방법이 적은 환경을 들 수 있다. 긴 근무시간에 비해 개인적인 여가를 위한 시간이 부족하여 스트레스를 해소할 시간이 없다. 최근 들어 젊은 세대를 중심으로 여가 활동을 중시하는 것은 무척 고무적이다. 다음으로 자기 기준이 높은 사람일수록 분노를 조절하기 어렵다는 점이다. 자기 기준이 높은 사람들은 통제되지 않은 상황을 자신에 대한 도전으로 받아들이게 되고 이는 자신에 대한 모욕감으로 여긴다. 마지막으로 분노의 언어를 제대로 배우지 못한 사회문화적 환경이다. 공격성과 분노는 한 개인으로서 성장하는 데 필요하다. 문제는 이런 공격성을 개인이 어떻게 인식하고 외부로 표현해야 하는지 우리 사회가 제대로 가르치지 못했다는 점이다.

"소란을 만들고 어떠한 정제도 없이 **'화'**를 표출하였으며 사람들에 대한 따뜻한 마음도 품지 못하고 제 분노를 여과 없이 드러냈습니다. 이 모든 것을 제가 화가 났다는 이유로 그렇게 행동한 것입니다."

2014년 땅콩 제공 서비스에 불만을 제기하며 승무원들을 무릎 꿇리고 항공기를 탑승 게이트로 되돌리는 일명 '땅콩 회항'으로 뭇매를 맞았던 조현아 대한항공 사장이 법원에 제출했던 반성문의 일부다. 비슷한 사건이 다시 발생했다. 동생 조현민 대한항공 여객마케팅부 전무가 광고대행사 직원들과의 회의에서 언성을 높이며 물컵을 바닥으로 던진 것으로 알려졌다. 조현민은 "제 감정을 관리 못한 큰 잘못"이라며 사과문을 발표했다. 조현민, 조현아 모두 순간의 화를 참지 못하고 직원들에게 화를 내거나 폭력적인 행동을 했다. 두 사람이 분노를 조절하지 못해 비판을 받게 됨은 물론 대한항공의 이미지 실추와 직접적으로 영업에 지장을 초래해 회사에 많은 타격을 입힌 전형적인 사례라고 할 수 있다.

삼성경제연구소의 경영자 대상 지식 정보서비스 세리시이오(SERICEO)는 회원 535명을 대상으로 '리더에게 지나치면 조직에 해가 되는 적이 무엇인가'에 대해 설문조사를 벌인 결과 응답자의 28.0%는 자신의 분노를 제어하지 못해 약점을 쉽게 노출하고 만다는 뜻의 '분속가모야(忿速可侮也)'를 택했다. 일을 추진하는 데 있어 분노를 표현하는 게 불가피할 수 있지만 지나치면 부하들의 신임을 잃는 등 악영향을 끼칠 수 있다는 것이다. 기업이나 여타 조직에서 구성원들의 분노를 통제하기 위한 노력이 필요하다.

첫째, 분노 조절 장애가 있는 구성원을 파악하여 조치할 수 있는 시스템을 갖추는 것이 필요하다. 전문직을 중심으로 상담치료를 하는 사례가 있었지만 앞으로는 대부분의 기업에서 이러한 관찰과 조치가 상시적으로 이루어질 필요가 있다.

둘째, 존재감의 표현이나 리더십의 형태로 분노를 받아들이는 직원들에게도 교육이 필요하다. 분노가 관계와 조직에 미치는 악영향을 교육을 통해 학습시키고, 부정적 감정을 조직 내에서 자유롭지만 절제된 방식으로 표현할 수 있도록 훈련해야 한다.

셋째, 조직 차원에서 분노가 증폭될 수 있는 구조적 환경에 대한 개선이 필요하다. 직원들은 단기 성과주의로 끊임없이 다른 사람의 평가에 시달린다. 자연스럽게 불안감을 느낄 수밖에 없다. 이런 부정적 감정은 작은 일에도 쉽게 분노로 치환될 수 있기 때문에 조직 차원에서 직원이 자신의 일에 대해 예측하고 통제할 수 있도록 업무의 실질적 권한을 확대하는 것도 고려해 볼 수 있다.

『생각 버리기 연습』으로 유명해진 일본의 젊은 승려 코이케 류노스케 스님은 누군가가 미워지면 그 사람의 이름과 함께 '나는 네가 밉다'는 표현을 열 번만 마음속으로 써 보라고 권한다. 그러면 자신의 감정이 객관화되고 자신의 정서보다는 상대방을 미워하는 원인 자체를 전달하게 된다는 것이다. 또 부하에게 화가 났거나 감정이 상한 일을 조직 밖 인물에게 조심스럽게 피력해 보는 것도 방법이다. 제3의 인물이 합리적인 시각을 제공하면서 '분노의 진짜 원인'을 알게 하는 효과도 있다. 부하 직원이 부족하고 문제가 있다고 느껴질 때, 조금만 참고 기다려야 한다. 그도 상사가 자신을 지켜보고 있다는 것을 잘 알고 있기 때문이다.

조직문화의 재구성

기업의 CEO가 가지고 있는 능력이나 리더십이 그 기업의 브랜드가 되는 시대다. 펜실베이니아대학의 데이비드 라커(David F. Larcker) 교수는 CEO의 평판이 10% 좋아지면 그 기업의 시가총액은 24% 상승한다고 발표했다. 경영학자들은 기업 가치의 60%는 CEO에 달려 있다고 말한다. 비단 기업의 가치를 수량화하여 표현하지 않더라도 기업에 있어서 경영자의 역할은 매우 중요하다. 경영자가 어떻게 하느냐에 따라 기업의 성패가 갈리기도 하며 기업의 이미지를 만들기도 하기 때문이다.

기업은 유형적인 가치를 창출하기 위해 결성된 유기적인 조직이다. 기업의 성공과 실패는 최고경영자가 조직을 어떻게 형성하고 관리했는지에 따라 결정된다고 해도 과언이 아니다. 즉 최고경영자가 조직에 어떤 문화를 정착시키는지에 따라 기업의 미래가 달려 있다는 뜻이다. 미국의 경영 컨설턴트인 피터 드러커(Peter F. Drucker)는 사람이 일하는 것이 아니라 문화가 일한다고 했다. 그만큼 문화는 직원들의 태도와 관련이 깊다. 그러므로 경영자의 역할은 문화를 만드는 것이며, 그렇게 만들어진 문화가 회사의 경영에 미치는 파급효과에 따라 경영자에 대한 평가가 이루어진다. 매킨지 컨설팅은 조직문화의 구성요소로 7S

를 제시한다. 7S는 리더십스타일(Style), 스킬(Skill), 전략(Strategy), 구조(Structure), 시스템(System), 구성원(Staff), 공유가치(Shared value)를 말한다. 리더십스타일은 경영자가 조직의 목표를 달성하기 위해 행동하는 방법이다. 스킬은 개별 구성원 또는 전체 조직으로서의 역량이며, 전략이란 기업의 목표를 달성하기 위해 기업의 자원을 배분하는 우선순위를 정하는 계획이다. 구조는 조직단위가 상호 연관되어 있는 방식이며, 시스템은 작업이 어떻게 진행되어야 하는지에 대한 절차와 운용체계이다. 구성원이란 조직을 구성하는 인원의 유형과 수에 대한 정보이며, 공유가치란 각 구성원과 다른 구성원을 연결하는 핵심장치로서 구성원들이 공유하고 있는 신념과 가치를 말한다. 조직문화는 이러한 조직의 각 구성요소에 스며들어 있고 담겨져 있다.

기업 내 조직문화의 중요성은 누구나 인지하고 있지만 당장 그것이 기업의 성과와 직결되는 것은 아니기 때문에 저평가 받는 경우가 많다. 당장 그 효과가 눈에 보이지 않고, 측정이 어렵기 때문이다. 대부분의 경우 조직문화를 결과론적으로 접근한다. 기업의 성과가 좋을 때는 주목받는 어젠다(agenda)가 되다가도, 기업 실적이 악화되면 결국 이 모든 것은 조직문화의 탓으로 화살을 돌리게 된다. 그러나 조직문화와 성과에 대한 상관관계는 이미 많은 연구를 통해 밝혀지고 있다. 특히 맥킨지에서 글로벌 기업들을 9년 동안 추적 조사한 결과, 조직의 건강도가 높은 기업은 TRS(주주 총수익률) 기준으로 그렇지 못한 기업과 대비하여 3배 이상 상회하는 것으로 나타났다. 또한 건강한 조직문화는 현재의 성과보다는 미래의 성과와 보다 강한 상관성을 가진다는 것도 밝혀졌다. 즉, 현재의 조직문화는 미래의 성과를 예측할 수 있는 바로미터가 된다는 것이다.

조직문화와 경영전략은 기업의 경쟁력을 결정하는 두 개의 축이다.

대부분의 기업들은 조직문화보다 경영전략에 더욱 집중하고 있지만, 조직문화는 경영전략보다 더 중요하고 우선해야 할 개념이다. 2002년 월드컵에서 불굴의 투지로 경기에 임하는 우리 선수들이 어떻게 경기에 임하여 싸워야 하는지를 결정한 것은 히딩크 감독의 전략이었지만, 수백만 국민들이 붉은 악마 티셔츠를 입고 광화문과 시청 거리로 나와 열광적으로 응원하도록 만든 것은 문화였다. 국민들이 거리로 나오도록 한 것을 논리로는 설명할 수 없다. 그것은 곧 우리 국민의 감정이었던 것이다. 이렇듯 감정은 조직문화에 큰 영향을 미친다. 영어로 감정 이모션(emotion)의 어원은 행동 모션(motion)이다. 국민들이 거리로 나오도록 한 것은 바로 문화였고 4강의 신화에 이르게 한 원동력은 국민들의 열화와 같은 응원이었다. 월드컵 신화를 이뤄낸 것은 국민이었고 그들이 보여준 문화였다. 기업에 있어서도 조직문화는 경영전략보다 더 중요하다. 피터 드러커 또한 "전략은 문화의 아침식사용일 뿐이다"라며 경영전략보다 조직문화가 우선이라고 분명히 선을 그었다.

IBM의 루 거스너(Louis V. Gerstner, Jr.)는 "10년 가까이 IBM에 있으면서 나는 문화가 승부를 결정짓는 하나의 요소가 아니라 문화 그 자체가 승부라는 것을 깨닫게 되었다"며 조직문화가 곧 기업 경쟁력이며, 성공하기 위한 필수 요소 중 하나가 아니라 조직문화 그 자체가 승부라고 말했다. 그는 IBM의 조직문화를 바꾸는 것이 가장 우선적인 과제라고 판단했다. IBM이 이뤘던 과거의 영광이 강하게 IBM 임직원들의 가슴에 남아있어 변화에 대한 거부감이 적지 않았다. 그러나 뒤처진 경쟁력과 불투명한 미래에 도전하기 위해서는 변화가 필요했다. 그러기 위해서 과거에는 결코 해보지 못한 것을 할 수 있는 도전정신을 모두에게 주지시켜야만 했다. 그는 과거에 대한 향수와 흔적을 일소하기 위하여 위기감을 조성했고, '승리, 실천, 팀'이라는 정신으로 충만한 새로운 문화를 만들어냈다. 그는 주주에게 보내는 편지에서 앞으로 만들어야 할 IBM의 모습을 "거대하지만 신속하고, 진취적이지만 규율이 있으며, 과학적이지만 동시에 시장에 따라 움직이며, 세계적 규모로 지적 자본을 창출할 수 있고, 그것을 고객에게 전달할 수 있는 회사, 끊임없이 학습하고 변화하며 스스로를 계발하는 회사"로 제시했다. 그리고 IBM은 회생할 수 있었다.

구성원들의 강한 열정과 에너지를 촉발하여 하나의 구심점에 결집시키는 기업 고유의 문화가 경쟁력의 핵심이라는 것은 이미 80년대 초반부터 수없이 제기되어 왔다. 탁월한 성과를 올리는 초일류 기업들의 성공 스토리를 보면, 항상 빠지지 않고 등장하는 것이 그들 고유의 조직문화이다. 예컨대 혁신의 대명사 쓰리엠(3M), 고객 제일주의 문화 노드스트롬(Nordstrom), 인본주의적 문화 전통(HP Way)으로 유명한 휴렛 팩커드(Hewlett Packard) 등의 성공 스토리는 널리 알려져 있다. 이처럼 조직문화의 성공적인 정착으로 발군의 성과를 거둔 사례들이 소개되면서 조직문화의 구축은 이제 기업이 갖추어야 할 필수적인 조건으로 받아들여지고 있다. 그러나 많은 기업들이 각 기업 특유의 문화를 구축하기 위하여 다양한 노력을 해오고 있지만 실패하는 경우가 많다. 성공한 기업들의 사례를 통하여 각 기업의 특색에 맞게 벤치마킹하고 있음에도 경쟁력 있는 문화를 구축한 기업들은 그리 많지 않은 실정이다. 조직문화의 혁신이 어려운 이유는 조직에 적합하지 않은 문화를 무리하게 적용하려는 데 있다. 조직이 처한 상황에 대한 체계적인 진단을 간과하고 구성원들의 니즈를 반영하지 못한 조직문화는 구성원들로부터 공감을 얻어 내기가 힘들고, 결국 처음 의도했던 목적과는 달리 조직문화 개선에 실패하게 된다. 어느 기업이 외형적으로 성장을 도모하는 것보다는 내실을 다져야 하는 상황에서 '실패를 두려워하지 않는 과감한 도전'을 조직문화로 적용하려는 것은 적합지 않은 시도인 것이다. 조직문화의 올바른 지향점을 설정하기 위해서는 조직이 거두었던 과거의 성공에 대한 히스토리와 미래의 전략 방향, 최고경영자의 경영 철학 및 조직 구성원 니즈 등에 대한 다각적 진단이 선행돼야 한다. 또한 기업의 경영 전략과 연계하여야 하며, 새롭게 설정된 조직문화와 적합하지 않은 것들을 과감히 청산하여야 한다. 조직문화 개선은 이벤트가 아닌 패러다임의 전환이라는 점을 염두에 둘 필요가 있다.

조직문화 개선에 실패하는 기업들의 사례를 보면 새로 취임하는 경영자의 철학에 따라 지향하는 방향이 수시로 변화하는 문제를 안고 있다. 물론 새로운 경영자의 방침에 따라 세부적으로 변할 수 있지만, 궁극적으로 동일한 목표를 지향해야 한다. 일관된 목표를 지향하지 않는 기업은 성공하기 어렵다. 예를 들어, 세계 최대의 스포츠 용품 업체인 나이키(Nike)의 사례를 보자. 한 TV 다큐멘터리에서 '세계 초일류 기업들의 1등 사수 전략'이라는 주제로 여러 선진 기업들의 성공 사례를 소개한 적이 있는데 그중 나이키의 성공 비결을 찾기 위해 여러 종업원들과 인터뷰하는 장면이 나온다. 종업원들의 이야기에서 가장 많이 나온 단어는 '디퍼런트(Different)'였다.

운동화 디자이너, 마케팅 담당자, 사내 교육 담당자 등 구성원들 모두가 한결같이 자신의 사고와 행동의 첫 번째 명제를 '다르게 생각하는 것(Think Differently)'이라고 이야기했다. 자신의 명함에서부터 제품 디자인에 이르기까지 이들은 남들과 다르게 생각하기 위해 노력한다. 그들에게는 누가 자신을 지켜보고 있느냐는 중요하지 않다. 왜냐하면, 이 가치는 하나의 신념이 되었고 구성원들은 그에 따라 행동하고 사고하기 때문이다. 나이키의 '자율성을 기반으로 한 창의성의 극대화'라는 문화는 바로 이 가치의 내면화를 통해 형성된 것이다. 그리고 이 문화가 지난 25년 동안 부동의 세계 1위를 지킬 수 있는 원동력이 된 것이다.

조직문화 개선을 위해서는 변화에 대한 경영진의 강한 의지와 적극적인 실행이 필수적이다. 리더십은 조직 분위기 조성에 70% 정도의 영향을 미친다고 한다. 조직의 리더로서 조직문화 개선에 대한 경영진의 역할이 그만큼 중요하다. 조직문화 개선에 실패하는 대다수의 기업은 경영진의 리더십과 솔선수범이 전제되어야 함에도 불구하고 현장 또는 직원의 변화만을 주문하는 경향이 있다. 변화의 방향성과 필요성에 대한 강한 확신과 추진 의지를 가지고 있는 경영진은 임직원과의 변화 공감대를 형성하기 위한 다양한 행동, 즉 임직원에게 직접 메일을 발송한다든지 혹은 직원들과의 미팅을 통한 직접적인 소통 등 적극적으로 노력한다. 또한 추진 과제에 대한 솔선의 자세로 자신이 원하는 문화를 만들어 가는 모습을 보여 임직원들의 적극적인 참여 의식을 이끌어 낸다.

조직문화 혁신의 성공 열쇠는 조직 가치의 내면화이다. 물론 어떤 문화적 특성들이 구현되어야 경영 성과를 극대화하면서 지속적인 경쟁 우위를 유지할 수 있는가를 찾는 것도 중요하지만, 보다 중요한 점은 가치의 내면화를 통하여 구성원들의 자발적 몰입을 이끌어 내는 것이다. 즉, 조직의 핵심 가치가 구성원들의 내면 의식 속에 자리 잡아야 조직문화를 의도하는 방향으로 변화시킬 수 있다. 많은 기업들이 간과하는 부분이다.

톰 피터스(Tom Peters)와 로버트 워터먼(Robert Waterman)은 『초우량 기업의 조건(In Search of Excellence)』라는 책에서 초일류 기업의 공통적인 문화적 특성을 여덟 가지로 정리한 바 있다.

①행위 지향성 ②고객 최우대 서비스 ③자율성과 기업가 정신 ④인간에 대한 존중 ⑤핵심 가치 존중 ⑥이점 경영(利點經營) ⑦간소한 조직 운영 ⑧자율과 통제의 공존 등이 바로 그것이다.

리더의 원칙 - 인강(仁强)

어느 조직에서나 리더가 흔히 착각하는 것은 자신이 부하직원보다 윗사람이며, 더 나은 사람이라고 생각하는 것이다. 그리고 부하직원을 신분이 낮은 아랫사람처럼 대하는 경우가 많다. 더군다나 권위적이고 고압적인 업무 지시를 리더의 카리스마로 착각하는 이도 적지 않다. 자신보다 직급이 높은 사람에게는 예의를 갖추지만 부하직원이 그로 인해 받게 되는 상처에 대해 별로 개의치 않는다. 심지어는 막말이나 욕설로 상대의 인격을 짓밟는 경우도 있다. 그럼에도 이러한 리더들은 자신들의 행동에 대한 자각 증상 자체가 없는 경우가 많다. 자신이 부하일 때 그런 대우를 당하며 조직 생활을 해온지라 상사가 되어서도 당연히 그렇게 행동해야 한다고 생각하기 때문이다. 심지어 일부 사람들은 막말을 하는 사람은 유능하다는 믿음까지 갖고 있었다. 한 설문조사를 보면 응답자 25%가량은 공손한 사람들은 리더십이 부족하다고 답했다. 또 답변자 40% 정도는 스스로 직장에서 정중하게 행동하면 다른 사람들이 자신들을 함부로 대할 것이라고 생각했다.

서던캘리포니아대학(USC) 경영전문대학원 모건 맥콜(Morgan McCall) 교수는 "무례해서 성공한 게 아니라 무례함에도 불구하고 성공한 것"이라며 "경영 실패에서 가장 흔히 드러나는 것은 다른 사람들의 이야기를 듣지 않고 부하 직원들을 못살게 구는 막말 등 무례한 행동"이라고 말했다.

농구 황제 마이클 조던(Michael Jordan)의 현역 시절 촬영한 미공개 동영상을 중심으로 제작된 ESPN 다큐멘터리 '더 라스트 댄스(The Last Dance)'에는 농구의 신으로 불리는 조던의 숨겨진 모습이 담겨져 있다. 10차례의 득점 왕, 5번의 정규 시즌 MVP, 두 차례의 스리핏(three pest, 3년 연속 우승), 그리고 2조 원대의 자산을 축적해 억만장자에 오른 최초의 운동선수로 전 세계인의 우상이 되었지만, 이 다큐멘터리에서는 그의 인간적인 면모가 적나라하게 드러난다. 그는 상대 팀 선수들에게 모욕을 주는 말을 서슴없이 지속적으로 한다. 같은 팀 선수들에게도 연습 중에 폭언을 일삼는다. 어느 날엔 가는 그가 한 무례한 말을 견디지 못하고 맞받아친 스티브 커(Steve Kerr)에게 펀치를 날리기도 한다. 조던은 그가 한 행동들에 대해 이기기 위해서 좋은 사람이 될 수 없었다고 말한다. 그러나 이 다큐멘터리를 보면 승리를 위해 악역을 맡았다는 그의 말은 사실이 아니다. 동료들에게 화를 내고 짜증 내는 것도 모자라 욕설과 폭력을 서슴지 않는 그의 모습을 승리를 위한 행동으로 볼 수 없다. 조던과 함께 뛰었던 동료들이 다큐멘터리에 등장하지만 그와 함께 농구하는 것이 즐거웠다고 하는 선수는 한 명도 등장하지 않는다. 그의 뛰어난 업적에도 불구하고 그가 훌륭한 리더는 못된다는 평가가 나오는 이유이기도 하다.

리더가 목표를 달성하기 위해서 조직을 제대로 이끌려면 카리스마가 필요하다거나, 전략적으로 악역을 자임하는 선의의 폭군이 돼야 한다고 생각하는 사람이 많다. 특히 최근 들어 대기업에서 리더의 역할을 올바르게 하려면 이전 세대와는 사고나 행동방식이 다른 신세대 직원들, 경직된 조직문화, 기업 환경의 불확실성 때문에 더욱 강하게 밀어붙여야 한다고 생각한다. 이런 믿음에도 어느 정도 일리는 있지만, 그렇다고 폭군형 리더십이 딱히 효과가 좋다고 볼 순 없다. 오히려 그 반대에 가깝다. 단기적으로는 효과가 있을지 몰라도 장기적으로는 직원들과 조직 전체에 훨씬 더 치명타를 날릴 수 있기 때문이다.

나폴레옹의 러시아원정 때 있었던 일화다. 러시아원정은 나폴레옹과 프랑스군이 한번도 겪어보지 못한 고난의 장정이었다. 러시아군의 기습을 예상한 나폴레옹은 병사들에게 밤에 보초를 제대로 서지 않으면 총살시키겠다고 경고한다. 어느 날 밤 나폴레옹은 병사들의 막사주변을 돌아보며 경비상태를 점검했다. 대부분의 병사들은 지치고 피곤한 상태에서도 눈을 부릅뜨고 보초를 서고 있었다. 그런데 그의 눈에 한 어린 병사가 피곤을 이기지 못하고 잠이 든 모습이 들어 왔다. 이것을 본 나폴레옹은 아무 말 없이 보초병 대신 그 자리에 서서 보초를 섰다. 날이 밝을 즈음 잠에서 깬 보초병은 자기 대신 보초를 보고있는 장군을 보고는 소스라치게 놀랐다. 어린 병사는 보초를 서다가 잠이 들었으니 이제 꼼짝없이 죽은 목숨이라고 생각하고 그 자리에서 꼼짝도 하지 못하고 벌벌 떨고 있었다. 병사가 잠이 깬 것을 본 나폴레옹은 병사에게 아무 말 없이 총을 건네주고 막사로 돌아갔다. 다음 날 전쟁에서 많은 프랑스 병사들이 죽었다. 병사들의 시신을 둘러보던 나폴레옹은 어젯밤 보초를 서다가 잠이 들었던 그 어린 병사의 시신을 보게 되었다. 어린 병사는 조국 프랑스와 나폴레옹을 위해 맨 앞에 서서 싸우다가 장렬히 전사한 것이다. 나폴레옹의 관대함은 오합지졸 같은 프랑스 군대를 용맹스러운 국민의 군대로 거듭나게 하는 원동력이었다.

이와는 반대로 승승장구하던 폭스바겐을 한순간에 나락으로 떨어뜨린 건 마틴 빈터콘의 혐오스러운 '공포의 갑질 경영'이었다. "최고의 자동차를 어떻게 만드는지 알려드리지요. 엔지니어를 포함한 모든 임직원을 회의실로 소집해서 이렇게 선포하십시오. 아무도 봐주지 않는 구닥다리 모델은 이제 치워버려! 앞으로 6주의 시간을 줄 테니 남들이 보면 감탄할 세계적인 수준의 디자인을 뽑아오도록 해! 6주 후에 제대로 된 게 안 나오면 모두 해고야!" 폭스바겐의 전 CEO 마틴 빈터콘(Martin Winterkorn)의 일갈이다. 결국 그는 실현 불가능한 목표를 직원들에게 강요하며 기어코 '디젤게이트(배기가스 조작 사건)'의 주범이 되어 퇴장했다. 이처럼 '관료제'로 대표되는 산업화 시대의 성장 전략은 이제 더 이상 통하지 않는다.

미국 조지타운대학 경영전문대학원의 크리스틴 포래스(Christine Porath) 교수는 뉴욕타임스 '선데이 리뷰(Sunday Review)'섹션에 기고한 '직장에서 선할 필요는 없다(No Time to Be Nice at Work)'라는 기고문을 통해 미국 직장 내에서 상사의 막말 등 고압적이고 무례한 행위가 늘어나는 추세라고 밝혔다. 포래스 교수는 20여년간 17개 업종에 종사하는 직원들을 대상으로 직장내 상사들의 언행과 무례함을 연구한 결과, 1998년에는 25% 정도가 일주일에 최소 한 번 정도 무례한 행위를 접했다고 밝혔으나 2011년에는 50% 이상으로 배 이상 늘었다고 말했다. 직장상사들의 가장 흔한 무례함이나 또는 고압적 태도는 대화 도중 사람들의 말을 자른다거나 개인들의 결함을 공개적으로 비판하거나 놀리는 행위, 조직내 위계질서를 끊임없이 상기시켜주는 행위, 조직원들의 성과를 가로채는 행위 등이 꼽혔다. 이렇게 상사로부터 무례한 대우를 받는 직원들은 조직 내의 업무에 소극적으로 변하게 된다. 고압적이고 무례한 직장 상사는 궁극적으로는 개인과 조직의 경쟁력을 깎아버리는 암적 존재인 것이다.

잭 웰치(Jack Welch) 전 제너럴일렉트릭(GE) 회장은 '팀 페리스 쇼' 인터뷰에서 "리더십의 가장 중요한 속성은 관대함이다. 더 깊이 들여다보려면 이기적이어서는 안 된다. 친절해야 하고 이해심을 가져야 한다"고 말했다. 다른 사람의 실수, 잘못, 약점을 감싸주고, 먼저 용서하고 받아주는 것이 관대함이다. 다른 사람의 실수나 잘못을 지적하며 탓하거나 혼내는 것이 아니라 이해하고 어루만져주는 것이 관대함을 실천하는 것이다. 그리고 공손함과 배려, 관대함을 알고 이를 몸에 익히면 기업 경영에 있어서 최종적인 성과도 중요하지만, 가장 기본이 되어야 할 '사람이 먼저'라는 경영 철학을 품게 된다.

리더십 분야 구루(guru)로 불리는 에이미 에드먼슨(Amy C. Edmondson) 하버드 경영대학원 종신교수는 그의 저서, 『두려움 없는 조직』에서 **심리적 안정감(Psychological Safety)이란** '인간관계의 위험으로부터 근무 환경이 안전하다고 믿는 마음'이라고 정의했다. 조직 내에서 어떠한 불이익이나 차별 없이 자신의 의견을 자유롭게 제시할 수 있다는 것을 의미한다. 에드먼슨 교수는 "심리적 안정감은 구성원이 서로를 신뢰하고 존중하며 자기 생각을 솔직하게 나눌 때야 비로소 생긴다"며 "심리적 안정감이 흐르는 조직에서는 **'아주 짧지만 결정적인 침묵의 순간'**이 발생하지 않는다"고 주장한다. 이런 조직에서는 누구나 자신의 생각을 발표하고, 다른 사람의 의견에도 경청하여 조직이 처하는 여러 문제에 대처할 수 있게 된다. 사회적 병폐 현상이 심각하게 진행되고 있는 우리 나라에서 조직 구성원의 가정에 주목하는 한편, 보다 나은 조직문화를 만들기 위한 방안으로 제기되는 것이 '연민하는 조직'으로 전환하자는 것이다. 연민이란 이타적인 관점에서 상처를 입은 조직원에게 자발적으로 도움을 주는 동기요인을 뜻한다. 조직 내에서 한 구성원이 개인적인 사유로 상처받고 괴로워할 때 정서적으로 또는 물질적으로 공감을 표현함으로써 구성원의 상처를 치유하고자 노력이다. 연민 표현은 상처받은 개인의 감정을 긍정적으로 전환하는 효과를 가져온다. 특히 조직 내에서 부여된 업무를 처리하지 못한 경우, 상사로부터의 질책, 동료 간의 갈등이나 반목,

승진 누락, 낮은 인사고과 등으로 심각한 상처를 입은 구성원에게 동료나 상사의 진심 어린 위로와 지지는 감성의 변화를 일으켜 그들의 고통을 줄일 뿐만 아니라 조직에 의해 돌봄 받고 있음을 지각함으로써 조직에 대한 충성심 또는 긍정적인 느낌을 갖게 한다. 감성이란 **'어떤 사람이나 특정 상황에 대해서 갖게 되는 정서적 느낌'**으로서 사람의 이성적 판단과 행동에 중대한 영향을 미친다. 이러한 감성은 크게 즐거움, 행복, 희망, 기쁨 등과 같은 포지티브(Positive) 감성과 화남, 우울함, 좌절, 공포감 등 네거티브(Negative) 감성으로 구분된다. 포지티브 감성을 효과적으로 잘 관리하면 구성원들의 신뢰와 충성심, 몰입, 창의성, 생산성 등에 상당한 도움을 줄 수 있다. 반면, 네거티브 감성은 그대로 방치해 둘 경우, 심각한 문제를 유발하기도 한다. 감정적으로 우울하거나 화가 나 있을 경우, 업무에 대한 집중력이 떨어져 비합리적 의사결정을 할 가능성이 높다. 또한, 네거티브 감성은 팀 동료와의 화합이나 고객 대응에 있어서 좋지 않은 영향을 줄 수 있다. 특히 한 조직원의 네가티브 감성이 다른 조직원에게 옮겨 가는 감정적 전이 현상이 나타날 경우, 개인과 조직의 성과 향상에 걸림돌이 될 수 있다. 조직원의 감성을 관리하는 것은 리더의 역할이다. 조직원들이 품고 있는 감성을 관리함에 있어서 공정성과 공평성의 원칙으로 현명하게 대처해야만 업무 효율성이 높아진다는 점을 간과하지 말아야 한다.

'인(仁)'은 **'인약(仁弱)과 인강(仁强)'**으로 구분된다. **'인약'**은 이해가 작용하지 않는 일에는 인정이 넘치지만, 정작 이해관계가 생기면 몰인정하다. 반면 **'인강'**은 공정한 원칙에 따라 베풂을 일컫는다. 인약은 상사의 원칙 없는 자질구레한 인정 때문에 부하들 간의 갈등을 키우나 인강은 원칙 있는 인정으로 단합을 낳는다. 조직원의 감성을 관리해야 할 리더라면 반드시 귀 담아야 할 말이다.

악질 구축의 법칙

1991년 방영되었던 '여명의 눈동자'에서 주인공이 뱀을 산 채로 뜯어먹는 장면이 나온다. 임팔 작전에서 굶어 죽어가는 일본군의 모습이다. 병력의 절반 이상이 영양 부족과 피로로 전투력을 거의 상실한 상황에서 보급도 끊기면서 발생했던 상황이다. 전시 정권을 유지하기 위하여 무모하게 작전을 승인했다는 증언도 있지만, 특히 사령관인 무타구치 렌야는 휘하 부대장들의 철수 요구를 무시하고 부하들이 뜻 없이 죽어 나가는 상황을 알면서도 무조건 진격을 지시했다. 정작 본인은 임팔 전선의 상황이 나빠지던 당시, 전선 지휘부 옆에다 기생집을 차린 뒤 무조건 오후 5시면 일을 접고 그곳으로 가서 술 마시고 노는데 열중했다고 한다. 그러다가 전황이 더 악화되자 전선 지휘도 제대로 하지 않고 사령부 옆에 제단을 쌓아 신불에게 이기게 해달라고 비느라 주간 업무 처리도 하지 않았다.

그는 패색이 짙어지자 철수를 요구한 연대장에게 작전이 제대로 수행되지 못하는 것은 정신력이 부족한 탓이라고 질책한다. 전후 그는 A급 전범으로 기소되었지만 극동국제군사재판에서 불기소 처분된다. 전쟁이 끝난 후 그가 임팔 전투 일본군 전몰자 유족들이 위령제를 지내는 곳에 나타나 임팔 전투의 패배는 자신의 잘못이 아니라 부하들이 잘못

싸운 것이라는 유인물을 돌리다 물세례 받기도 한다. 이런 인물이 중장으로 진급할 수 있었던 이유는 능력보다는 군부를 이끌던 도조 히데키와 같은 육군사관학교와 육군대학 파벌 때문이었다. 어느 조직에든 함께 근무하고 싶지 않은 나쁜 상사가 있다. 권위만 내세우며 부하직원에게 함부로 대하는 상사, 무능력한 상사, 남의 탓만 하는 무책임한 상사는 누구에게나 기피의 대상이다. 권위를 앞세우는 상사는 자신의 능력을 과신하는 특색이 있으며 심하면 편집광적 인물로 변할 수 있다. 무능력한 상사는 업무에 대한 열정이 없고, 문제에 대한 해결능력이 결여되며, 업무에 대한 명확한 기준이 없어 부하직원을 혼란스럽게 한다. 남의 탓만 하는 상사는 자신이 무엇을 잘못하고 있는지 모른다.

국내의 한 취업포털 사이트에서 직장인 844명을 대상으로 의욕을 꺾는 상사의 유형을 조사했다. 응답자의 27.2%가 자신이 져야 할 책임을 회피하는 상사를 뽑아 1위를 차지했고, 이어서 업무와 관련하여 자주 말을 바꾸는 상사가 2위를 차지했다. 구성원들은 일이 잘못되었을 때 뒷짐 지고 남의 탓을 하는 상사를 가장 싫어한다는 뜻이다.

시장조사업체 마크로밀 엠브레인(Macromill Embrain)이 최고경영자(CEO)와 임원을 제외한 464명의 직장인에게 **'직장 상사에게 가장 큰 분노를 느낄 때는 언제입니까'**라고 물었다. 설문 결과 34.1%가 '상사가 권위적인 행동을 할 때'라고 답했다. '인신공격성 질책을 할 때'라고 답한 직장인도 25%였고, '상사의 무능함을 목격했을 때'라는 답도 18.5%로 나왔다. '낮은 인사고과를 부여했을 때'(11.4%), '성과를 가로챘을 때'(5.6%)라는 답은 많지 않았다. 즉, 상사를 싫어하는 이유는 일 자체보다는 부적절한 언행 때문이라는 얘기다.

스탠포드 경영과학공학과 로버트 서튼(Robert I. Sutton) 교수는 **'악질 제로의 법칙(The No Asshole Rule)'**에서 두 가지 유형이 악질을 판별하는 기준이 된다고 주장한다.

첫째는, 늘 동료 직원을 힘들게 하고, 그 직원과 대화하면 자신이 초라해지며, 격려 보다는 비난을 하는 사람이고, 둘째는, 자신보다 지위가 낮거나 힘이 없는 부하나 동료 직원을 대상으로 그 같은 행동을 하는 사람이다. 그는 만일 위의 두 가지 기준에 모두 부합되는 사람이라면 그는 조직의 근간을 위험에 빠지게 하는 악질이라고 말한다. 그러나 섣불리 악질로 분류해서는 안 되며, 프로젝트 등을 통해 충분한 소통의 기회를 가진 후에 악질 여부를 판단하라고 조언한다. 겉으로 보이는 모습과 실제의 모습은 다를 수 있기 때문이다. 서튼 교수의 블로그에서 실행한 악질 진단검사를 치른 8만 3644명 중 '공인 악질(Certified Assh ole)' 판정을 받은 사람은 6,142명에 불과했다. 인간은 의외로 착한 것인가. '경계선 악질'은 2만 9270명, 정상인은 4만 8232명이었다. 구별하기 어려운 악질도 존재할 수 있다. 서튼 교수는 이들을 '전략적 악질(Strategic Asshole)'이라 부른다. 위와 같은 잘못을 범하면서도 전략적으로 자신의 잘못을 은폐하고, 상황을 적절히 통제함으로써 조직이 자신의 존재를 쉽게 알아채지 못하게 처신하기 때문이다.

서튼 교수는 '멘스 웨어하우스(Men's Wearhouse)'라는 기업의 예를 들어 설명하고 있다. 이 회사에서 최고의 판매 실적을 올리고 있었지만 다른 팀원들의 공을 가로채는 자기 중심적인 행동을 한 영업 사원을 해고했다. 해고 직후에는 실적 감소에 대한 우려의 목소리가 높았으나, 해고 후에 팀 실적이 30% 이상 증가하게 되었다고 한다. 그 직원으로 인해 다른 직원들의 사기가 저해되었고, 이 같은 문제를 해결하자 실적이 급격히 상승하게 되었다는 것이다.

조직 내의 악질은 독버섯과 같아 심각한 폐해에도 불구하고 쉽게 발견되지 않아 제거하기 힘들다. 더욱 문제가 되는 것은 악질 중 70%

이상이 높은 직위의 상사라는 점이다. 악질이 조직에 끼치는 손실은 이직률 증가, 장기 결근자의 증가, 업무 집중도 저하, 그리고 각 조직원의 근무 의욕 저하 등으로 인한 생산성의 저하로 이어져 조직의 경제적인 손실로 연결된다. '에라스무스 센터 포 리더십(Erasmus Center for Leadership)'의 윌 펠프스(Will Phelps) 연구 위원은 1명의 악질이 있는 조직은 그렇지 않은 조직보다 성과가 30~40% 떨어진다는 연구 결과를 발표하였다. 실리콘 밸리의 일반 벤처기업을 기준으로 볼 때 악질 직원 1명의 폐해를 금액으로 계산한 악질비용(One Asshole Cost)가 연간 16만 달러에 이른다고 한다.

악질 상사로 인한 피해는 금전적인 피해를 넘어 건강까지 해칠 수 있다는 연구 결과도 있다. 핀란드와 스웨덴에서 조사한 결과 상사에게서 부당한 대우를 받은 직원들이 그렇지 않은 직원들에 비해 심장병 발병률이 높았다. 영국에서 공무원을 대상으로 실행한 조사에서도 비난하는 것에 익숙한 상사와 일한 직원들은 심장마비와 협심증 등 심장 관련 질환이 높은 것으로 나타났다. 악질 상사는 직원들의 건강을 해침은 물론 그들이 직장을 떠나게 함으로써 손실을 입히기도 한다.

악질은 자신들의 실수를 은폐하려는 경향이 있다. 구성원들이 고객 만족이나 품질 향상보다는 자신으로 향하는 비난의 화살을 피하는 데 힘을 쏟는 조직으로부터 긍정적 분위기를 기대하기 어렵다. 특히 악질의 행동은 조직 내에 부정적 분위기를 증폭시킨다. 부정은 긍정을 압도하는데 서튼 교수는 부정적인 사고와 행동이 긍정적인 사고와 행동에 비해 그 힘이 5배나 강력하다고 주장한다. 이른바 '5 to 1 Rule'이다. 긍정적인 사고와 행동이 부정적인 사고와 행동의 5배를 넘어야 조직이 유지될 수 있다는 의미로 풀이될 수 있다.

서튼 교수는 첨단 산업일수록 '악질 제로의 법칙'을 따르는 경향이 두드러진다고 주장한다. 그 이유는 이들 기업들이 인재를 확보하느라 치열하게 경쟁하기 때문에 기업 문화가 야비하다고 소문나면 인재들이 기피한다고 말한다. 그는 '착해서 잘 나가는 회사'로 구글을 예로 든다.

구글의 기업 모토는 '사악하게 굴지 말라(Don't be evil)'이다. 마이크로소프트의 기업 문화도 구글의 성공사례를 참고하여 변하고 있다. 대부분의 리더들에게는 '부하로부터 존경받는 리더'보다는 '상사로부터 인정받는 리더'가 주요 관심사다. 부하 직원들은 단지 효율적으로 관리해야 할 대상일 뿐이다. 그런 사고를 가진 리더는 아직도 아날로그 시대에서 벗어나지 못하는 사람들이다. 하지만, 지금은 부하 직원들이 열정적인 의욕으로 업무에 몰입할 수 있도록 동기를 부여하는 것이 리더의 핵심역할로 부각되고 있다. '시키는 대로 해라'는 식의 권위적인 언행은 리더들이 가장 경계해야 할 사안이다.

권위주의적 리더의 가장 큰 행동 특징은 구성원들과 열린 마음으로 대화하지 못한다는 점이다.

예를 들어, 항상 자신의 업무 스타일에 맞추도록 강요하기 때문에 부하들이 주눅이 들어 자신감을 상실하게 만든다. 그리고 자신의 아이디어와 다른 생각이나 비판적 의견을 내면 권위를 내세워 자신의 주장만을 관철하려 한다. 심지어는 반발하는 사람들을 소외시키고 동조하는 사람들만을 중심으로 일을 추진하는 경우도 있다. 결국 이런 리더들이 이끄는 조직에서는 비판적인 의견을 내놓는 사람은 질책이나 비난을 받을 것이라는 두려움때문에, 새로운 기회나 해결책에 단서가 될 수 있는 아이디어를 제시할 수 있는 원천적인 통로가 막히게 된다. 조직 내의 악질을 구축하기 위해서는 일차적으로 악질을 뽑지 말아야 한다. 좋은 인력을 선발하는 것은 여러 측면에서 중요하다. 그 중에서도 악질을 선발하지 않음으로써 원천적으로 악질의 병폐를 막을 수 있다는 점에서 인력 선발은 매우 중요하다. 물론 악질을 양산하는 기업 문화가 존재한다면 아무리 좋은 인력을 선발하더라도 무의미할 수 있음을 명심해야 한다. 만일 뽑힌 직원이 악질이라면 정상적으로 근무할 수 있도록 변모시켜야 하며, 그마저 힘들다면 과감하게 정리해야 한다. 심각한 것은, 회사 내에 악질이 존재한다면 그 수는 기하급수적으로 증가할 수 있다는 점이다. 이들은 회사 내에 집단을 형성하고, 비슷한 부류의 인력들을 채용하거나 가까이 두려고 하기 때문이다. 따라서 기업은 악질을 조기에 발견해 처리해야 한다. 악질이 주위에 있다면 심리적인 거리를 둘 수 있도록 해야 한다. 동료로서의 기본적인 관계는 유지하되 부정적인 마인드가 우리에게 전해지는 일이 없도록 해야 한다.

조직에 있어 무엇보다 중요하고 필요로 하는 것은 신뢰와 존중이다.

신뢰와 존중이 꽃피는 조직 문화를 만들고, 그 속에서 구성원들이 숨쉬고 즐겁게 일할 수 있도록 해야 한다. 장기적인 성과를 위해서는 악질과 악질 행위를 배격해야 한다. 직장 내의 존경과 기쁨을 파괴하고, 기업의 장기적인 성과를 방해하는 요인이 되기 때문이다. 이 때 회사 차원의 노력이 매우 필요하며, 구성원들의 연대를 통해 악질 행위를 막을 수 있도록 해야 한다. 어느 조직이나 모든 구성원이 선하다고 성과를 내는 것은 물론 아니다. 조직에는 열띤 토론이 필요하고, 때론 승부해야 할 경우도 있다. 같은 구성원에게 모멸을 주고 삿대질하는 언행이 나쁠 뿐이다.

인텔 창업자 앤디 그로브(Andy Grove)는 고집 센 경영자였지만, 부하가 자기 아이디어에 도전하는 것은 반겼다. 부하를 굴복시키는 게 아니라 올바른 결정을 내리는데 중점을 뒀기 때문이다.

위대한 리더의 역설

20세기 말은 화려한 언변과 카리스마를 갖춘 CEO들이 기업 경영의 중심에서 세계 경제를 주름잡았다. GE의 잭 웰치(Jack Welch), 디즈니의 마이클 아이즈너(Michael D. Eisner), 크라이슬러의 리 아이아코카(Lee Iacocca), AT&T의 마이클 암스트롱(Michael Armstrong), 그리고 시티그룹을 이끌던 샌디 웨일(Sandy Weill) 등 많은 스타 CEO들이 강력한 카리스마와 비전으로 조직을 이끌었다. 이러한 시류에 따라 많은 CEO들은 강렬한 이미지를 연출하기 위해 많은 시간과 노력을 투자했으며, 이들 성공한 CEO들의 일거수일투족에 주목했다. 그들이 행한 리더십을 모방하면 그들처럼 성공할 것이라고 생각했다.

엔론(Enron)의 창업자이자 CEO였던 케네스 레이(Kennes Ray)는 1942년생으로 휴스턴 대학에서 경제학 박사학위를 받고 미국 행정부의 여러 요직에서 근무한 후, 1974년 플로리다 가스(Florida Gas)에 입사한다. 그는 남다른 성실성과 특유의 타고난 리더십으로 불과 7년만에 CEO의 자리에 오른다. 그러나 그는 전문경영인의 위치에 안주하지 않고 1985년 엔론을 창업한다. 이 회사는 2,000년에 매출 1,010억 달러를 기록하여 포춘(Fortune) 500 기업 중 7위에 오른다. 창업한 지 불과 15년 만에 미국의 7대 기업에 오르게 한 그의 경영방식은 카리스마 리더십의 대표적인 사례로 손꼽히게 된다. 2000년 8월 회사의 주가는 주당 90불까지 오르고, 많은 언론들이 엔론을 미국에서 가장 혁신적이고 위대한 기업으로 선정한다. 그리고 이른바 '엔론 스캔들'이 터진다. 레이는 회계 부정과 사기 혐의로 기소되고 엔론의 주가는 1 달러 이하로 폭락, 투자자들에게 110억 달러의 손실을 입힌다. 결국 회사는 2001년 12월 파산 신청을 한다.

21세기들어 진정성 리더십이 관심을 끌게 된 배경에는 많은 경영자들의 비윤리적인 행동에서 그 원인을 찾을 수 있다. 그러나 그들이 대중에게 보여주는 언행과 일상에서의 실제의 모습에는 괴리가 있었다. 엔론 사태를 통해 최고경영자의 일탈과 탐욕이 적나라하게 파헤쳐지자 많은 사람들은 한때 그들이 칭송했던 최고경영자의 기만행위에 대해 환멸을 느끼게 된다. 월드컴(WorldCom)의 최고경영자였던 버나드 에바스는 적극적 인수합병으로 회사의 급성장을 주도했지만 회계 조작으로 결국 회사를 파산절차를 밟게하였다. 총 1억 3500만 달러의 회사 돈을 횡령해 호화판 생활을 해 온 타이코(Tyco International)의 최고경영자였던 데니스 코즐로스키가 자신들에게 주어진 지위와 권한을 이용해 개인적인 욕심을 채우고 주주들에게는 막대한 손해를 입혔다. 이를 목격한 대중들은 화려한 카리스마 뒤에 숨겨진 탐욕스러운 최고경영자들의 모습을 보기 시작한다. 실적을 부풀리기 위해 고객의 동의 없이 350만 개가 넘는 유령계좌를 개설하여 파문을 일으킨 웰스파고, 마약성 진통제 '오피오이드' 사태를 일으킨 제약회사 퍼듀파마, 19명을 사망에 이르게 하여 죽음의 에어백이라는 논란을 불러온 다카타, 경유차 배기가스 저감장치 조작으로 파문을 일으킨 폭스바겐 사태 등에서 보듯 CEO의 비정상적 판단으로 벌어진 사고들도 마찬가지다. 이런 스캔들은 이제는 예전과 뭔가 달라져야 한다는 교훈을 주고 있다.

점차로 기업의 최고경영자들을 더 이상 신뢰할 수 없다는 인식이 확산되면서 사람들은 새로운 형태의 리더십을 갈구하게 된다. 이렇게 등장한 것이 '진정성 리더십(authentic leadership)'이다. 사람은 단순히 옳은 일을 하는 것만으로도 아주 성공적이고 풍요로운 삶을 누릴 수 있으며 처음부터 옳은 일을 행하라는 것이 바로 진정성 리더십이 던지는 메시지이다. 2019년 3월 15일 뉴질랜드의 크라이스트처치 모스크 등 두 곳에서 백인 우월주의자들에 의해 51명이 숨지고 49명이 부상을 입은 테러 사건이 발생했다. 많은 사람들이 애도하는 가운데 3월 22일, 사건이 발생한 인근 해글리 공원에서 이슬람 지도자 가말 포우다의 집전으로희생자들을 추모하는 예배가 진행됐다. 혐오 범죄에 단호한 태도를 보이고 무슬림 공동체에는 깊은 연민과 공감의 제스처를 취해 서구의 포퓰리즘 흐름에 맞서는 지도자로서 깊은 인상을 심어준 저신다 아던(Jacinda Kate Laurell Ardern) 총리는 이날 히잡을 쓰고 참석했다. 포우다는 아던 총리가 참석한 데 사의를 표하고, "우리의 가족을 든든히 붙잡아주고, 히잡으로 우리를 존중해주고, 연민의 말과 눈물을 보여준 데 감사한다. 우리와 하나가 되어준 데 감사한다"고 말했다. 아던 총리는 15일 사건 발생 직후 현장을 방문해 "그들이 우리다"라며 수습에 나섰다. 아던 총리는 포우다의 연설에 앞서 "뉴질랜드가 여러분과 함께 슬퍼한다. 우리는 하나다"라며 무슬림 공동체를 위로하고, "예언자 무함마드는 신자들은 서로의 친절과 연민과 동정 속에 한몸과 같다고 했다. 몸의 한곳이 고통을 받으면 온몸이 통증을 느낀다"고 말했다. 행사에 참석한 많은 백인 여성들도 아던 총리처럼 히잡을 썼다.

진정성 리더십 이론을 설문조사 등 실증연구를 바탕으로 체계적으로 정립한 학자인 미국 워싱턴대 포스터경영대학 브루스 어볼리오(Bruce Avolio) 교수는 진성리더에 포함하고 싶은 정치 지도자로 저신다 아던 뉴질랜드 총리를 지목했다.

부루스 아볼리오(Bruce Avolio)를 비롯한 가드너(Gardner), 웰룸바(Walumbwa), 루선스(Luthans)와 메이(May) 등의 연구진은 **진성리더의 특색을 다음과 같은 3가지로 정의했다.**

첫째, 진성리더는 자신의 내면에 대한 깊은 성찰을 통해 자신의 강점 및 약점을 인지하고 있다는 점이다. 진성리더는 자신이 잘하는 것과 못하는 것을 잘 알고 있으며 뚜렷한 자기인식을 통해 옳고 그름을 판단할 수 있다. 그리고 자신의 강점을 최적화할 수 있도록 조직을 운영하되, 자신의 약점은 보완하려고 노력하며, 일이 잘못되었을 때에는 솔직하게 구성원들에게 실수를 인정하고 도움을 요청한다.

둘째, 도덕적 가치를 바탕으로 윤리적이며 투명하고 또한 솔직한 의사결정을 내린다는 점이다. 진성리더는 도덕적인 가치를 지향하는 윤리적인 리더다. 주변에서 일어나는 수많은 부정한 압력이나 청탁에 굴하지 않고 윤리적인 기준에 견주어 옳지 않은 결정은 하지 않는다. 아울러 공정하게 평가하기 때문에 함께 일하는 부하직원들은 리더를 신뢰하며 끝까지 그의 결정을 지지하게 된다.

셋째, 생각하는 비전과 그 의미와 관련하여 구성원들과 솔직하게 의사소통을 한다는 점이다. 리더 자신이 생각하는 내용에 대한 모든 것을 구성원들과 소통한다. 중차대한 의사결정을 해야 할 때에도 구성원들의 의견을 세밀하게 경청하고 그들의 판단에 대해 솔직하게 대화를 나누며 수평적인 관계 속에서 함께 업무를 추진해나가려고 노력한다.

조직 내 진성리더의 역할에 대해 브루스 아볼리오 교수는 "누구나 댄서가 돼 춤을 출 수 있도록 만드는 것"이라고 규정했다. 어느 누구든 조직 내에서 소외되거나 도태되지 않는 조직문화를 가꾸는 게 중요하다는 것이다. 그런 관점에서 MS의 중흥을 이끈 인도 출신 SW 개발자인 사티아 나델라(Satya Narayana Nadella) CEO의 리더십이 재부각되고 있다. 나델라 직전 CEO로 MS를 14년간 이끌었던 스티브 발머

(Steven A. Balmer)는 지극히 폐쇄적이었다. 오랫동안 경쟁 상대가 없을 정도로 독점적인 위치를 만끽했던 탓에 관료주의가 혁신을 대체했고, 사내 정치가 팀워크를 대신했다. 스티브는 뛰어난 경영자였지만 리더로서의 독단은 조직 문화를 경직적으로 변화시켰다. 내 부서, 내 조직을 우선하는 이기주의가 판을 쳤다. 발머가 CEO로 재임한 기간 43% 하락한 주가는 2014년 나델라 취임 이후 600% 이상 급등하는 반전을 한다. 부서 간 협업을 강조한 나델라는 애플 등 경쟁업체와의 협업 역시 촉진하면 '소프트웨어 공룡'의 변신을 주도했다. 나델라는 취임하자마자 기존의 경쟁 중심 상대평가 제도를 절대평가로 바꿨다. 실적 중심의 평가 대신 자신이 다른 직원에게 어떠한 도움을 줬는지 등을 총체적으로 평가하는 '영향력' 중심의 평가를 도입했다. 그는 조직 내 공감과 관점의 변화를 강조했다. 그는 "장애를 가진 내 아들 자인을 키우며 나랑 같지 않은 사람과 살아가는 법, 상대를 그대로 인정하는 법을 배웠다"며 "상대방의 깊은 마음을 이해하고 싶다는 열망을 품은 덕에 더 나은 리더가 될 수 있었다"고 했다. 조직의 리더라면 구성원들로 하여금 변화할 동기를 부여하도록 노력해야 한다. 그는 발머가 CEO로 있는 동안 폐쇄적이며 현실 안주형이던 조직문화를 개방적이며 창의적인 조직문화로 변화시킴으로서 MS가 재도약하는 발판을 마련한 것이다.

유럽 최고의 경영대학원 INSEAD의 맨프레드 케츠 드 브리스(Manfred Kets de Vries) 교수는 리더의 역할은 구성원의 두려움을 없애는 것이라고 말한다. 그러나 폐쇄적인 조직에서 리더는 오히려 두려움을 악용한다. 구성원이 문제점을 발견하고 지적하더라도 해결책을 제시하지 못하면 그저 불만이 많은 조직원일 뿐이다. 역량 있는 인재가 능력을 발휘하려면 리더는 그들이 능동적으로 개입할 수 있는 환경을 제공하여야 한다. 소신대로 행동해도 비난당하지 않을 것이라는 심리적 안정감은 구성원을 적극적으로 행동하게 만든다. 이러한 심리적 안전감을 제공하기 위해서는 리더가 먼저 자신의 약점을 솔직하게 인정하고 조직원들의 도움을 청할 필요가 있다. 리더가 피드백에 열린 태도를 갖는 것은 과정에서 문제가 발견되어도 충분히 헤쳐나갈 수 있다는 자신감을 보여주는 동시에, 구성원들에게는 리더가 함께 문제를 해결해 갈 것이라는 믿음을 주기 때문이다. 급변하는 4차혁명의 시대에 진성리더십은 어쩌면 신기루가 아닐까 생각할 수도 있다. 경쟁을 피할 수 없고 조직이 원하는 성과를 내지 못하면 퇴출 당하는 현실에서 진성리더십을 발휘한다는 것은 환상일 수도 있다. 그러나 그것은 근시안적인 관점이다. 조직의 성장이나 성과를 장기적인 관점에서 생각한다면 진성리더십은 구성원들이 자발적으로 성장하여 성과를 이루어내도록 동기를 부여하고 새로운 변화의 계기를 조성하여 리더에게 가장 강력한 성과 창출의 수단이 될 수 있다.

2005년 Harvard Business Review에 게재된 '진정성, 위대한 리더십의 역설'에서 "어떤 리더도 거울을 보며 **'나는 진정성이 있다'**고 말하지 않는다. 사람은 자기 자신이 진정성을 확보할 수 없다. 진정성이라는 것은 대부분 다른 사람들이 당신을 보면서 정의한다. 그렇지만, 이것은 상당부분 당신이 제어할 수 있다는 것이 중요하다"고 진성리더십을 설명한다. 진정성에 대한 평가는 다른 사람들의 몫이지만, 진정성을 보이는 것은 리더의 몫이라는 것이다. 진성리더는 자신만의 리더십 스타일을 스스로 만들어야 한다. 또한 진성리더는 조직의 구성원들에게 업무에 대해 자율성을 부여하여 자신의 전문성과 창의성을 발휘할 수 있는 여건을 제공해주어야 한다. 이제까지 강요되었던 일률적이고 타의적이었던 리더십 모형을 자율적이고 자의적인 리더십 모형으로의 전환을 이뤄내는 사람이 진성리더라고 할 수 있다.

사일로를 벗어나야 한다

사일로(silo)는 원래 큰 탑 모양의 곡식 저장고로, **사일로 효과란 다른 부서와 소통하지 않고 자기 부서의 이익만을 추구하는 이기주의 현상을 뜻한다.** 따로따로 이익을 추구하는 모습이 마치 개별적으로 설치된 사일로와 닮았다고 해서 붙여진 이름이다.

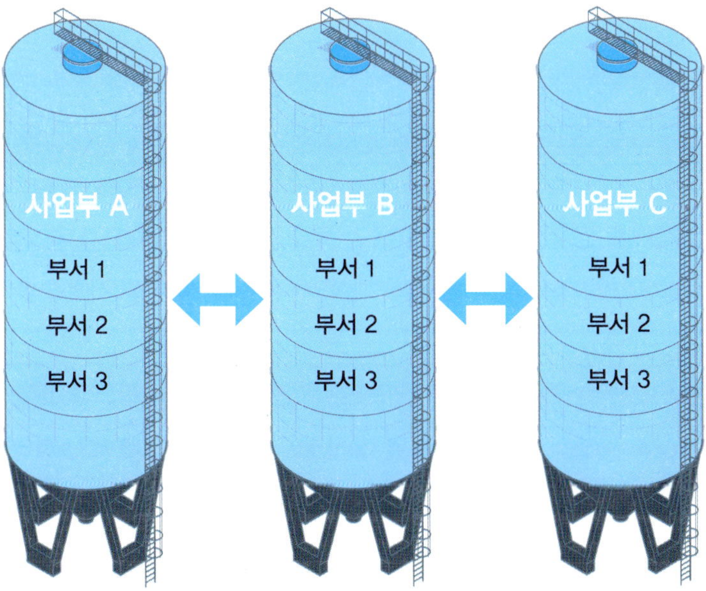

사일로(silo) 회사내 다른 부서와 소통하지 않고 자기 부서의 이익만을 추구하는 '부서간 이기주의 현상'

삼성 경제연구소에서 직장인을 대상으로 한 조사에서는 한국기업의 소통을 가로막는 벽이 무엇인가에 대한 질문에 자기 이익만 추구하는 개인과 부서 이기주의라는 답변을 무려 32.1%가 답했다. 또한 경영자 대상으로 한 조사에서는 조직의 혁신을 저해하는 가장 큰 요소가 사일로라는 응답했다. 기업이 지속적으로 성장하기 위해서는 외부 환경에 민첩하게 대처하고 고객의 니즈를 파악하여 능동적으로 대응해야 한다. 그러나 사일로 효과로 조직 이기주의가 만연하면 성장 잠재력을 상실하게 된다. 성과주의로 인해 부서 간의 경쟁이 지나치게 과열되면 기업 내에서 성과가 탁월하고 타부서에 비해 월등히 많은 수익을 창출하는 부서는 희생을 회피하게 되며 다른 부서와 협력하지 않게 되는 현상이 발생한다. 이런 사일로 효과가 발생하게 되면 서로 간의 의사소통이 이루어지지 않고 부서뿐만 아니라 회사 전체의 경쟁력도 떨어지게 되어 기업의 성장에 큰 악영향을 미치게 된다.

기업은 선택과 집중을 통한 규모의 경제로 양적효율성의 극대화를 추구하던 시대에서 역동적이며 불확실한 무한경쟁 시대로의 전환기에 있다. 성장하기 위해서는 새로운 시장과 가치를 창조해내는 혁신이 절대적으로 필요하다. 특히 기술 혁신이 빠르게 이루어지는 시기일수록 혁신 기술을 가진 새로운 도전자가 등장하면 이전의 성공에 취해 시장의 판도를 바꿀 새로운 기술을 놓치고 만다. 특히 부서 간 경쟁의 심화와 소통 부족은 혁신을 가로막는 가장 큰 요인이다. '파괴적 혁신(Disruptive Innovation)' 이론의 창시자로 잘 알려진 하버드 경영대학원 클레이튼 크리스텐슨(Clayton Christenson) 석좌교수는 부서 이기주의야말로 내부 역량 결집을 통해 나올 수 있는 혁신을 가로막는 가장 큰 장애 요인이라고 말하고 있다. 신입사원 면접 때 응시자에게 '만일 당신이 다음과 같은 회사의 최고경영자라고 한다면 어떤 결정을 내리겠는가?' 하는 질문을 던진다고 가정하자. 이 회사는 햄버거 사업부, 감자 사업부, 그리고 음료수 사업부로 구분되어 있다. 그런데 햄버거는 경쟁사의 낮은 가격대에 맞춰 1~2달러에 파는 가격 경쟁을 하다 보니 늘 적자를 면치 못하고 있다. 평균 30% 정도 적자를 기록하고 있다. 반면에 감자는 40% 정도 흑자를 내고 있으며, 음료수는 60% 정도 흑자를 내고 있다. 감자와 콜라를 팔면 이익이 남는데 햄버거는 팔면 팔수록 손해가 발생한다. 최고경영자로서 이 회사의 사업을 어떻게 조정할 것인지를 묻는다. 이익이 나는 감자와 음료수만 파는 것이 이익을 극대화하기 위해서 가장 현명한 결정이라고 답을 하는 것이 정답일까? 위에서 언급한 회사는 바로 맥도널드를 비유로 든 것이다.

세계 최고 권위의 경제지 '파이낸셜타임스'에서 세계시장 분석을 담당한 스타 저널리스트인 질리언 테트(Gillian Tett)는 그녀의 저서 '사일로 효과(Silo Effect)'에서 서브프라임 모기지 사태를 겪으면서 세계 최대의 금융기관인 UBS가 사내 사일로 문제로 큰 손실을 경험한 사례를 언급하고 있다. 당시 UBS에는 1,000여명의 이상의 직원들이 "리스크 관리자"로 근무하며 사업의 위험요소를 찾아내는 임무를 담당해왔다. 이런 점은 당시 금융 규제기관으로부터 모범적으로 리스크 관리를 한다는 평가를 받고 있었다. 그럼에도 불구하고 UBS는 미국의 불량 모기지에 투자하여 결국 7억 스위스 프랑 이상의 손실을 기록했다. 미국 주택가격 하락으로 인해 엄청난 손해를 본 것이다. 추후 내부조사를 통해 밝혀진 것은 UBS의 최고책임자 중 어느 누구도 이 사태를 예견하지 못한 것으로 드러났다.

문제는 1,000여명이나 되는 리스크 관리자 그 누구도 이 문제를 알아채지 못했거나 최소한 알면서도 보고하지 않은 것이다. 충격적인 사실은 회사 전체의 리스크를 상호 유기적으로 관리해야 할 리스크 관리자들이 신용 리스크, 시장 리스크, 운용 리스크 등 각기 다른 3개의 독립된 부서에서 철저히 분업화하여 근무했다는 것이다. 이 팀들은 서로 소통하지 않았고, 당연히 정보를 교환하지도 않았다. 리스크 관리를 다루고 있는 국제 표준인 ISO 31000의 리스크 관리의 철학과 원칙을 완전히 조롱하는 것이나 다름없었다.

사일로 효과를 야기하는 가장 큰 요인은 성과주의다. 성과주의는 우수한 인재를 확보하고 목표에 집중할 수 있게 만드는 긍정적인 측면도 있지만, 단기적인 성과 중심에 기반 한 상대평가로 차별적 보상에만 집중될 경우 오히려 부서 이기주의를 야기하는 부작용이 있을 수 있다. 조직 내에서 성과주의가 부정적인 방향으로 흘러갈 경우, 구성원들은 자신이 속한 부문의 일이 아닌 경우에는 관여하려 하지 않고, 협업을 통해 조직전체 성과에 기여할 수 있다는 생각보다는 자신의 성과가 아니라는 관점에서 소극적으로 협력한다. 심한 경우 자기 부문의 KPI(Key Performance Indicators)만 챙기기도 한다. 소니(SONY)의 몰락 배경에 대해 많은 전문가들은 '사일로(silo)'를 꼽는다. 소니의 외국인 첫 최고경영자(CEO)였던 하워드 스트링어(Howard Stringer)는 "소니는 사일로가 너무 많아 소통하기 힘들었다"고 토로한 바 있다. 소니 내부에서 사일로가 활발해진 배경은 1994년에 도입한 이른바 '독립채산제'가 결정적이었다. 사내 경쟁을 통해 경쟁력을 확보하고자 했던 당초 계획과 달리 오히려 이윤을 독점하려는 역효과를 불러와 기술 공유가 힘들어지고 기술력만 퇴보하는 결과를 낳았다. 1999년 PC 사업을 담당하는 바이오(Vaio)컴퍼니와 워크맨을 만들던 오디오컴퍼니, 그리고 자회사 형태로 존재하던 아이와(Aiwa), 3개 컴퍼니에서 뮤직클립, 디지털 워크맨, MP3라는 이름으로 엇비슷한 3개의 제품을 동시에 출시했다. 저마다 훌륭한 제품이긴 했지만, 아이팟에 비하면 조금씩 부족했다. 한 기업에서 비슷한 유형의 제품을 3개씩 각기 다른 사업부에서 출시하였다는 것은 소니 내부의 사일로가 얼마나 극심했는지를 단편적으로 보여준다. 또한 음원서비스 쪽에서는 음반 회사인 소니뮤직(Sony Music)을 내부에 가지고 있으면서도 컴퍼니 간에 협업이 이루어지지 않아 온라인 뮤직 스토어(애플의 앱스토어 같은 것)에서도 시너지를 내지 못했다. 그 결과 소니가 가진 수많은 강점에도 30여년 지속해 온 워크맨 신화를 이어가지 못했다. 만약 소니가 컴퍼니의 경계를 넘어 각 조직의 역량을 한곳으로 모아 제품과 뮤직스토어 사업을 만들었다면, 어떤 결과를 창출했을까. 애플의 창업주인 고 스티브 잡스도 생전에 "독립채산제 때문에 소니는 애플이 되지 못한다"며 소니의 독립채산제를 꼬집었다. 기업경쟁력 제고와 수익 확대를 위해 실시했던 독립채산제는 내부 정치 심화와 수익 감소라는 부메랑이 돼 돌아와 소니를 절뚝이게 만들었던 것이다.

급변하는 시장 환경 및 고객의 니즈에 보다 탄력적으로 대응하기 위해 최근 들어 많은 기업들이 조직의 변화를 지속적으로 시도하고 있다. 조직의 변화가 일어날 때마다 나타나는 특징 중 하나는 구성원들의 불안이 증가하고, 이로 인해 자신의 영역을 고수하기 위한 행동이 잦아진다는 것이다. 조직의 변화로 구성원 자신이 속한 부서의 업무 영역 및 권한이 축소되거나 업무 범위가 확대되는 것에 대해 구성원들은 거부감을 갖게 된다. 때문에 이해관계가 상충되는 다른 부서와 함께 협력하고 의견을 조율하려고 하기보다는 먼저 자신이 속한 부서의 영향력을 확보하고 고수해 나가려고 한다.

2006년 12월, 당시 야후!(Yahoo!)의 최고경영자였던 테리 시멜(Terry Semel)은 대대적인 조직 개편을 단행하고 상품 중심의 조직 구조를 사용자와 광고주 중심으로 개편했다. 7개의 상품 부서가 '이용자'

부서로, 다른 7개부서는 '광고주/발행자' 부서로 통합됐다. 이와 더불어 두 개의 사업부서의 인프라 지원을 위해 '기술' 부서도 신설됐다. 이는 야후의 다양한 광고주 보유 상품 전반에 걸쳐 규모의 경제를 실현해 성장을 가속화하기 위한 조치였다. 시멜의 지시로 결성된 조직 혁신 팀은 새로운 조직 구조 하에서 각 부서의 역할과 책임 범위를 신중하게 계획했다고 판단했다. 그러나 조직 개편 이후 회사의 의사결정력과 이행 능력은 오히려 악화됐다. 이용자 부서는 막대한 비용이 드는 맞춤 솔루션을 기술 부서에 요구했다. 광고주/발행자 부서는 자기 부서만의 상품이 필요했기 때문에 개발 인력을 얻고자 이용자 부서와 경쟁하게 됐다. 경영진은 이러한 문제를 해결하고자 각 부서를 조율하는 관리 부서를 또 만들어야 했다. 의사 결정은 12 단계에 걸쳐 이루어 졌고, 조직은 점차 비대해졌다. 의사결정이 지체되면서 상품 개발 속도도 느려지고 간접 비용도 증가했다. 혁신 컨설턴트인 사울 카플란(Saul Kaflan)은 대부분의 기업들이 처해 있는 상황을 숨 가쁘게 자전거 페달을 돌리는 것에 비유한다. 기존의 사업모델을 유지하고 발전시켜 나가는 것에 급급한 나머지 새로운 영역을 탐색하면서 혁신을 이끌어내기 역부족인 경우가 많다는 것이다.

카플란은 이런 현실을 극복하고 시장을 선도하는 기업이 되기 위해서는 우선 부서 이기주의로 인한 조직 장벽을 극복하고 내부에 있는 역량부터 재조합하는 것이 필요하다고 주장한다. 혁신은 현재 없는 것, 늘 새로운 것이 아니라 지금 곁에 있지만 간과한 사소한 것에서부터 올 수도 있기 때문이다. 부서 간 협력을 장려하고 지속적으로 강조하기 위해서는 경영진의 노력이 필요하다. 2009년 미국의 리더십 교육기관인 '창의적 리더십 센터(Center for Creative Leadership)'에서 128명의 CEO 및 임원진들을 대상으로 설문한 결과에 따르면 86%의 응답자들이 조직 내 장벽을 없애도록 노력하는 역할이 매우 필요하다고 응답하였지만, 실제로 본인이 이 역할을 효과적으로 수행 중이라고 대답한 이는 7%에 불과하였다. 부서 간의 갈등과 이기주의가 있을 때 해당 조직들은 자신의 이익에만 함몰되어 더 큰 그림을 보지 못한다. 최고경영자가 이 문제를 해결하고자 나설 때, 구성원들도 회사 전체의 관점에서 협력하고 소통할 수 있게 된다.

영국의 석유회사 BP(The British Petroleum Company)는 협력시스템을 통해 사일로에 대처했다. 150개가 넘는 사업부 간 소통이 쉽지 않아 고안한 방법이 '동료 간 지원(Peer assist)'이였다. BP는 150개가 넘는 사업부를 전체 13개의 '동료집단(peer group)'으로 분류하여 경험과 지식이 적극적으로 공유될 수 있도록 미팅과 워크샵을 지원했다. 또한 성과가 좋은 상위 3개 사업부가 하위 3개의 사업부를 도와주고 성장을 책임지도록 했다. 이러한 노력으로 BP는 부서 간 이슈를 공유하고 도움을 주고받는 기업문화를 형성하였으며 세계 3대 석유회사로 발돋움할 수 있었다.

영국의 석유회사 BP

150개 사업부서간 협업 어려움 인지

→ 동료간 지원 협업시스템 구축(Peer Assist)
→ 13개 동료 집단(Peer Group) 분류
→ 집단 내 지식과 경험 공유 지원(워크숍, 미팅)
→ 상위 3개부서는 하위 3개 사업부서 성장 지원

"세계 3대 석유회사로 성장"

고슴도치 컨셉

여러 작업을 동시에 처리하는 멀티태스킹(multitasking)에 능한 사람을 보면 능력자라는 생각이 든다. 멀티태스킹이 가능한 사람은 극소수이고 대부분의 사람들에겐 그런 능력이 없기 때문이다. 실상 멀티태스킹을 하면서 오히려 본연의 업무와는 관련 없는 일에 빠져 쓸데없는 시간을 보내는 사람들을 흔히 보게 된다. 자신의 능력으로는 힘들다는 것을 알면서도 굳이 계획을 세워 한꺼번에 많은 일을 처리하려고 시도하지만 아무런 결과를 이루어내지 못하고, 뒤늦게 서야 한 번에 여러 가지 일을 하면 오히려 일을 망치고 있다는 사실을 깨닫게 된다.

영국의 철학자인 이사야 벌린(Isaiah Berlin)은 『고슴도치와 여우』라는 수필에서, 고대 그리스 우화를 토대로 세상 사람을 고슴도치들과 여우들로 구분했다. 여우와 고슴도치가 만나면, 여우는 갖은 꾀를 내어 공격하는 반면, 고슴도치는 몸을 전체적으로 구부려 공처럼 만들어 가시를 내어 대응한다. 그리고 늘 승자는 꾀많은 여우가 아니라, 단순한 고슴도치이다. 여우는 수많은 방법들을 써 보지만 자신들의 생각을 하나의 전체적인 개념이나 전략으로 통합을 하지 못하는 반면, 고슴도치는 복잡한 생각을 하나의 조직화된 개념과 전략으로 통합하여 집중한다는 것이다. 이른바 '고슴도치 컨셉(hedgehog concept)'이다.

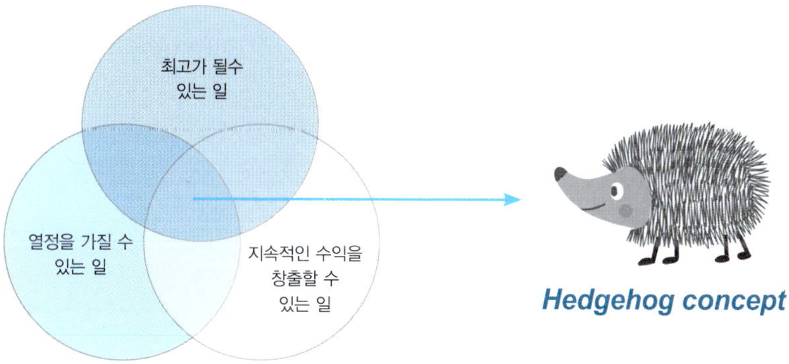

[고슴도치 컨셉]

고슴도치 컨셉이라는 것은 일관적이고 통일된 개념과 전략으로 최선의 노력을 경주한다는 사실을 토대로 하고 있다. 고슴도치는 자신의 경쟁적 우위를 최대한 활용하고 전략과 프로세스를 인지할 수 있는 능력을 갖추고 있다. 자신이 해야 할 목표가 무엇인지를 파악하고 이를 추진하기 위해서 무엇에 집중하고 단순화해야 하는지를 알고 이를 실행하는 것이다. 기업이 직면하고 있는 과제와 딜레마를 고슴도치 컨셉으로 축소시키면, 문제의 방향이 단순해지고 해결이 명확해진다는 의미를 포함하게 된다.

베트남전에서 미국은 뼈아픈 패배를 경험하게 된다. 당시 미국은 기술적으로 가장 앞선 세계 최강의 전투력을 갖고 있었다. 초고속 제트 전투기, 중무장 헬리콥터, 컴퓨터와 정교한 통신, 하이테크 감시 장치 등 첨단 무기체계에 대한 자신감은 세계 최강의 군대로 결코 패배할 수 없다는 잘못된 믿음을 만들어 낸다. 그러나 미군은 첨단 무기는 갖추었지만 그 무기를 사용하는 전쟁에 대한 단순하고 일관된 개념을 간과하고 있었다. 미군은 효과적이지 못한 다양한 전략으로 좌충우돌하며 전쟁의 주도권을 확보하지 못했다. 반면에 북베트남군은 무기에서는 열세였지만 단순한 개념을 일관되게 고수했다. 자기 나라에서 벌어지는 전쟁에 대한 대중적 지지를 체계적으로 끌어내리는데 목표를 둔 소모적인 게릴라전이었다. 북 베트남군이 채택한 AK47 자동소총은 정글에서는 복잡한 M16보다 갖고 다니기도 쉬운 총으로, 성능 면에서는 M16에 뒤떨어지지만 게릴라전에는 가장 적합한 무기였다. 미국은 온갖 정교한 무기를 퍼부었지만 결국 베트남에서 성공을 거두지 못했다.

직장인의 업무 처리 방식에 관한 여러 설문조사에 의하면, 효율적일 것이라고 생각하는 멀티태스킹이 오히려 업무 효율과 집중을 떨어뜨리는 것으로 나타났다. 이에 따라 많은 기업이 근무시간 중 사내 컴퓨터 또는 스마트폰으로 메신저 대화를 나누는 것을 금지하고 있다. 스마트폰 자체를 사용하지 못하게 하는 기업도 있다. 누구나 원래 하던 일 이상의 창조적 플러스알파를 위해서는 여백이 반드시 필요하다. 그 공간을 통해 발전적인 아이디어를 떠올릴 명상과 몰입의 기회를 얻을 수 있게 되는 것이다. 멀티태스킹이 아니라 온전히 깊게 집중하는 딥워크(Deep Work)와 몰입이 필요하다는 뜻이다.

전 세계에서 두 번째로 큰 투자개발 회사의 대표이자 미국 내에서 130만 부 이상이 팔린 베스트셀러 『원씽(THE ONE THING)』의 저자인 게리 캘러(Gary Keller)는 멀티태스킹을 잘하는 사람들은 오히려 본연의 업무와는 전혀 관련 없는 일에 푹 빠져 쓸데없는 시간을 보낸다고 말한다. 그들은 모든 면에서 남보다 뒤떨어진 성과를 거두게 된다. 그들은 멀티태스킹 능력에 매우 뛰어난 것 같았지만 거기에는 한 가지 문제가 있었다. 멀티태스커들은 그저 모든 일에 엉망이었다는 것이다. 스탠포드 대학의 연구원인 클리포드 나스(Clifford Nass)는 멀티태스킹 습관을 수시로 지속하면 정보를 취사선택하는 능력, 여러 작업을 빠르게 전환하여 처리하는 능력과 작업을 통해 기억력이 향상될 수 있다고 생각하여 연구를 진행했지만 자신의 생각이 모두 잘못된 것임을 곧 깨닫게 되었다. 그가 당초 생각했던 가설은 모두 뒤집어져 멀티태스킹 성향이 강한 사람은 자신이 예상한 것과는 달리 멀티태스킹이라는 행위에 수반되는 모든 능력이 뒤진다는 사실을 발견한 것이다. 멀티태스킹을 하는 사람들의 뇌를 보면 심하게 뒤엉켜 있다고 한다. 이렇듯 집중하지 못하고 산만한 상태로 방치된 뇌는 업무효율성을 저해하게 된다.

최근 들어 집중력에 대한 다양한 연구가 수행되고 있고, 경영관련 분야에서도 중요한 주제로 부각되고 있다. 인간의 뇌에는 끊임없이 쏟아지는 자극적인 정보를 통제하는 기능이 있어 어떤 것을 받아들이고 버릴지를 결정한다. 주의력은 그 기능을 관리하는 역할을 한다고 한다. 집중력이란 무언가 하나에 자신의 주의를 완전히 기울인 상태다. 그러나 대부분의 사람들은 많은 시간을 집중 상태가 아닌 분산 상태로 살아가고 있다는 게 연구 결과로 발표되고 있다.

신경심리학계의 연구에 따르면, 집중상태일 때는 외부로부터 오는 방해 요인들이 자동으로 차단된다고 한다. 이는 뇌가 외부로부터의 자극이 의식으로 침투하지 못하게 작동됨으로서 이러한 집중상태를 계속 유지할 수 있게 해준다는 것이다. 집중 상태일 때는 잡생각들이 차단된다. 무언가에 집중하고 있는 상태에서는 자아도 상실될 만큼 다른 것에 신경 쓸 틈이 없다. 즉, 한 가지 일에 집중하게 되면 타의적으로 일을 하도록 강요받는 것이 아니라 즐기면서 일을 할 수 있게 된다. 노벨경제학상 수상자인 허버트 사이먼(Herbert Alexander Simon)은 생산성이 가장 높은 것은 한 가지 일에만 집중하는 싱글태스킹(Singletasking) 상태라고 했다. 시간을 절약하기 위해 여러 가지 일을 동시에 수행하지만 오히려 한 번에 하나씩 해나가는 것보다 못하다는 것이다. 그는 멀티태스킹이 습관화되면 기대 훨씬 못미치는 결과를 낼 수밖에 없다고 말한다.

월그린스(Walgreens)는 미국에서 두 번째로 큰 '드러그스토어(Drugstore)' 체인이다. 매출은 미국 약국 체인 CVS에 이어 2위지만 매장 수는 더 많다. 1901년에 창업됐으니 이른바 백년기업이다. 전 최고경영자인 코크 월그린(Charles R.'Cork' Walgreen) 3세는 성공 비결을 이렇게 표현한다. "무슨 특별한 비결이 있는 게 아니고, 성공 공식이라고 느낀 순간 곧장 그 길로 달려간 것뿐입니다." 짐 콜린스가 찾아낸 월그린스의 성공방정식은 단순했다. 최고가 될 수 있는 방법을 찾아서 집중하여 온전히 최선을 다한다는 것이다.

드러그 스토어를 오픈할 때는 잠재적 경쟁자와 유동인구를 감안하여 어느 정도 간격을 두어야 하는 것임에 반해 월그린의 생각은 달랐다. 고객에게 편리하면 된다는 것이다. 번화가에 위치하고 있다고 해서 고객에게 몇 블록이고 걸어오라고 해서는 안 된다. 때문에 가게는 촘촘히 들어서야 한다. 편리함을 생각하면 교차로나 길모퉁이가 더 나았다. 마땅한 자리가 나면 잘나가는 약국을 닫고서라도 길모퉁이를 잡았다. 그 대신 편리함이 주는 해법을 생각한다. 약국이 촘촘하게 있으면 방문고객이 늘지만 그 자체로는 한계가 있다. 그 대신 고객당 수익을 늘일 수 있는 '선택 가치'가 생긴다. 편리한 만큼 고객에게 이런저런 서비스가 가능해졌다. 예를 들어 즉석사진 인화와 같은 서비스는 고마진 수익거리가 됐다. 최근에는 금융서비스까지 추가했다. 이렇게 매장당 수익은 높아졌고, 벌집같이 모인 밀집 매장이라 해도 이윤을 남길 수 있게 되었다. 콜린스는 이것을 세 가지 원칙이 겹치는 곳에서 찾은 성공 방식이라고 설명한다.

[신세대 소비자의 니즈를 충족하는 전략으로 성공을 거둔 월그린사 점포]

세 원칙 가운데 첫째는 최고가 될 수 있는 일을 찾는 것이다. 월그린스는 편의점형 드러그 스토어라면 1등이 가능하다고 봤다.

두 번째는 수익을 높이는 방식이다. 편리함은 고객당 수익을 높일 수 있게 했다.

셋째는 성공 방식에 전념하는 것이다. 그래야만 열정을 바쳐 계속할 수 있다.

게리 캘러는 '원씽(One Thing)'이란 누구나 어렵지 않게 실행할 수 있는 가장 효율적인 전략이라고 단언한다. 세상 모든 사람에게 늘 똑같이 하루 24시간이 주어지는데, 어떤 사람은 위대한 일을 해내고, 어떤 사람은 실패하고 뒤처진다. 개인별로 차이는 있지만, 우리가 쓸 수 있는 에너지가 한정돼 있기 때문이다. 그 에너지를 여러 가지의 일에 분산하면 작은 성공밖에 얻지 못한다. 'One Thing' 전략은 이 에너지를 하나로 응축하는 것이다. 같은 에너지라 해도 그 크기를 엄청나게 키울 수 있게 된다. 대신 '하나'여야 한다. 똑같은 100이라는 에너지도 2개로 나누면 그 크기가 줄어든다. 그러나 100이라는 에너지를 하나에 쏟아 부으면 그대로 100이다.

아주 쉽고 단순하다. 하지만 대부분의 사람들은 에너지 크기만 늘리려고 할 뿐 그 에너지를 어떻게 투입해야 하는지에 대한 고민은 하지 않는다. 빌 게이츠(Bill Gates)는 고등학교 때부터 컴퓨터 미치광이였다. 컴퓨터에 미쳐 정신을 차리지 못했다. 그런 그가 학교생활을 잘하는 학생이었을 리 만무하다. 하지만 그에겐 컴퓨터와 함께 유일한 친구이자 조언자가 있었다. 이후 빌 게이츠가 마이크로소프트를 창업할 때 동업자가 된 폴 가드너 앨런(Paul Gardner Allen)이었다.

마이크로소프트라는 회사를 만든 빌 게이츠는 한 번에 **'한 가지'**에만 집중했다. 처음엔 컴퓨터에 필요한 해석 프로그램을 개발하고 판매하는 일을 했다. 엄청난 성공이었다. 이후 수많은 프로젝트가 있었지만, 회사는 한 가지 중요한 일에 최대한 집중해 성과를 냈다. 이후 게이츠는 은퇴를 결심하고, 주저 없이 단 한 명만을 CEO 후보로 선택했다. 그는 그의 대학교 친구 스티브 앤서니 발머(Steven Anthony Ballmer)였다. 이후 게이츠는 **'자선사업'**이라는 한 가지 일을, **'글로벌 헬스 프로그램 육성'**이라는 한 가지 가치를 실현하기 위해 집중하며 살아가고 있다. 빌 게이츠는 한 번에 딱 한 가지 일에만 집중해 세계 최고의 성공을 거둔 사람이다.

어떤 한 분야에서 최고의 전문가가 되는 것이 성공의 핵심이다. 중요한 건 **'한 분야'**라는 것이다. 그리고 이 전문성은 투자한 시간에 비례한다. 그러나 시간은 한정되어 있으니 한 분야에 온전하게 쏟아 부을 수 있어야 한다. 분산되지 않은 고도의 집중력을 통해서만 큰 성공을 이룰 수 있다.

리더는 때론 광대가 되어야 한다

직장인들에게 상사가 부하직원의 기분에 맞추는 것인지 아니면 부하직원이 상사의 기분에 맞추는 것인지 묻는다면 대개의 경우 부하직원이 상사의 기분에 맞추는 것이 일반적이라고 답할 것이다. 과연 그것이 옳은 답일지 생각해볼 필요가 있다. 조직의 분위기를 관리하는 것은 리더의 중요한 책무다. 직원들의 기분이 다운되고 불편한 일이 이어지면 자연히 업무에 영향을 미칠 수밖에 없다.

구성원들의 기분을 일하기 좋은 상태로 만들고 유지하는 것이 리더의 역할이다. 그러기 위해서 리더는 때론 광대가 되어야 한다. 구성원들을 감독하고 관리하며 평가하는 것 역시 리더의 역할이다. 리더가 후자의 역할에만 치우치게 되면 구성원들은 눈치를 보게 되고, 리더의 비위를 맞춰야 진급 등에 유리하다는 것을 알게 된다. 그러나 리더가 전자의 역할을 중요시 하게 되면 조직에 유머가 넘치게 되고 성과도 향상된다. 인간의 뇌에 존재하는 '거울 뉴런'에는 다른 사람들의 미소와 웃음을 감지하고 스스로도 이와 같은 반응을 하도록 이끄는 기능만을 담당하는 하위 뉴런들이 있다고 한다. 감성지능 전도사인 대니얼 골먼(Daniel Goleman)은 상사가 자제심이 강하고 무뚝뚝할 경우, 조직원들의 두뇌 속에 있는 이들 뉴런은 거의 자극을 받지 못하지만, 상사가 잘 웃고 편안한 분위기를 조성하는 사람이라면 이들 뉴런이 활성화되면서 조직의 분위기는 좋아지고 결속력도 높아진다는 것이다.

재능 있는 사람은 노력하는 사람 못 따라 가고, 노력하는 사람은 즐기는 사람 못 따라 가고, 즐기는 사람은 미친 사람 못 따라 간다. 우리 민족의 우수성은 여러 측면에서 언급되지만 노벨상 수상자를 수로 비교하면 유대인에 견주지 못한다. 유대인은 1백 60여명 이상의 노벨 수상자를 배출했다. 가장 큰 이유는 우리 민족은 매사에 너무 경직되어 있다는 점이다. 반면 유대인은 어릴 때부터 부모가 자녀에게 유머, 조크, 웃음교육을 시킨다. 미국이나 유럽도 어릴 때부터 유머교육을 철저히 시킨다.

유머가 적대감을 해소하고, 비판 수위를 낮추며, 긴장을 완화시키고, 사기를 증진시킬 뿐만 아니라 의사소통에 도움을 주어 실제로 보다 나은 성과를 가져온다는 사실을 보여주는 많은 사례와 연구결과들이 등장하고 있다. 최근에는 유머리더십이 기업경영의 중요한 한 요소로 등장하고 있으며 심지어 경영전략의 하나로 그 효과성이 점차 중요시되고 있다. 유머는 직장 내 분위기에 활력을 줄 뿐 아니라 조직생활을 더욱 즐겁게 해 줄 수 있다. 나아가, 적절한 유머의 사용은 조직 내의 의견충돌을 줄이고, 의사소통을 보다 효과적으로 하며, 종업원들에게 동기부여를 하는 수단으로 사용될 수 있다.

실제로 사우스 웨스트항공(Southwest Airlines), 썬 마이크로시스템즈(Sun Microsystems), 벤&제리스 아이스크림(Ben & Jerry's Ice Cream)등 많은 기업들이 유머를 경영전략의 한 방편으로 사용하고 있다. 1994년 미국의 '경영자의 날'에 사우스 웨스트항공사 직원들이 돈을 모아 한 신문에 전면 광고를 실었다.

페퍼 스탠퍼드대 교수는 사우스웨스트항공의 경쟁력은 사람에 있기 때문에 모방할 수 없다고 평가했다.
애사심으로 뭉친 직원들은 결코 얻을 수 없다는 것이다.

"우리의 이름을 모두 기억해 주고, 추수감사절에 직접 선물을 주며, 보스가 아닌 우리의 친구가 되어 주신 것에 대해 16,000명 임직원이 허브씨에게 감사드립니다." 이렇게 전 직원들이 존경과 진정을 담아 대표이사에게 고맙다는 말을 하는 경우를 본 적이 없다. 직장생활을 하는 사람들 대부분은 업무로 인한 스트레스를 받고 있다. 그런데 이 회사에 근무하고 싶어 하고, 노사분규가 한 번도 일어나지 않은 기업, 회사에 출근하는 것이 더 재미있는 삶을 누리기 위해서라고 외치는 기업이 있다면 믿을 수 있겠는가. 사우스 웨스트항공의 CEO인 허브 켈러허(Herb Kelleher)는 직장은 항상 즐거워야 한다며 펀(Fun)경영을 실현한 경영자다. 그가 생각하는 모토는 "직원이 즐거우면 고객들을 가족처럼 대한다. 서비스에 만족하면 고객은 다시 찾을 것이고, 수익이 올라 주주들은 기뻐하게 된다"라는 것이다. 그의 기행은 여러 곳에서 나타난다. 회사 오찬 자리에 엘비스프레슬리 복장으로 나타나는가 하면, 출근길에 토끼 분장을 하고 나타나 직원들을 깜짝 놀라게 했다. 또 청바지를 입고 이사회에 참석하는 등 파격적인 행보를 선보였다.

그러나 다른 한편으로는 직원을 최우선으로 생각하고 최고의 대우를 해주었다. 다른 항공사는 고객은 항상 옳다는 고객 중심의 서비스를 강조하였지만 그는 기내에서 폭음을 하거나 직원을 괴롭히는 불량고객은 과감하게 내쫓으라고 주문했다.

이렇게 펀경영을 통해 비약적으로 회사를 성장시킨 켈러허 회장은 사람이라면 누구나 내면적으로 갖고 있는 규칙에 대한 저항 심리를 잘 파악한 사람이라고 할 수 있다. 규칙이라면 왠지 구속 받는 것 같고 그에 대해 저항하고픈 마음이 생기게 된다. 그러나 규칙을 없앨 수는 없다. 딱딱한 규칙들에 유머를 더하면 사람들에게 친근감 있게 접근할 수 있고 웃음 속에서 저항감도 사라지게 되는 것이다. 켈러허회장의 경영철학은 '인간존중'에서 시작된다. 그는 자신과 가장 가까이에 있는 직원들부터 존중했고, 최고의 대우를 받는다고 느낀 직원들의 애사심은 다른 기업이 따라 잡을 수 없는 경쟁력이 된 것이다. 흔히들 직장을 전쟁터로 비유할 만큼 경쟁이 치열한 곳에서 구성원은 늘 스트레스에 노출될 수밖에 없다. 이런 삭막한 공간에서 켈러허회장과 같은 리더가 상사로 있다면 직원들은 기쁜 마음으로 스스로 회사에 충성을 다해 일할 것이다. 사람은 누구나 존중받고, 인정받고 싶은 본능적 욕구가 있기 때문이다. 펀경영과 관련된 연구에 의하면 성과가 가장 뛰어난 리더들은 그저 그런 성과를 내는 리더에 비해 부하직원들을 평균적으로 세 배 더 많이 웃게 하는 것으로 나타났다고 한다. 직원들은 화기애애한 분위기 속에서 정보를 더 효과적으로 취득하며, 더 신속하고 창의적으로 대응한다. 다시 말해 웃음이 성과에 중요한 영향을 미치는 것이다.

미국의 '포춘'과 영국의 '선데이 타임즈'가 매년 초 각각 자국기업을 상대로 조사하여 발표하는 '일하기에 가장 훌륭한 100대 기업'에 선정된 기업의 공통된 특징 중의 하나가 '재미'이다. 일하기 좋은 회사는 조직 구성원들이 상사와 경영진을 신뢰하고, 회사와 자기 일에 자부심을 느끼며, 함께 일하는 동료들 간에 관심과 배려를 바탕으로 한 일하는 재미가 있는 곳이다.

버진 그룹은 항공, 모바일, 음료, 금융, 미디어, 레저, 철도, 스포츠 등 수많은 업종에 진출해 있지만, 그 분야에서 세계 1위를 달리는 독보적인 기업이 하나도 없다. 그것은 리처드 브랜슨(Richard Branson)의 리더십과 경영관의 영향이다. 그는 자신의 비전에 대해 이렇게 설명한다. "사업은 돈을 버는 것도 목적이지만 무엇보다 일이 재미있어야 한다. 즉 일도 재미와 보람을 같이 느끼면 최상의 결과를 내는 것이다. 나는 도전을 즐긴다. 그 도전은 어떤 부분에서는 무모할 정도로 보이지만 나는 그 도전을 하기 위해 사전에 철저한 준비를 한다." 즉 그에게 수많은 도전은 돈을 버는 것이 우선이 아닌 재미있고 즐거운 것이 기준인 것이다.

버진콜라를 출시하면서 미국의 상징인 코카콜라를 제압하겠다고 뉴욕에 탱크를 몰고 들어가 코카콜라 간판에 대포를 쏘거나, 웨딩 서비스 업체인 버진 프라이드를 홍보하기 위하여 웨딩드레스를 입고, 걸프전 때는 바그다드로 인질 구조 비행을 감행하는 등 모두가 창의성과 함께 '즐거움이 우선'이라는 철학을 가졌기에 가능한 일이었다.

사람들은 그를 '괴짜 CEO' '경영계의 이단아' '아이디어맨' '금세기 가장 창조적인 경영인' '히피적 자본가' 등 온갖 수식어를 붙여 설명한다. 언젠가 한 세미나에서 리처드는 "조직은 무엇입니까?"라는 질문을 받았다. 그는 잠시 생각하더니 "음, 조직은 사랑입니다"라고 답했다. 그가 말한 사랑에는 도전, 열정, 행복, 즐거움, 성취감이 모두 응축되어 있다. 리처드 브랜슨에게 다시 묻는다. "당신이 생각하는 리더는 무엇입니까?" 그가 답한다. "내가 생각하는 좋은 리더는 책상 뒤에 숨지 않는 리더입니다. 리더는 조직원들과 많은 대화를 해야 합니다. 그래야 회사가 직원이 어떤 생각을 하는지, 조직이 잘 돌아가는지, 무엇이 문제인지를 파악할 수 있으니까요."

유머는 개인의 건강에 좋을 뿐 아니라 긴장과 갈등을 완화해 조직 전반에 긍정적인 효과를 발휘한다. 비록 어떤 농담은 분위기를 썰렁하게 만들기도 하지만 농담이 가진 의도 자체는 긍정적으로 평가해야 한다. 특히 기업 내 상사와 부하 사이처럼 수직적인 관계에서 유머는 의사소통을 보다 수평적으로 변화시켜 분위기를 밝게 하고 조직에 긍정적인 영향을 미칠 수 있다.

독일 한 대학의 연구진은 독일 직장인 142명을 대상으로 상사의 유머가 직원들의 업무 몰입도와 번아웃((Burnout_극도의 피로감)에 어떤 영향을 미치는지 조사했다. 그 결과 리더가 유머를 많이 사용할수록 부하 직원과의 관계가 좋아지는 것으로 나타났다. 이런 긍정적인 관계는 직원의 조직에 대한 몰입도를 높이는 동시에 번아웃을 완화시켰다. 더 놀라운 점은 유머의 긍정적인 효과가 조직 내 위계질서를 긍정적으로 받아들이는 성향의 직원들에게도 똑같이 나타났다는 것이다.

심리학에서는 조직 내 위계질서를 바람직하게 여기고 공식적인 의사소통을 선호하는 사람들을 '구조화 욕구'가 강하다고 정의한다. 구조화 욕구가 강한 사람들은 관계를 수평적으로 만드는 유머를 싫어할 가능성이 높다. 하지만 연구 결과 구조화 욕구가 강한 직원들에게도 리더의 유머가 긍정적인 효과를 발휘하는 것으로 나타났다. 비록 구조화 욕구가 약한 부하 직원에 비해 긍정적인 효과가 덜했지만 말이다.

아브라함 링컨(Abraham Lincoln)은 유머를 슬기롭게 사용한 리더였다. 그가 일리노이 주 상원의원에 출마하여 경쟁자인 스티븐 더글러스(Stephen Douglas)와 격렬한 토론을 벌였다. 더글러스가 먼저 입을 열었다. "여러분, 링컨 씨가 스프링필드에서 식료품 가게를 할 때 주법을 어기고 술을 판적이 있었습니다. 어떻게 이런 사람이 상원의원이 될 수 있습니까?" 링컨이 이렇게 말했다. "여러분, 더글러스 씨가 한 말은 사실입니다. 그렇지만 그때 저의 식료품 상점 최고의 고객은 바로 더글러스 씨였습니다." 청중들은 이 말을 듣고 폭소를 터트렸다. 잠시 후 링컨은 한 마디 말을 덧붙였다. "그런데 말입니다. 저는 지금 그 상점을 하고 있지 않지만 더글러스 씨는 지금도 그 상점의 최고의 고객입니다."

청중들의 폭소가 이어지고, 토론회는 링컨의 쾌승으로 끝났다. 링컨은 어려서부터 지독한 가난과 고난 속에서 자랐기 때문에 슬픔과 우수가 몸에 배어 있었다. 링컨은 늘 우수에 젖는 그의 성격이 자신에게 엄청난 불행이라는 것을 잘 알고 있었다. 그래서 그는 이런 불행한 기질에서 벗어나기 위해 세 가지를 노력했다.

첫째는 성경과 양서를 많이 읽고 그 안에서 역경을 반전시키는 희망의 메시지를 얻었다.
둘째는 유머의 센스를 통하여 슬픔과 고통을 치유하는 힘을 얻었다.
셋째는 남을 위한 봉사의 삶을 살면서 생의 보람을 누렸다.

적절한 유머는 그것을 사용하는 사람이나 듣는 사람에게 정신적인 촉매제가 된다. 긍정적인 유머는 시련과 고난으로 입은 상처를 치유해주는 신비한 힘을 발휘한다.

리더십 에피소드 ***Leadership episode***

발　행 2022년 3월 5일 초판발행
저　자 곽병선
발행인 석종환
교　정 박경선
발행처 도서출판 예림
등록번호 제1-2685호

경기도 남양주시 강변북로 632번길 9 영석빌딩 3층
Tel : 02) 921-6045~6
Fax: 02) 921-4524
E-mail: yaelim21c@hanmail.net
홈페이지: www.yelimbook.com
I S B N : 978-89-6475-188-6

정가 16,000원

※ 잘못된 책은 바꾸어 드립니다.